NIEPOKORNA
CÓRKA

XUAN PHUONG
DANIÈLE
MAZINGARBE

NIEPOKORNA CÓRKA

Przekład
Monika Warneńska

Świat Książki

Tytuł oryginału
AO DAI
DU COUVENT DES OISEAUX À LA JUNGLE DU VIÊT-MINH

Redaktor prowadzący
Elżbieta Kobusińska

Redakcja merytoryczna
Barbara Waglewska

Korekta
Marianna Filipkowska
Jolanta Spodar

Świat Książki
Warszawa 2008
Bertelsmann Media sp. z o.o.
ul. Rosoła 10, 02-786 Warszawa

Wyłączna dystrybucja: Platon Sp. z o.o.
ul. Kolejowa 19/21, 01-217 Warszawa
e-mail: platon@platon.com.pl
www.platon.com.pl

Printed in EU

ISBN 978-83-247-1521-3
Nr 6803

CHINY

LAOS

KHE KHAO (KOPALNIA CYNY)
TUYEN QUANG (CENTRUM RUCHU OPORU)
HANOI

THANH HOA (4. STREFA)
NGHE AN

VINH LINH (17° RÓWNOLEŻNIK)

HUE – MIEJSCE URODZENIA
BOHATERKI

Morze
Południowo-
chińskie

KAMBODŻA

DALAT

PHAN RO
HO CHI MINH (SAJGON)

Prolog

W tym miejscu szerokie kamienne stopnie prowadzą w dół, tuż nad rzekę płynącą między kępami bambusów. Można tu wsiąść na prom płynący z Eo Bao do Hue. Około godziny piątej po południu nad rzeką robi się już chłodno.

Jest dziesiąty marca 1946 roku. Mam szesnaście lat.

Kiedy tego dnia powiedziałam matce, że chcę odejść z domu, wyraziła sprzeciw tak gwałtowny, że to mnie tylko utwierdziło w powziętym postanowieniu. Moja młodsza siostra, Nhan, błagała, żebym pozostała. Phat, mój młodszy braciszek, płakał. Ojciec zareagowałby niewątpliwie jeszcze ostrzej niż mama, ale nie było go w domu. Znajdował się w Phan Thiet, miejscowości odległej od Hue o prawie osiemset kilometrów. Wtedy, podczas wojny, nie mieliśmy żadnego środka łączności. W milczeniu, ze ściśniętym sercem wkładałam do torby kilka sztuk odzieży.

Towarzysze z ruchu oporu oczekiwali mnie w umówionym miejscu po drugiej stronie rzeki. Weszłam na pokład promu w zwykłym ubiorze, czyli w fioletowym ao dai*, które przywdziewałam co dzień, idąc do szkoły, w białych spodniach i białych sandałach. Długie włosy upięłam w węzeł. Wieczorny chłód przenikał mnie dreszczem. W kieszeni nie miałam żadnych pieniędzy, ani jednego s o u. Z promu patrzyłam na brzeg: widziałam, jak moja siostra płacze i jak Ba, mój drugi młodszy brat, macha do mnie ręką. Ale oni oboje coraz bardziej się oddalali i niebawem straciłam ich z oczu.

---

* *Ao dai* – to tradycyjny strój kobiet wietnamskich (dawniej nosili go również niektórzy mężczyźni, obecnie zdarza się to raczej rzadko). Składa się on ze spodni, zazwyczaj jednokolorowych – najczęściej białych lub czarnych – i barwnej, zapiętej pod szyją, powiewnej tuniki rozciętej wysoko po obu bokach.

Prom płynął szybko. Wówczas jeszcze nie wiedziałam, że nigdy nie zobaczę mojego ojca. Zmarł w roku 1986 w Los Angeles, gdzie osiedliła się moja rodzina po opuszczeniu Sajgonu w roku 1975 na krótko przed wejściem do miasta północnowietnamskiej armii wyzwoleńczej. Matkę zobaczyłam w roku 1990 w Paryżu, na lotnisku Charles de Gaulle. W pierwszej chwili mnie nie poznała. Minęły bowiem czterdzieści cztery lata od naszego rozstania.

Dziewięć lat spędziłam w dżungli, uczestnicząc w walce wyzwoleńczej przeciw Francuzom. Były to najtrudniejsze i najwspanialsze lata mojego życia.

W Hanoi doświadczyłam początków komunizmu i przeżyłam ponury okres bombardowań amerykańskich. Urodziłam troje dzieci, kilkakrotnie zmieniałam zawód, nigdy nie opuszczając Wietnamu. Pomysł opowiedzenia mojego życia podyktowany został chęcią upamiętnienia towarzyszy młodości, za których przykładem podążałam. Byli to: fizyk Ton That Hoang, który stał się moim mężem, Dang Van Viet, tak zwany Szary Tygrys, walczący na drodze kolonialnej numer 4, Ha Dong – twórca lotnictwa wietnamskiego, Do Duc Duc – specjalista od rakiet przeciwlotniczych – i inni koledzy z Hue; wielu z nich oddało życie za kraj. Chciałam również opowiedzieć młodym, zwłaszcza dzisiejszym Wietnamczykom, dla których „wuj Ho" jest tylko postacią historyczną, o trudnościach i cierpieniach, jakie stały się udziałem naszej generacji. I chciałam wreszcie wyjaśnić mojej rodzinie, odnalezionej po latach, dlaczego dokonałam wyboru, który rozdzielił nas na tak długo.

Dziesięć córek nie znaczy tyle co jeden syn

Moja matka, Nguyen Thi Xuan Oanh, pochodziła z monarszej rodziny w Hue. Zgodnie z tradycją miała wydać na świat pierwsze dziecko w domu rodzinnym, w posiadłości swojego ojca, Nguyen Xuan Hana, mandaryna* na dworze cesarskim w Hue. Mój ojciec, Nguyen Xuan Can, również zgodnie z tradycją przebywał w tym czasie z dala od domu.

Najważniejszą rolę w tym okresie odgrywała położna, starannie wybrana przez rodzinę, ciesząca się w całej okolicy dobrą reputacją i wielkim poważaniem. Matka urodziła mnie w odizolowanym, dokładnie zamkniętym pokoju, na łóżku pokrytym kapą z brokatu, wierzono bowiem, że brokat odpędza złe duchy. Przez miesiąc musiała pozostać w odosobnieniu wraz z niemowlęciem, które karmiła piersią, pod opieką położnej i mojej babci. Do pokoju, w którym przebywała, nikt inny nie mógł wejść, gdyż obawiano się, że może przynieść dziecku nieszczęście.

Zgodnie z tradycją wszyscy członkowie rodziny ofiarowali nowo narodzonemu niemowlęciu dary w postaci używanej odzieży koloru niebieskiego, przysługującego dziewczynkom. Potem te ubranka trafiały do następnego noworodka. Babcia zakopała łożysko w ogrodzie u podnóża drzewa *longuanier*, które do dziś rośnie i owocuje. Tak jak w większości rodzin, w naszej również zawczasu była sporządzona lista imion przewidzianych dla potomków. Córki miały otrzymać imiona ptaków. Moja matka nie potrzebowała więc długo szukać, dla mnie jako pierwszej przezna-

---

* Tytuł mandaryna, połączony z rozlicznymi godnościami, otrzymywano w wyniku specjalnych konkursów, urządzanych na cesarskim dworze w Hue co trzy lata. Mandaryni obejmowali wysokie stanowiska u boku cesarza lub zarządzali prowincjami.

czono imię Phuong, „Feniks". Za nic na świecie nie zaryzykowano by nadania niemowlęciu imienia kogoś z rodziny. To byłoby złą wróżbą dla dziecka.

Według przysłowia wietnamskiego „dziesięć córek nie jest warte tyle co jeden syn". Mówiąc inaczej, dziesięć córek znaczy tyle co zero. Mój ojciec był bardzo rozczarowany, że przyszła na świat dziewczynka. Żeby go pocieszyć, mama obiecała, że kolejne dziecko na pewno będzie synem. W rok później urodził się mój brat Phat.

Nie dowiedziałam się nigdy, co powiedział astrolog, który badał dzień moich narodzin – 15 grudnia 1929 roku, dzień pod znakiem Węża*. Kiedy miałam dziesięć lat, inny astrolog, bardzo poważany, przybył do naszego domu. Stawiła się przed nim cała rodzina, przepowiedział życie każdego z nas. Kiedy przyszła moja kolej, długo na mnie patrzył, a potem pokiwał głową:

– Ona często będzie się znajdować między życiem a śmiercią.

Matka wpadła w gniew:

– Jesteśmy zamożną rodziną! Dlaczego takie przypadki mają spotkać moją córkę?!

Astrolog mówił dalej:

– W młodości spotka ją wiele niebezpieczeństw i będzie żyła w koszmarnych warunkach. Dopiero później zazna wielu dobrych rzeczy. Ale nie zobaczy śmierci swoich rodziców. – Dla nas w Wietnamie jednym z największych nieszczęść jest nieobecność dzieci podczas agonii rodziców. Astrolog dodał: – Ona bardzo wcześnie opuści rodzinę. – Potem zwrócił się do mojej matki: – Czcigodna pani, żywię wielkie obawy o los waszej najstarszej córki. – Następnie wskazał na moją młodszą siostrę, Nhan: – To ona będzie was żywić, nie wasza córka pierworodna. Najstarsza ani

---

* W Wietnamie nawet ubodzy rodzice starali się po urodzeniu dziecka zamówić dla niego horoskop, dotyczący przyszłych losów potomka. Horoskopy sporządzali astrologowie posługujący się znakami zodiakalnymi związanymi z kalendarzem księżycowym. Każdy z dwunastu miesięcy księżycowych łączył się z wyobrażeniem zodiakalnego zwierzęcia. Phuong urodziła się pod znakiem węża, co oznaczało inteligencję, wytrwałość, ale także rozliczne przeszkody napotykane w życiu.

Tak jak w wielu krajach Azji, w Wietnamie aż do naszych czasów przetrwała – mimo oficjalnego uznawania kalendarza europejskiego – rachuba czasu według kalendarza księżycowego. W kalendarzu tym pierwszy dzień kolejnego miesiąca przypada w nów Księżyca. Nowy Rok księżycowy, Tet, jest świętem ruchomym; wypada na przełomie naszego stycznia i lutego: jest świętem wiosny, szczególnie uroczyście obchodzonym przez wszystkich Wietnamczyków, gdziekolwiek przebywają (przyp. tłum.).

jednego dnia nie dostarczy wam jedzenia i nie odpłaci wam za dobro, które od was otrzymała.

Kiedy się urodziłam, moja mama miała dwadzieścia lat. Od dwóch lat była już mężatką. Dziadek, ojciec mamy, bardzo chciał, żeby jego siedem córek otrzymało staranne wykształcenie. Mama, czwarta córka, uczęszczała do renomowanej w Hue szkoły – kolegium Dong Khanh. Uczyła się w niej do chwili, kiedy słynny rewolucjonista Phan Chu Trinh skierował do gubernatora francuskiego list, oskarżając władze kolonialne o stosowanie tortur w więzieniach. List odbił się głośnym echem wśród młodzieży i wywołał wrzenie w szkołach średnich. Rozpoczął się strajk, w którym uczestniczyła większość uczniów. Wielu przypłaciło to więzieniem. Moja matka, córka mandaryna, została po prostu wydalona ze szkoły. Powróciwszy do swojej rodzinnej wioski, w miesiąc później spotkała mojego ojca. Nguyen Xuan Can, również syn mandaryna, mieszkał w Phan Ri, wiosce położonej pośrodku okolicy zamieszkanej przez Czamów*. W krótkim czasie poprosił matkę o rękę. Mama, tak jak ojciec, mówiła doskonale po francusku. Była jedną z pierwszych w Wietnamie kobiet, które opanowały sztukę prowadzenia samochodu i jazdy konnej. Następnego roku, już jako mężatka, ukończyła naukę.

Mój ojciec, mianowany przez gubernatora francuskiego dyrektorem szkoły w Dalat, dostał również stanowisko inspektora wszystkich szkół w środkowym Annamie. Od roku 1930 mieszkaliśmy w Dalat przez dwanaście lat. Miasto to nie przypomina żadnego innego miasta wietnamskiego. Wówczas wszyscy jego mieszkańcy mówili po francusku. Dalat ma bardzo przyjemny klimat; przez cały rok utrzymuje się w nim temperatura od 20 do 25 stopni. Było to ulubione miejsce wakacyjne urzędników francuskich. Zajmowali domy budowane w stylu francuskim i spotykali się w sklepach, takich jak: piekarnia Michaux, salon fryzjerski Andrè albo salon krawcowej madame Suzanne. Mój ojciec kontrolował szkoły w mieście i okolicy. Jednocześnie kierował jedyną szkołą podstawową, ponadto zajmował się cenzurowaniem prasy lokalnej; polegało to głównie na usuwaniu wszelkich tekstów nieprzychylnych dla Francji. Często wyruszał w podróże inspekcyjne pociągiem albo samochodem. Nasz czarny citroen, zawsze nienagannie czysty, wywoływał

---

* Królestwo Czampa osiągnęło apogeum potęgi między II a XV w. n.e., zanim zostało zniszczone wskutek ekspansji Wietnamu w kierunku południa półwyspu. Około 60 tys. Czamów żyje obecnie na wybrzeżu, w regionie Nha Trang i delcie Mekongu.

sensację w Dalat. Ojciec prawie zawsze ubierał się w tunikę z brokatu niebieskiego, zielonego lub czarnego, w białe spodnie, skórzane obuwie; na głowie nosił turban z plakietką z kości słoniowej; na plakietce wyryte było jego nazwisko. Zwykle zajmował miejsce z tyłu. Samochód prowadził kierowca Bay.

W mieście Dalat było wówczas dwóch tylko mandarynów: dyrektor zarządzający prowincją i mój ojciec, którego nazywano „czcigodny pan inspektor".

Mieszkaliśmy w ogromnym domu należącym do rządu francuskiego*, przy ulicy Szkolnej. Ulica przebiegała blisko bazaru i niedaleko szkoły, którą kierował ojciec. Wielki salon matka pięknie ozdobiła antyczną porcelaną chińską, a ojciec ustawił w nim stare posągi nabywane u antykwariuszy, którzy często się u nas pojawiali, oferując stare wartościowe przedmioty.

W głębi podwórza znajdował się dom służby. Było w nim zawsze wesoło, często dochodziły do nas stamtąd głośne śmiechy. My, dzieci, bardzo lubiliśmy tam zaglądać. Ale nasi rodzice tego nam zabraniali. W tym domu mieszkał Lap – nasz rikszarz. Duong zajmował się wyłącznie prasowaniem ubrań mojego ojca. Mieliśmy także wspaniałego kucharza: Bac, „wujek kucharz", był przez wszystkich bardzo lubiany. Ogrodnik miał na imię Nguyet. Było jeszcze kilka osób służby, ale ich zadań nie pamiętam dokładnie. Razem pracowało u rodziców dwanaście osób. Ponadto każde dziecko miało swoją nianię. Moja *amah* chińska, czyli niania imieniem Cam, mówiła wyłącznie dialektem kantońskim, którego ja szybko się od niej nauczyłam. To bardzo się nie podobało mojemu dziadkowi, który uznawał wyłącznie dialekt mandaryński**. Wreszcie zażądał stanowczo, żeby oddalono moją nianię i na jej miejsce zaangażowano Wietnamkę. Chłopcy

---

* W czasach dzieciństwa autorki Wietnam był kolonią francuską, przy czym każda z jego trzech części miała odrębny status. Tonkin – po wietnamsku Bac Bo – północ Wietnamu z głównym miastem Hanoi był siedzibą francuskiego gubernatora Indochin. Środkowa część kraju, Annam, czyli Trung Bo – z głównym miastem Hue – była stolicą szczątkowego cesarstwa, nad którym nominalną władzę sprawował cesarz Bao Dai. Najbardziej wysunięta na południe część Wietnamu, Nam Bo, z głównym miastem Sajgonem, została nazwana przez Francuzów Kochinchiną. Różnice pomiędzy tymi trzema częściami Wietnamu były różnicami regionalnymi, ówczesną zaś sytuację kraju, stanowiącego terytorium podległe Francji, można pod wieloma względami porównać z sytuacją Polski w okresie trzech zaborów (przyp. tłum.).

** Przez sześć wieków nad Wietnamem panowały Chiny – stąd wywodził się powszechny wśród starszej generacji wykształconych Wietnamczyków, istniejący jeszcze za czasów dzieciństwa autorki, kult dla języka chińskiego oraz kultury chińskiej (przyp. tłum.).

i dziewczynki wychowywali się oddzielnie. Każde z nas miało swój pokój. Osobna łazienka przeznaczona była dla dziewczynek, osobna dla chłopców; jedna i druga miała bieżącą wodę. Jednakże musieliśmy się kąpać w majteczkach. I nie wolno było suszyć bielizny po praniu przed domem.

Dzień mojej matki zaczynał się bardzo wcześnie. Wstawała pierwsza, razem ze służbą, i przez godzinę odprawiała modły w osobnym pokoju, gdzie znajdował się ołtarz przodków. Główne miejsce na ołtarzu zajmował posąg Buddy wykonany przez znanego rzeźbiarza na specjalne zamówienie mojego ojca. Wyskakiwałam z łóżka, słysząc dźwięk dzwonu oznajmiający koniec modlitwy. Potem mama przyjmowała kucharza, który przychodził po dyspozycje na cały dzień wraz z innymi służącymi, którym również mama przydzielała zadania. Wszyscy nazywali ją czcigodną, wielką panią.

W domu mama nosiła zawsze naturalny jedwab koloru kości słoniowej i wiele bransoletek na przegubach rąk. Włosy miała bardzo długie, sięgające prawie stóp. Przy myciu musiały jej pomagać dwie osoby. Potem stawała na taborecie, żeby łatwiej wysuszyć rozpuszczone włosy. Uwielbiałam dotrzymywać jej w tym czasie towarzystwa, gdyż chętnie opowiadała mi różne historie.

W każdą sobotę rodzice urządzali bal. Od rana służba wysypywała talk na posadzkę salonu i starannie ją froterowała. Następnie rozstawiano bufet z wieloma potrawami. Mieliśmy także bar bogato udekorowany, z mnóstwem butelek wszelkich kolorów. Barem opiekowało się dwóch starszych od nas kuzynów, którzy spędzali w domu moich rodziców swoje lata szkolne. Ojciec uprawiał tenis, jeździł na polowania. Na gramofonie sprowadzonym z Francji puszczano płyty, również francuskie, z europejską muzyką taneczną. Podczas tych wieczorów nosiłam jedną z moich odświętnych sukienek, zazwyczaj błękitną lub różową, z bufiastymi rękawami. Te sukienki miałam zarezerwowane na specjalne okazje i byłam z nich bardzo dumna. Dzieci przywoływano na początek balu, żeby przywitały się z gośćmi. Nieraz mogliśmy zostać trochę dłużej i potańczyć. Ale potem trzeba było iść do łóżek. Tymczasem dorośli zabawiali się grą w *mahjonga*. Moi rodzice, tak jak ich przyjaciele, byli namiętnymi amatorami tej gry. Zdarzało się, że uprawiali *mahjong* od sobotniego popołudnia do poniedziałku rano. Kiedy uchylałam drzwi, żeby przyjrzeć się, jak grają, ojciec natychmiast mnie wyganiał: – Uciekaj stąd! To nie jest widok dla ciebie. – Nigdy nie odważyłam się próbować tej gry w obawie, że ulegnę manii *mahjonga*, tak jak moi rodzice.

W związku z tymi wieczorami tanecznymi rodzice chcieli, abyśmy opanowali sztukę tańca. Zaangażowali więc nauczyciela, by udzielał nam lekcji w domu. Był to tonkińczyk, niski, z małym wąsikiem, zawsze ubrany w garnitur i muszkę. Wieczorami był zatrudniany w barze. Jego elegancja zachwycała nas wszystkich, zwłaszcza mamę, mnie i nauczycielki ze szkoły ojca, które chętnie się do nas przyłączały. Uczył nas tanga, walca, fokstrota. Tańczyliśmy niezmordowanie.

Rodzice uczyli nas piosenek francuskich, wśród nich tych, które śpiewali Tino Rossi i Józefina Baker. Mama znała tradycyjne melodie wietnamskie, które, choć trudne, znakomicie grała i śpiewała. Spędzaliśmy całe wieczory w małym gabinecie, słuchając muzyki. To były chwile, podczas których czuliśmy się mocno ze sobą związani. Ale między rodzicami nieraz wybuchały okropne sceny. Wielokrotnie wysłuchiwałam zwierzeń matki. Ojciec nie dochowywał jej wierności. Pewnego wieczoru uparła się, żebyśmy poszły razem pod dom niejakiej pani Tung. Przez oświetlone okno można było ujrzeć mojego ojca, jak tańczy przytulony do nieznajomej kobiety. Matka chętnie wynajęłaby kogoś, żeby obił jej rywalkę. Wolałabym jednak zapomnieć o podobnych historiach.

Podczas wieczorów balowych mama miała na sobie wietnamskie *ao dai*; nigdy nie przywdziewała strojów europejskich, tak jak to nieraz czynił ojciec. Mimo że była kobietą nowoczesną, zwłaszcza na tle swojego pokolenia, zachowała klasyczny styl w sposobie bycia i ubierania, właściwy kobietom z Hue.

Dwie krawcowe co tydzień przychodziły do naszego domu. To nam wcale nie przeszkadzało być wiernymi klientami domu towarowego „Bon Marché", którego paryskie katalogi regularnie otrzymywaliśmy. Moją ulubioną lekturą były przysyłane z „Bon Marché" *Przygody Becassine*. Ojciec chciał, żebyśmy wszyscy jednakowo się ubierali, chłopcy i dziewczęta. Przeważnie nosiliśmy rodzaj kombinezonu – połączenie spodni z bluzą, bo taki model spodobał się ojcu, który znalazł go w jakimś dzienniku francuskim. Nie cierpiałam tego ubioru; moi bracia i siostry nosili go bez protestu. Złościły mnie komentarze, które słyszałam na ulicy, gdy szliśmy jednakowo ubrani: – To dzieci pana inspektora.

Wuj Hien, rewolucjonista

Mój dziadek ze strony ojca pogardzał miastem Dalat. Uważał je za opanowane przez „niebieskookich, ostronosych", czyli Francuzów. Akceptował wyłącznie wietnamski sposób życia i tylko moja matka, która przestrzegała tradycji, znajdowała łaskę w jego oczach.

Był to człowiek wysoki, postawny, z długą siwą brodą i przenikliwym spojrzeniem. Ubierał się zawsze w szatę z niebieskiego lub czarnego brokatu i w białe spodnie, w czarne buty i czarny turban. Czuł się u nas swobodnie. Ale kiedy przyjmowaliśmy znajomych i przyjaciół francuskich, zamykał się w swojej chatce w ogrodzie, opuszczał rolety i pozostawał tam aż do odjazdu gości. Składając mu wizytę w Phan Ri, gdzie stale mieszkał, musieliśmy być ubrani w stroje wietnamskie. Moje siostry, kuzynki i ja nie miałyśmy prawa korzystać z głównego wejścia do domu. Tylko mężczyznom wolno było przejść przed ołtarzem przodków. My musiałyśmy wchodzić od drugiej strony ołtarza, przez inne wejście.

Bardzo się bałam dziadka, ponieważ ciągle mi zarzucał, że nie zadaję sobie dosyć trudu, aby studiować język chiński, jak powinna czynić każda wykształcona osoba. A przecież, jako najstarsza córka, szczególnie powinnam przestrzegać tradycji rodzinnych. Mój dziadek, laureat konkursów literackich na dworze cesarskim w Annamie, nie pojmował, że ktoś nie chce się uczyć chińskiego. Bardzo żałował dawnych czasów, zwłaszcza epoki, w której studiowano literaturę chińską i stosowano zasady kaligrafii. Pewnego wieczoru, był to piąty dzień nowego miesiąca księżycowego, pokazał mi niebo.

– Posłuchaj, jak brzmi wiersz, który powstał podczas panowania dynastii Song*, a który opisuje piękno księżyca: *Kto wyciął ten złocony pazno-*

---

* W Chinach czas panowania dynastii Song (960–1279) to okres wielkiego rozkwitu kultury.

kieć i umieścił go po zachodniej stronie nieba? Czy nie uważasz, że to brzmi o wiele piękniej niż te wasze opisy księżyca, gdzie zawsze mowa o nim, że jest okrągły?

Rodzice nie zawsze zgadzali się z dziadkiem, ponieważ od początku stulecia w całym kraju panował pęd do pisania po wietnamsku i do odrodzenia języka wietnamskiego. Ale żadne z nich obojga nie odważyło się powiedzieć o tym w obecności dziadka. Kiedy dziadek dawał znać, że przyjedzie, aby spędzić miesiąc w Dalat, wyciągałam i kładłam na wierzchu podręczniki do języka chińskiego, a gdy wyjechał, natychmiast zamykałam je w szufladzie z wielką ulgą, gdyż był to język bardzo trudny.

Między sobą i z nami rodzice mówili po wietnamsku, z przyjaciółmi zaś po francusku. Oboje byli bardzo zeuropeizowani. Czytywali „L'Annam", dziennik publikowany po francusku w Hue i przysyłany pocztą do Dalat, jak również inne publikacje francuskie, których tytułów już dzisiaj nie pamiętam. Swoje wykłady ojciec pisał po francusku. W szkole czytał je najpierw w wersji wietnamskiej, a później francuskiej.

Nie przypominam sobie, żebym kiedykolwiek słyszała w domu rozmowy o polityce, aż do czasu, kiedy Hien, mój pierwszy wuj ze strony mamy, zamieszkał u nas. W dniu jego przybycia mama zebrała nas wszystkich w gabinecie ojca.

– Bardzo was proszę – powiedziała – nie wspominajcie nikomu o tym, że zamieszka u nas wasz wuj. W przeciwnym razie francuska służba bezpieczeństwa może nas wtrącić do więzienia.

Ale Hien nie chciał przebywać w naszym domu. Wolał dom dla służby. I nikt z zewnątrz nie podejrzewał, że ktoś tu się ukrywa. Pewnego ranka, gdy wyszłam na dziedziniec, Hien odprowadził mnie na bok:

– Phuong, spójrz na ludzi, którzy pracują dla twojej rodziny. Taka sytuacja nie będzie trwała wiecznie! Oni też mają prawo być szczęśliwi i powinni chodzić do szkoły. Musimy to wszystko zmienić!

Nie rozumiałam dobrze, co wujek właściwie chce powiedzieć, ale poczułam się bardzo dumna, że okazał mi zaufanie, i jego słowa zapadły mi głęboko w pamięć. Następnego tygodnia ojciec wezwał nas wszystkich do swego gabinetu w obecności Hiena.

– Teraz pojedziesz na plantację – powiedział do niego. – Jeśliby znaleźli cię tutaj, zostałbyś aresztowany, a cała nasza rodzina miałaby przykrości, tym bardziej że przecież pracuję dla administracji francuskiej. Na plantacji w La Ba będziesz jako mój zastępca doglądać pracy robotników.

Nazajutrz Hien udał się na plantację kawy należącą do mego ojca, położoną w odległości siedemdziesięciu kilometrów od Dalat.

Podczas wakacji wszyscy pojechaliśmy do La Ba. Było to urocze miejsce otoczone lasami. Sypialiśmy w domach na palach. Całymi dniami jeździliśmy konno. W pobliżu naszej posiadłości żyło wielu przedstawicieli plemion, których ogólnie nazywano „moi"*. Ich skóra była ciemniejsza niż nasza. Mężczyźni i kobiety nosili tylko przepaski wokół bioder, a zęby mieli spiłowane aż do dziąseł – dla nich myśmy byli „ludźmi psami" z powodu normalnego uzębienia. Uszy mieli przekłute i każdego roku powiększali dziurki, żeby zawiesić w nich coraz większe kolczyki. Tak działo się aż do dnia, kiedy małżowina uszna rozdzierała się pod ciężarem kolczyków: to był dzień wielkiego święta. Miałam osiem lub dziewięć lat, kiedy podeszła do mnie kobieta z miską pełną wody, którą zaczerpnęła z potoku. Jej dwa płatki uszne były tak powiększone, że ich widok wzbudził we mnie strach. Potem poznaliśmy bliżej tę kobietę. Była dla nas bardzo łagodna i dobra. Kiedyś wieczorem przyszła zapytać, czy chcemy usłyszeć trąbienie słoni. Przed domem dwaj chłopcy z jej rodziny trzymali w rękach rogi, w które dmuchali, wywołując donośne buczenie. Echo im odpowiadało i wkrótce dało się słyszeć z lasu trąbienie słoni. W tych czasach dżungla była jeszcze bardzo gęsta, stanowiła dziewiczy las pełen tajemnic, które nas zachwycały.

Mój wuj Hien doglądał pracy miejscowych ludzi. Towarzyszyłam mu nieraz w jego wędrówkach. – Francuzi podarowali tę plantację twojemu ojcu – powiedział mi któregoś ranka – i kazali tutejszym ludziom pracować dla niego. To właśnie nazywamy wyzyskiem.

Innego dnia, wykorzystując nieobecność rodziców, którzy pojechali do Dalat, Hien zaprowadził mnie do jednego z domów ludzi miejscowych. Zbudowane na palach, były tak prymitywne, że deski uginały się za każdym krokiem, kiedy się po nich szło. Siwy starzec siedział skulony blisko ognia; jego kolana były opuchnięte, a nogi pokryte wrzodami aż do bioder.

– Ten człowiek uprawiał krzewy kawowe dla twojego ojca – wyjaśnił wuj. – Teraz, kiedy jest chory, nie zarabia i nie ma lekarstw, które by mu mogły pomóc. I to jest też wyzysk – dorzucił. – Niestety, nie jest to przy-

---

* „Moi" – po wietnamsku „dzikus" – ma znaczenie pogardliwe. Tak rdzenni Wietnamczycy nazywali dawniej plemiona i mniejszości etniczne, zamieszkujące górskie i dżunglowe okolice kraju. Te mniejszości etniczne, których liczba oceniana jest na około 60, Francuzi nazywali po prostu góralami (*les montagnards*) (przyp. tłum.).

padek odosobniony na plantacjach: inna rodzina dotknięta malarią też nie ma żadnej opieki. Francuzi tak traktują robotników w swoich posiadłościach, a twój ojciec idzie za ich przykładem.

Za nic na świecie nie odważyłabym się rozmawiać o tym z rodzicami. Udało mi się jednak zdobyć apteczkę i podstawowe medykamenty, którymi próbowaliśmy z wujem leczyć owrzodzenia i rany starca. Kiedy zdołaliśmy mu pomóc, cała rodzina dziękowała nam na klęczkach.

Podczas tych wakacji przyjaciele mojego ojca odwiedzali nas razem ze swoimi dziećmi. Wieczorami śpiewaliśmy chóralnie francuskie piosenki. Za oknem widzieliśmy małe, ciemne twarzyczki, które nas uważnie obserwowały. Sprawiało to na mnie dziwne wrażenie.

Smak imbiru

Rodzinna wioska mojego ojca znajdowała się w odległości trzystu kilometrów od Dalat. Niektórzy mandaryni, sprawujący urzędy w tej prowincji, chętnie powierzali ojcu swoje dzieci, które uczęszczały do szkoły w Dalat, gdyż miała ona opinię najlepszej na całym obszarze Centralnego Płaskowyżu. Dwunastu uczniów mieszkało u nas, więc wszystkich dzieci w domu było siedemnaścioro.

Każdego ranka o godzinie wpół do dziewiątej na trzykrotny sygnał gwizdka musieliśmy natychmiast stawić się w jadalni, nienagannie umyci i ubrani. Ani mowy o tym nie było, żeby usiąść bez pozwolenia wychowawcy. Należało również trzymać się prosto; jeśli nie – sięgał po drewnianą linijkę z miedzianym zakończeniem i korygował postawę zgarbionego. Taka „korekta" była bardzo bolesna. Siadaliśmy przy kwadratowych stolikach, po cztery osoby.

Moi rodzice asystowali przy posiłkach; trzeba więc było przestrzegać reguł dobrego wychowania, umiejętnie posługiwać się łyżką i pałeczkami. Rozmowy zaliczano do największych przewinień; musieliśmy jeść w milczeniu. Nie wolno było zostawić choćby ziarnka ryżu w miseczce. Jeśli ktoś nie zjadł do końca tego, co mu dano na śniadanie, wieczorem nie dostawał kolacji. Te nawyki pozostały nam na długo.

Rodzice mieli prawo do specjalnych potraw, przygotowanych przez kucharza. Dla dzieci gotował inny służący. Lubiłam wszystko to, czego ojciec mi zakazywał. Zmuszał mnie do jedzenia mięsa i ryb, a ja wolałam jarzyny. – Tylko biedni jedzą dużo jarzyn – twierdził.

Mimo że mieliśmy służbę, nie do pomyślenia było, żeby kobieta nie umiała gotować. Byłam dzieckiem, kiedy mama posyłała mnie do kuchni, abym przyglądała się sporządzaniu potraw. Oprócz dań klasycznych nale-

19

żało opanować sztukę przygotowywania konfitur owocowych. Jest to tradycja szczególnie mocno zakorzeniona w Dalat. W każdej tamtejszej rodzinie, kiedy dobiega końca rok księżycowy, urządzane są wielkie uczty. Jest to okazja do zademonstrowania, jak dobrze są wychowane i wykształcone córki i jak sprawne są w czynnościach kuchennych. Na samo wspomnienie tych przyjęć ślinka mi napływa do ust. *Kim quat*, mandarynki, tamaryszek, z którego trzeba było ostrożnie zdjąć cieniutką skórkę, tak aby potem konfitura przypominała owoc dojrzały na gałęzi... A zwłaszcza imbir! Mama prowadziła mnie na targ, abym nauczyła się go wybierać. Nie zanadto dojrzały i nie za suchy. Potem mi pokazywała, jak go obierać ze skórki, jak wielokrotnie płukać we wrzącej wodzie, żeby nie był zbyt ostry w smaku, wreszcie jak gotować. „Ręka imbiru" – tak powinna wyglądać konfitura przezroczysta i złota jak bursztyn. – Proszę, częstujcie się! – Wszystkie damy z Dalatu mogłyby zaświadczyć, że zostałam dobrze wyedukowana. Jeszcze dziś umiem robić ciastka z mąki ryżowej z dodatkiem owoców i innych ingrediencji.

W domu podtrzymywaliśmy tradycję kuchni wegetariańskiej. Można było degustować posiłek składający się z pięćdziesięciu potraw przyrządzonych na bazie owoców i jarzyn, nie przypuszczając, że nie zawierają ani odrobiny mięsa. W przeciwieństwie do ortodoksyjnych buddystów, którzy są całkowitymi wegetarianami, w naszym domu nie jedzono mięsa pierwszego i piętnastego dnia księżycowego miesiąca. Obowiązywały przy tym pewne ścisłe reguły. Potrawy wegetariańskie przyrządzano w osobnych naczyniach, jadano je w osobnych miseczkach i biada temu, kto się pomylił! Mamę mogło wyprowadzić z równowagi używanie do zupy wegetariańskiej pałeczek przeznaczonych do zwykłej zupy z mięsem. Chłopcom wstęp do kuchni był wzbroniony. Uważano, że zajęcia kuchenne są poniżej ich honoru. Mogli w tym czasie grać w piłkę nożną.

Wszyscy baliśmy się ojca. Kiedy tylko usłyszeliśmy, że przed domem hamuje jego samochód, umykaliśmy, aby skryć się w różnych zakamarkach. Koniec ze śmiechem i zabawą! Nikt nie śmiał mu się przeciwstawić oprócz mojej matki. Nie można było przyjść do niego i porozmawiać o czymkolwiek.

Mieliśmy dzienniczki do oceny naszego zachowania i nauki. Siedemnaścioro dzieci, siedemnaście stronic, na których wychowawcy notowali nasze postępki i przewinienia. „Ósma godzina – Phuong się nie uczy". „Dziewiąta godzina – Phuong spaceruje po ulicy". I tak dalej. Na szczęście wychowawca był zwariowany na punkcie ping-ponga, a ponieważ mieliśmy w domu odpowiedni do tego stół, chętnie z opiekunem przegrywaliśmy, aby tylko nie mówił ojcu o naszych przewinieniach. Ja, która powinnam była urodzić się chłopcem, do zabaw garnęłam się bardziej niż inni. Mieliśmy trzech wychowawców. Byli to uczniowie starszych klas w szkole mojego ojca. Nazywaliśmy ich „mój starszy brat – wychowawca". Nasz los pozostawał w ich rękach. Każdego tygodnia ojciec przeglądał nasze dzienniczki. – Phuong! No, ujdzie. Phat, bawiłeś się jeszcze o tak późnej porze? Kładź się zaraz tutaj! – Kiedy przejrzał listę wszystkich uchybień, sięgał po bardzo długą trzcinę. Za jedno przewinienie – uderzenie jedno, ale ogromnie bolesne. Odczuwało się je jeszcze podczas następnego tygodnia. Najcięższą karą było wezwanie winowajcy do gabinetu ojca; podczas reprymendy wezwany nie odważał się rzec ani słowa. Jestem pewna, że ojciec mimo wszystko nas kochał, ale na swój sposób.

U mamy natomiast mieliśmy wszelkie prawa. To ona dawała nam pieniądze na kino. W kinie „Dalat", na wielkim placu w pobliżu bazaru, wyświetlano filmy z Shirley Temple, Danielle Darrieux, Clarkiem Gable'em... Chodziliśmy tam czasem sami, czasem z wychowawcą, na ogół raz w miesiącu. Chcąc mieć pieniądze, żeby częściej pójść do kina, odkryliśmy, jak je zdobyć: trzeba było wyrwać mamie siwe włosy. Dziesięć siwych włosów – jeden bilet. Znalazłam sposób, żeby jeszcze częściej odwiedzać kino. Wyrwany włos przecinałam na pół. Kiedy mama nie miała już siwych włosów, skończyły się dodatkowe seanse. Ale na szczęście mama straszliwie bała się ropuch. W salonie mieliśmy dwie wspaniałe ropuchy wyrzeźbione w nefrycie. Pewnego razu ukryłam jedną w ręku i zawołałam mamę. Kiedy się pojawiła, otwarłam dłoń i ropucha wytrzeszczyła na mamę swoje wielkie ślepia. Przerażona, najpierw wymierzyła mi dwa albo trzy solidne klapsy, a potem wybuchnęła śmiechem i dała pieniądze na bilety.

Wieczorem, kiedy byliśmy już w łóżkach, mama przychodziła, żeby nas ucałować. Wydawała mi się bardzo piękna w piżamie z jasnego jedwabiu, z długimi, rozplecionymi włosami. Opowiadała nam różne historie, recytowała wiersze, czasem grała na gitarze.

Mój ojciec nigdy się nie śmiał. Nigdy nas nie całował, trzymał się sztywno i z daleka. Z perspektywy czasu sądzę, że takie zachowanie uważał za punkt honoru. Znacznie później pisał do mnie listy w formie poematów, na które ja również odpowiadałam wierszem. Po naszej długiej rozłące już go się nie bałam. W 1981 roku, śmiertelnie chory, zapewniał mnie listownie: „Phuong, cierpię na nieuleczalną chorobę nerek. Ale najbardziej gnębi mnie strach, że zostawię moje stare kości w obcej, chłodnej ziemi Kalifornii". Za bardzo jednak bał się Vietcongu, aby myśleć o powrocie.

Wychodząc z domu, po prawej stronie widzieliśmy wiele sklepików chińskich; jeden z nich nosił napis RO w kolorze żółtym, a inny miał niebieskie litery RA. RO oznaczało „królestwo opium", a RA – „królestwo alkoholu".

Często odwiedzaliśmy RO, ponieważ można tam było kupić wszelkiego rodzaju cukierki. Przyglądaliśmy się też góralom, którzy przychodzili po sól i suszoną rybę. Ten sklep nazywano też sklepem starca, właścicielem bowiem był leciwy Chińczyk, który zawsze miał na głowie czarną czapeczkę. Nosił zieloną szatę brokatową z brązowymi rękawami. Starzec ów prawie bez przerwy palił długą fajkę. Jego syn uczęszczał do szkoły mojego ojca. Chińczyk pozdrawiał nas zawsze słowami: – Witam was, dzieci pana inspektora.

Za każdym razem, kiedy wchodziłam do tego sklepiku, spotykałam w nim ludzi bardzo bladych i chudych. Na ladzie stał mały dozownik z mosiądzu. Klient prosił o swoją porcję, kupiec brał okrągłe pudełko, również z mosiądzu, z otworem na pokrywie. Obracał pudełko i przyciskał w odpowiednie miejsce. Czarny płyn wypełniał dozownik. Klient płacił i odchodził. Wszystko to niezwykle nas intrygowało. Chinka, która często nas odprowadzała, wyjaśniła, co to jest opium. Pali się fajkę z tym płynem i wtedy można mieć wrażenie, że się wzlatuje do nieba. Tylko potem, kiedy się zstępuje na ziemię, trzeba znowu palić, aby polecieć wysoko. Mój wuj przedstawił mi wersję całkiem inną: – Opium to trucizna, która może zabić cały naród wietnamski, jeśli nadal będzie jej używał. Francuzi sprzyjają paleniu opium, bo to jest najlepszy sposób, aby nie mieć opozycji. Po zażyciu jednej dozy opium pięć lub sześć miesięcy życia konsumenta rozpływa się w dymie. A jeśli się raz zacznie, nie można przestać.

Jeden z moich wujów, starszy brat mojego ojca – ten, którego dwaj synowie mieszkali u nas – był nałogowym alkoholikiem. Kiedy przyjeżdżał w odwiedziny, nie chciał wypić ani kieliszka wina Bordeaux, ani likieru, który otrzymywaliśmy od francuskich przyjaciół. Mówił: „To napój dobry dla kobiet". Wolał *choum-choum*, alkohol ryżowy, mający czterdzieści stopni mocy, który można było nabyć tylko w sklepiku RA. Nie daliśmy się długo prosić, aby mu tam towarzyszyć, bo dla nas było to miejsce zakazane. Wchodząc do sklepu, nigdy nie zapominał się przedstawić:

– Jestem bratem pana inspektora szkolnictwa.

– Tak, wiemy to dobrze – odpowiadano mu zawsze. – Czego pan sobie życzy?

– Chciałbym kupić alkohol, ale bardzo mocny. Najpierw jednak spróbuję to, co macie, żebym się przekonał, czy mi ten napój smakuje. Jeśli nie, pójdę gdzie indziej.

Kiedy przychodziło do płacenia, Chińczyk nie śmiał wziąć pieniędzy, które wuj mu wręczał.

– Proszę to zapisać na rachunek mojego brata! – godził się wuj.

W Dalat kupcy mieli zwyczaj przedstawiania listy dokonywanych przez klientów sprawunków pod koniec miesiąca. Ojciec był wściekły, kiedy widział rachunki wuja, ale się nie odważył mu sprzeciwiać, żeby nie „stracić twarzy". Nieraz słyszałam, jak mama wołała: – Wielkie nieba, zobacz, ile wydał znowu twój brat! – Ciszej – odpowiadał ojciec – on kupił alkohol, żeby poczęstować gości, którzy przyjdą na przyjęcie do naszego ojca.

Znacznie później zrozumiałam, co oznaczało określenie „królestwo alkoholu". Wokół Dalat istnieje siedem wiosek, w których około tysiąca mieszkańców trudniło się wyrobem alkoholu. Przedstawiciel władz wioski zachęcał do tego ludzi. Alkohol wędrował potem do Dalat. Do tej praktyki nakłaniali wieśniaków Francuzi. Palacze opium byli pogardzani i mieli zakaz pracy w administracji. Nazywano ich obywatelami o spłaszczonych uszach; była to aluzja do ich zwyczaju palenia opium na leżąco, wskutek czego uszy robiły się płaskie.

W 1945 roku palenie opium zostało zakazane. W palarniach skonfiskowano wszystkie fajki, formowano z nich wielkie stosy i podpalano. Ale w rzeczywistości wielu ludzi na północy kraju nadal paliło po kryjomu, mimo surowych kontroli i ostrych kar. W roku 1970, kiedy już pracowałam w branży filmowej, znaleźliśmy się w górach prowincji Cao Bang podczas sezonu kwitnienia maku opiumowego. Osłupiałam na widok piękna kwitnących pól; był to niewiarygodny widok. Powiedziałam moim kolegom: – Jutro rano o wschodzie słońca sfilmujemy te pola! – Byliśmy zakwaterowani w domu na palach, u mieszkańców należących do mniejszości etnicznych. Jeden z gospodarzy palił opium i przyglądał się nam z osobliwym uśmiechem. O wschodzie słońca ruszyliśmy, aby filmować pola makowe, szczęśliwi jak dzieci, oglądając ten niezrównany widok. Kręciliśmy bez wytchnienia. Nagle poczułam, że moja głowa robi się ciężka, a nogi nie chcą mnie nieść. Trzęsłam się i dygotałam. Zobaczyłam, że moi dwaj koledzy położyli się na ziemi. Resztkami świadomości zorientowałam się, że mieszkańcy wsi niosą mnie do najbliższego domu i kładą na podłodze. Zapadłam w letargiczny sen, na wpół szczęśliwy, na wpół koszmarny. Czas przestał się liczyć. Potem ktoś mi dał do picia bardzo gorącą zupę. Natychmiast odzyskałam przytomność i znalazłam się w znakomitej formie. To samo stało się z moimi kolegami. Nasi gospodarze obserwowali nas ze śmiechem. Okazało się, że trwaliśmy w tym dziwnym półśnie przez czterdzieści osiem godzin.

W rzeczywistości nikt nie ryzykuje wędrówki przez pola makowe o wschodzie słońca. Zapach jest zbyt silny. Myśmy o tym nie wiedzieli. Na szczęście w mojej rodzinie nikt nie pali opium ani nawet papierosów.

Kiedy wróciłam do Dalat piętnastego maja 1975 roku, starzec był nadal w tym sklepiku i razem ze swoim synem sprzedawał chińskie lekarstwa. – Ty jesteś córką pana inspektora – powiedział natychmiast i dodał: – Poczekaj, mam tu coś dla ciebie. – Spomiędzy półek wyciągnął zwitek papierów i wręczył mi je na pamiątkę; były to rachunki podpisane przez mojego ojca.

W Dalat życie było weselsze niż gdzie indziej. W niedzielne ranki razem z innymi zamożnymi rodzinami znajomych wyruszaliśmy na pikniki w okolicznych lasach. Mama zabierała zawsze kuchenkę turystyczną i jaja od naszych kur, żeby robić omlety. Pod jej okiem zbieraliśmy grzyby, które dodawały potrawom smaku i zapachu. Wymienialiśmy przepisy z przyjaciółmi, opowiadaliśmy anegdoty i żarty. Było wiele zabawy i śmiechu.

W odległości piętnastu kilometrów od Dalat Francuzi hodowali dzikie jelenie, które u nas nazywane są katonami. Mój ojciec pozwolił nam jedyny raz asystować podczas polowania. Na tygrysa, którego zwykle tropi się nocą, wyruszał sam, niekiedy z kolegą, równie zapalonym do polowania jak on. Nazajutrz jeden ze służących przybiegł, wołając: – Proszę pani, proszę pani, pan zabił „władcę trzydziestego"! – Nigdy nie określa się tygrysa jego właściwą nazwą, bo to może przynieść nieszczęście. Mówi się o nim: „pan trzydziesty". Rozpostarto skórę drapieżnika z tyłu samochodu, my zajęliśmy miejsca w środku, ktoś z nas walił w bębenek, aby ustępowano nam z drogi, i jak grupa cyrkowców przejechaliśmy wokół targowiska, a potem przez miasto. Mama robiła zdjęcia tej eskapady, ale niestety wszystkie zaginęły.

Moja pierwsza szkoła

Mając pięć lat, poszłam do szkoły mojego ojca. Rok wcześniej, niż wymagano, lecz taka była jego decyzja. Trochę mnie to przerażało, ale oczywiście nie mogłam się sprzeciwiać.

Ojciec mnie uprzedził, że dziewczynki i chłopcy są podobnie ubrani: czarna tunika i białe spodnie albo całkowicie białe ubranie, zależnie od dni. Nie noszą sandałów, tylko drewniaki. W tej epoce nie istniała jeszcze partia komunistyczna, ale sposób regulowania wszystkiego, jaki miał w zwyczaju mój ojciec, bardzo przypominał politykę tej partii.

W sierpniu, w przeddzień rozpoczęcia nauki, ojciec przykazał mojej niani: „Jutro obudź Phuong o godzinie szóstej. Pójdzie do szkoły". Słysząc to, zaczęłam płakać i skarżyć się na ból żołądka. Mama litowała się nade mną, a ojciec chciał wezwać doktora Morina, ale wreszcie zasnęłam. Nazajutrz, wychodząc do szkoły, byłam jeszcze senna. Ojciec nie pozwolił, by mama mnie odprowadziła. Poszła ze mną niania. Szkoła znajdowała się tuż za domem. U wejścia umieszczony był wielki bęben. Punktualnie o godzinie ósmej któryś z wychowawców uderzył w niego dwanaście razy. Natychmiast wszyscy uczniowie ustawili się w szeregach na podwórzu. Czułam się zagubiona. Na szczęście jedna z nauczycielek, bardzo miła, odszukała mnie i zaprowadziła do swojej klasy. To ona przychodziła do naszego domu na lekcje tańca. Pierwszy dzień w szkole przebiegł całkiem pomyślnie.

Kurs przygotowawczy był prowadzony po wietnamsku według wzoru szkół francuskich. Uczyłam się alfabetu i rachunków. Moja nauczycielka była jedyną kobietą pośród grona pedagogicznego. Często spacerowała po podwórzu w *ao dai* z fioletowego jedwabiu i z powiewnym szalem na szyi. Miała długie, piękne włosy. Spoglądali na nią z zachwytem i uczniowie, i nauczyciele.

Do pedagogów zwracano się: szanowny profesorze, szanowna pani nauczycielko. Nie odważylibyśmy się wymieniać ich imion i nazwisk. Oznaczałoby to brak szacunku.

Miałam dziewięć lat, kiedy ojciec zaprowadził mnie do pagody Linh Son, jednej z najczęściej uczęszczanych w Dalat. Razem z trzydziestką dziewczynek, moich rówieśnic, odprawiałyśmy modły do Buddy. Jedne z nas modliły się z pobożności, inne po to, by zyskać spokój duszy, żeby stać się lepszymi, żeby oddalić ziemskie nieszczęścia albo pomóc umierającym godnie odejść z tego świata. W świątyni uczyłyśmy się również posługiwać dzwonem i gongiem; w instrumenty te należało uderzać drewnianymi młotkami wedle określonego rytmu.

Każdego wieczoru, oprócz niedzieli, około godziny szóstej moja mama gromadziła rodzinę przed wielkim posągiem Buddy, który zajmował główne miejsce na ołtarzu przodków. Nieraz, zamiast intonować modły, kazała mi dyrygować ceremonią. Bardzo dumna podnosiłam głos zgodnie z dźwiękiem dzwonu i rytmem gongu. Na ołtarzu sandałowe drzewo płonęło z wolna w kadzielnicy z białego nefrytu, roztaczając odurzający zapach. Moi dwaj bracia i najmłodsza siostra zasypiali. Podczas ostatniego uderzenia gongu Duong, służący, który zajmował się prasowaniem ubrań mojego ojca, budził malców, żeby ich odprowadzić do łóżek.

Klasztor Ptaków

Nie mam zbyt wielu wspomnień z pierwszej szkoły, pamiętam tylko, że dobrze się w niej czułam. Właśnie kończyłam naukę początkową, kiedy ojciec wezwał mnie do swojego gabinetu.

– Phuong, jesteś jeszcze za młoda, żeby cię posłać do szkoły średniej daleko od Dalat. Chcę, żebyś otrzymała możliwie najlepszą edukację, i dlatego w nowym roku szkolnym pójdziesz do Klasztoru Ptaków. – Słysząc słowo „klasztor", wybuchnęłam płaczem. – Nie ma co protestować – rzekł ojciec. – Już powziąłem decyzję. Jeśli zostaniesz w domu, nigdy nie nauczysz się dobrze mówić po francusku.

Ojciec, który oprócz innych swoich czynności wykładał język wietnamski w Klasztorze Ptaków, załatwił przyjęcie mnie do tamtejszej szkoły. Była to najlepsza ze wszystkich żeńskich szkół w Wietnamie, założona przez księżniczkę Nam Phuong*, która była wychowanką Klasztoru Ptaków w Paryżu. Klasztor Ptaków w Dalat zależał wprost od centrali w Paryżu. Oprócz trzystu Francuzek – córek urzędników, dyrektorów banków i innych ważnych funkcjonariuszy – uczyło się tam dziesięć Wietnamek. Były to córki wielkich obszarników z Południa i trzy księżniczki: Phuong Mai, Phuong Yen, Phung Dung.

Na tydzień przed rozpoczęciem nauki mama zaprowadziła mnie do fryzjera, pana André. Pani Suzanne miała zrobić mi trwałą ondulację na modę francuską. Lokówki mocno zaciśnięte przyprawiły mnie o ból głowy, sama sobie wydawałam się okropna z ufryzowanymi włosami. Nazajutrz rano znalazłam obok łóżka dwie sukienki w czarno-białą kratę,

---

* Księżniczka Nam Phuong, żona cesarza Bao Dai, jako katoliczka zażądała od męża monogamii. Bao Dai był jedynym władcą Annamu, który miał tylko jedną żonę.

które mi uszyto w zakładzie prowadzonym przez francuskiego krawca „Złote Nożyce". Znalazłam także kapelusz z kokardą. Do tego dwie sukienki beżowe o bardzo prostym kroju. To był mój „mundurek" na najbliższy czas. Kupiono mi także buciki z brązowej skórki; byłam z nich bardzo dumna, mimo że przyprawiały mnie o ból nóg. Od tego czasu mam awersję do nowych butów.

Kiedy ojciec otworzył drzwiczki samochodu przed wielkim budynkiem, lekki wiatr owiał mi twarz. Olśniło mnie piękno tego miejsca, zwłaszcza rozległego parku na szczycie wzgórza obsadzonego sosnami. Ciężka brama prowadziła na dziedziniec szkoły wyłożony różnokolorowymi płytkami. Zbliżyły się zakonnice, wszystkie ubrane na czarno z białym rąbkiem wokół szyi. Na lewo, w holu, znajdowało się biuro matki Marie Chantal, opatrzone wielkimi szybami, przez które mogła obserwować, co się wokół dzieje.

Ojciec zaprowadził mnie prosto do mojej klasy i przedstawił wychowawczyni matce Marie Thérèse. Usiadłszy na miejscu, wybuchnęłam płaczem. Poczułam się rzucona na głębokie, nieznane wody. Posadzono mnie obok Francuzki, Juliette R., żebym unikała rozmowy po wietnamsku. Juliette próbowała mnie pocieszyć; niemniej pierwszy dzień był udręką. Brakowało mi mamy, braci i sióstr. Lekcje odbywały się po francusku i nic nie rozumiałam. Pauzy okazały się koszmarem. Uczennice zrobiły wokół mnie krąg, ciągnęły za włosy i wołały: – Poung! Poung! – zamiast Phuong. Zakonnice nie kwapiły się z interwencją. Musiałam sama się bronić. Wkrótce przestałam użalać się nad sobą. A sześć miesięcy później byłam pierwsza w klasie i żadna z koleżanek nie odważyła się mnie zaczepiać.

Pierwszego wieczoru byłam tak zmęczona, że nawet nie zauważyłam, co nam dano na kolację. Z jadalni uczennice od razu udawały się do pokojów sypialnych, każda klasa do swojego, pozostającego pod opieką matki przełożonej, która spała w sąsiednim pomieszczeniu. Nad moim łóżkiem, tak jak nad innymi, wisiał obrazek z wizerunkiem Matki Boskiej. Moja szafka ścienna miała numer dwanaście. Włożyłam przepisową nocną koszulę kremowego koloru. Przed pójściem spać należało umyć się w łazience, gdzie znajdowały się umywalki. Potem były modlitwy; usiłowałam powtarzać słowa za innymi dziewczynkami.

Rano wyrwał mnie ze snu ostry dźwięk dzwonka. Była godzina szósta. Toaleta, a następnie znów modlitwa. Sala śniadaniowa mieściła się na parterze w pobliżu ogrodu. Przed każdą z nas stała szklanka mleka, pieczywo i jajko na miękko. Musiałyśmy jeść w ciszy, tak jak w domu nie wolno było rozmawiać w czasie posiłków. Po śniadaniu rozchodziłyśmy się do klas. Dziewczynki miały na sobie takie same, beżowe sukienki. Różniły się tylko w zależności od roku nauki kolorem wstążki na kołnierzyku: niebieską w białe groszki miały najmłodsze, brązową – średniaczki, a jasnobrązową – najstarsze. Nazywano mnie imieniem Helena. Matka Marie Thérèse zadecydowała, że tak będzie dla mnie lepiej i wygodniej. Byłam w klasie szóstej. Program nauki obejmował dyktando, gramatykę, język angielski, historię Francji. Dyktando zatytułowano: *Cyklon nad Atlantykiem*. Nie miałam pojęcia, co to jest cyklon i gdzie znajduje się Atlantyk. Pisałam to wszystko fonetycznie. Kiedy matka Marie Pauline przeczytała mój tekst, wybuchnęła śmiechem.

– Moje dzieci – powiedziała, wskazując na mnie – to jest niezwykłe zjawisko. Nigdy nie wyobrażałam sobie, że można zrobić tyle błędów w jednym dyktandzie. Czy ty, Phuong, naprawdę nie wiesz, co to jest cyklon?

– Nie, proszę matki.

Rzeczywiście, wielu rzeczy nie wiedziałam, zwłaszcza tych, które są powszechnie znane Francuzom. Chciało mi się siusiu, więc spytałam szeptem Juliette, jak wyjść. – Cicho! – nakazała. – Trzeba powiedzieć: proszę matki, muszę iść na stronę, i przy tym się ukłonić. – Wstałam, zbliżyłam się do matki Marie Pauline, ukłoniłam się i... spuściłam głowę zawstydzona, bo nie wytrzymałam.

– To dowód bardzo złego wychowania, Phuong. Następnym razem postaraj się poprosić o wyjście w odpowiednim czasie.

– Tak, proszę matki – wyszeptałam, połykając łzy.

O godzinie czwartej podawano nam posiłek składający się z pieczywa i bananów. Jeszcze teraz zachowuję ten zwyczaj, który dziwi moje dzieci: – Jak można jeść chleb z bananami? – Teresa F., profesorka angielskiego, była Francuzką. Od niej nabyłam fatalny akcent angielski. Mój ojciec, nauczyciel języka wietnamskiego, był jedynym mężczyzną, któremu przypadł zaszczyt nauczania w Klasztorze Ptaków. Matki traktowały go z wielkim szacunkiem i jego prestiż promieniował na mnie.

Jedna trzecia czasu przeznaczonego na naukę była poświęcona katechizmowi, który musiałyśmy wykuć na pamięć. Obowiązkowo uczyłyśmy się szycia, a także dobrych manier: jaki ukłon obowiązuje w jakich okolicznościach, jak się zachowywać podczas świąt i rocznic, jak pozdrawiać przyjaciół rodziców. Każdego dnia wykonywałyśmy co najmniej dwanaście ukłonów. „Dzień dobry, proszę matki", „dzień dobry, proszę matki", i za każdym razem ukłon.

Moja rodzina była buddyjska od wielu pokoleń. Nie zostałam ochrzczona, ale to mi nie przeszkadzało modlić się tak jak inne dziewczynki, spowiadać się i nawet przystępować do komunii.

Kiedy zebrałam dobre stopnie w tygodniu, mogłam w sobotę około południa jechać do domu z ojcem po jego wykładzie. Jeśli nie miałam dobrych ocen, zostawałam w klasztorze. Kara była tym dotkliwsza, że nie musiałam wtedy pracować. W takie niedziele, zamiast iść razem z rodziną do pagody, asystowałam podczas mszy w kościele o godzinie szóstej. Potem spacerowałam, przeważnie samotnie, po wzgórzu albo w ogrodzie za budynkami. Wreszcie, po południu od godziny piątej, słuchałam fisharmonii w kościele. Siedziałam na ławce zasłuchana w muzykę, odurzona zapachem białych lilii, które przyozdabiały ołtarz.

Dość szybko stałam się dobrą uczennicą. Niezbyt lubiłam język francuski, ale uwielbiałam matematykę, którą większość moich koleżanek uważała za niesłychanie trudną. Ledwie nauczycielka przedstawiła jakieś zadanie, już byłam gotowa do odpowiedzi. Nie miałam trudności ze zrozumieniem przedmiotu.

Gdybym mogła wracać do domu codziennie wieczorem, byłabym bardzo szczęśliwa. Ale wkrótce zaczęła niepokoić mnie postawa Francuzów wobec Wietnamczyków. We wszystkie poniedziałki oddawałyśmy cześć sztandarowi. Najpierw był to sztandar francuski, potem sztandar wietnamski. Później śpiewałyśmy chórem: *Jesteśmy z tobą, marszałku!* Z moją naturą niezależną i już wówczas nieskłonną do poddawania się komukolwiek gardziłam tą ceremonią. Pewnego ranka podczas śpiewu zobaczyłam, że moja przyjaciółka Juliette występuje z szeregu. Skoczyła w cień, który rzucał sztandar wietnamski, i wykrzyknęła: – Brudny Annam, brudny Annam! – Doznałam wrażenia, że te słowa są skierowane przeciwko mnie. Jak ona może mówić coś takiego, jeśli żyje i mieszka na naszej ziemi? Dlaczego tu zostaje, jeśli tak bardzo gardzi naszym krajem? Juliette natychmiast spostrzegła, że jestem na nią zagniewana.

– Dlaczego się złościsz? – spytała. – To przecież nie twój sztandar! Ty jesteś Francuzką.

– Nie, nie jestem Francuzką. Jestem Annamitką. Jeśli ty powiadasz „brudny Annam" i depczesz mój sztandar, tym samym ranisz mnie! – Od tego momentu przestałam się do niej odzywać. Matka Marie Thérèse zdawała się niczego nie zauważać. Kiedy opowiedziałam o tym incydencie ojcu, ostrzegł, że lepiej milczeć.

– Nie powinnaś tak mówić do koleżanki. Mamy teraz okres przyjaźni francusko-wietnamskiej i mógłbym mieć przykrości, gdyby cię ktoś usłyszał. Obawiam się, że podlegasz wpływom twojego szalonego wujka.

Od tego dnia każda wizyta u którejkolwiek koleżanki francuskiej dawała mi okazję sprawdzenia, jak dalece gardzą one Annamitami. Tak było nawet z moją przyjaciółką Claude, do której byłam często zapraszana. Kiedyś służąca wietnamska postawiła na stole salaterkę truskawek z pokrywką. Podczas gdy rozmawiałyśmy, nie pamiętam o czym, pokrywka spadła i rozbiła się. – Brudna, niezdarna Annamitka! – wrzasnęła Claude do służącej. Serce mi się ścisnęło.

Wkrótce po przybyciu do klasztoru asystowałam w pewnym pamiętnym dla mnie wydarzeniu. Była to inauguracja rezydencji cesarza Bao Dai w Dalat. Moja matka przywdziała aksamitne *ao dai* i założyła naszyjnik z diamentów, a ojciec włożył swoje najlepsze ubranie. Ja miałam niebieską aksamitną sukienkę i pantofle sprowadzone z Paryża. Przyjechaliśmy samochodem aż do podnóża pagórka, na którym wznosiła się willa cesarska. Stąd wszyscy szli szeroką aleją parkową, by zgromadzić się przed budynkiem. Mniej więcej o godzinie osiemnastej zebrało się tam około pięćdziesięciu osób: mandaryni i ich rodziny, a także Francuzi. Nagle obszerna biała rezydencja rozbłysła światłami. Zapalono dwieście lamp, jak wyjaśnił mój ojciec. Willa wydała się podobna do oświetlonego statku. Wtedy Bao Dai, jego małżonka i generalny rezydent Francji ukazali się na balkonie. Obecni wśród oklasków wołali: „Niech żyje Jego Majestat!" Bramy willi otwarły się na oścież, zabrzmiała francuska fanfara. Weszliśmy do środka. Wewnątrz – olśniewające blaski lamp, wazony pełne kwiatów. W wielkiej sali recepcyjnej – bufety uginające się pod ciężarem przysmaków. Ojciec powiedział, że cesarz specjalnie na tę okazję sprowadził kucharzy z Francji. Największe wrażenie zrobiły na mnie wazy ze stertami jabłek i winogron, które opadały kaskadami. Nie odważyłam się dotknąć owoców, tak były piękne. Przez cały wieczór ludzie przybywali z darami. W pewnej chwili zabrzmiał śpiew artystki o bardzo ciemnej skórze. Mówiono, że ona również została specjalnie zaproszona z Francji na tę uroczystość.

Nie wiem, o której godzinie odjechaliśmy. Obudziłam się, kiedy ojciec wziął mnie w ramiona i wsadził do samochodu. Zasnęłam bowiem w fotelu.

Cesarz często przebywał w tej rezydencji, o wiele prostszej i wygodniejszej od jego pałacu w Hue. Widziano go tam podobno w towarzystwie innych kobiet bez żony. Pewnego dnia cesarzowa przyjechała go szukać, kiedy był na polowaniu. Ruszyła za nim i strzeliła nad jego głową. Dalat jest małym miastem, wszyscy natychmiast wiedzieli, co się stało. Ale to nie przeszkadzało cesarzowej przychodzić do Klasztoru Ptaków, gdzie uczyły się jej córki. Ponieważ byłam dobrą uczennicą, często mnie stawiała im za przykład:

– Popatrzcie, jak córka pana inspektora nauczyła się szybko francuskiego. Potrafi płynnie mówić i bezbłędnie pisać. Podczas gdy wy...

Któregoś wieczoru zostałam zaproszona do ich willi na kolację. Punktualnie o godzinie siódmej guwernantka francuska otwarła drzwi wejściowe do sali jadalnej i przeszliśmy do stołu. Księżniczki w tradycyjnych, brokatowych *ao dai*, już siedziały na swoich miejscach. Posadzono mnie obok jednej z nich, Phuong Mai. Kiedy drzwi naprzeciwko nas się otwarły, wszyscy wstaliśmy: cesarzowa ukazała się w sukni z żółtego brokatu, za nią szedł książę następca tronu Bao Long. Cesarzowa zajęła miejsce u szczytu stołu, po czym na stojąco zrobiła znak krzyża i odmówiła modlitwę; wszyscy obecni jej wtórowali. Kiedy usiadła, uczynili to inni; dwaj służący zaczęli roznosić potrawy francuskie. Należało jeść cicho. Ważne było, żeby nóż nie zgrzytał na talerzu. Trzeba było pamiętać, aby trzymać się prosto. Nic nie mówić, jeśli nie odezwie się Jej Majestat. Czyniła to rzadko. Byłam przyzwyczajona do takiej etykiety w domu i klasztorze, ale drżałam na myśl, że mogę nie spodobać się cesarzowej. Podczas innego posiłku, na którym również byłam, książę następca tronu źle się zachował. – Nie zapominaj, kim jesteś! – upomniała go matka.

Pożegnanie dzieciństwa

Mieszkaliśmy w Dalat w okresie od roku 1929 do 1942.
W 1940 roku nastąpiła inwazja japońska. Z jej początków zachowałam raczej mgliste wspomnienia. Nic dziwnego: czas nauki spędzałam wówczas w klasztorze, a na wakacje jak dawniej wyjeżdżałam z całą rodziną do La Ba. Dopiero później, w mieście Hue, w pełni sobie uświadomiłam, co to znaczy nieprzyjacielska okupacja.

W roku 1942 ojciec poróżnił się z rezydentem generalnym. Ten zwierzchnik władz kolonialnych zarzucił ojcu, że zezwolił na opublikowanie w miejscowej prasie dwóch artykułów antyfrancuskich. Mama twierdziła, że owe teksty zostały wydrukowane bez wiedzy ojca podczas jego nieobecności w Dalat. Niemniej rezydent zarządził karne przeniesienie ojca do miasta Phan Ri, również na stanowisko inspektora szkolnictwa. Mama była niepocieszona, opuszczając Dalat, gdzie pozostawiała wszystkie swoje przyjaciółki. Miasto Phan Ri było małe, senne, prowincjonalne. Leżało w samym środku Annamu, pośród piaszczystych wzgórz, blisko morza. Było tu bardzo gorąco i bardzo sucho: panował klimat inny i mniej przyjazny niż w Dalat. Grunty nieurodzajne. Wśród ludności przeważali Czamowie. Wiedziałam, że niegdyś mieli własne, silne królestwo pośrodku Półwyspu Indochińskiego. Przed wiekami ich monarchię podbili Wietnamczycy. Czamowie zachowali swój język i tożsamość, jako mniejszość etniczna.

W początkowym okresie po przeprowadzce rodziców pozostawałam nadal w Klasztorze Ptaków, z dala od bliskich. Przepowiednia astrologa zaczynała się sprawdzać. Później umieszczono mnie na stancji u pani Le, mojej pierwszej nauczycielki, która mieszkała w Dalat. Miała u siebie młodszą siostrę, moją rówieśnicę, imieniem Kim Chi, a jej rodzina pochodziła z Phan Ri – i to przesądziło o decyzji ojca, który tam właśnie mnie ulokował. Pod koniec roku 1943 przez okna mieszkania pani Le widziałam wkraczających do Dalat żołnierzy japońskich. Nosili żółte mundury i długie szpady u boku. Mówili dziwnym językiem, który przyprawiał mnie o lęk.

Z dnia na dzień Klasztor Ptaków został zamknięty. Znaczna część moich koleżanek Francuzek już wcześniej wróciła do ojczyzny. Nie znałam się wówczas na polityce, ale pojmowałam, że dzieje się coś złego. W początkach okupacji japońskiej wybrałam się do Phan Ri, aby być pośród swoich, w rodzinie. Pociągi były przepełnione, ale jeszcze kursowały.

W Phan Ri nie było średniej szkoły francuskiej. Moja dalsza nauka stanęła więc pod znakiem zapytania. Na szczęście wkrótce po moim przyjeździe rodzice otrzymali list z Hue. Nasi krewni, moi wujowie i ciotki, nalegali, żebym przyjechała do nich i kontynuowała naukę. Ta perspektywa mnie zachwycała, gdyż nie miałam chęci ani zamiaru tkwić w domu i bezczynnie czekać na męża, jak to czyniło wiele moich rówieśnic. Moi dziadkowie ze strony ojca sprzeciwiali się tym projektom, lecz mama potrafiła ich przekonać, argumentując, że będę przecież mieszkała u jednej z jej sióstr i u mojej babci.

Musieliśmy jednak przekonać jeszcze do tego projektu moją prababkę, prawie stuletnią seniorkę rodu. W tym celu udaliśmy się do niej wszyscy. Spoczywała na obszernym łożu w wielkim pokoju, odziana w żółte *ao dai*. Trzech służących pomagało jej podnieść się i usiąść. Wszyscy pokłoniliśmy się prababce bardzo nisko i pokornie.

– Poleciłam twojemu ojcu, żeby zabronił ci wyjeżdżać – oznajmiła prababka, kierując te słowa do mnie.

– Błagam, niech babcia zezwoli – prosił ojciec. – Phuong jest zdolna i bardzo lubi się uczyć. Teraz, kiedy szkołę zamknięto, spędza czas bezczynnie. W Hue zamieszka przecież u krewnych.

Mama padła na kolana z równie błagalnymi słowami. Prababka przez dłuższą chwilę obserwowała nas, po czym pogardliwie machnęła ręką, patrząc na mnie tak, jakbym była upadłą dziewczyną. – A róbcie, co chcecie! – powiedziała i z głębokim westchnieniem zatopiła się w poduszkach. W lutym 1945 roku mogłam wreszcie wyruszyć do Hue.

Przed moim wyjazdem ojciec zwołał nas, wszystkie dzieci, do swojego gabinetu. Staliśmy bez ruchu, czekając na jego słowa.

– Wasza najstarsza siostra jedzie do Hue – zaczął – żeby tam się uczyć.

Zamieszka u waszej szóstej ciotki. Phuong, musisz na pamięć nauczyć się tego, co ci teraz polecę. Nie patrz żadnemu mężczyźnie prosto w oczy, nie stukaj obcasami, idąc po ulicy. (To była obsesja ojca tak silna, że w pół wieku później, kiedy spotkałam się w Paryżu z młodszym bratem Phatem, usłyszałam od niego: „Nareszcie możemy chodzić ulicą tak, jak chcemy, i stukać obcasami").

Ojciec przekazał mi dwadzieścia podobnych zaleceń, zgodnie ze swoim zwyczajem, pięknie wykaligrafowanych. Zabrałam je ze sobą, bardzo rada, że wydostaję się spod ojcowskiej kurateli.

Prawie osiemset kilometrów dzieliło Phan Ri od najbliższej stacji kolejowej Phan Thiet. Tu trzeba było wsiąść do pociągu zmierzającego w stronę Hue. Nigdy jeszcze samotnie nie odbywałam tak długiej podróży. Ogarniał mnie ogromny smutek. Mama przygotowała wielką walizę z rzeczami i z prowiantem. Ojciec wykupił mi kuszetkę w wagonie pierwszej klasy, ale nie odwiózł mnie na dworzec, pozostawiając to mamie. Prawdopodobnie obawiał się, że nie powstrzyma odruchu wzruszenia w chwili rozstania. Wtedy nie wiedział, że już się nigdy więcej nie zobaczymy.

Pasażerowie tłumnie wdzierali się do wagonów. Byli to wyłącznie Wietnamczycy. Mama poleciła mnie opiece kierownika pociągu. Czułam się bezpiecznie w przedziale sypialnym, jednak patrząc na krajobrazy wolno przesuwające się za oknami wagonu, nie mogłam opanować płaczu. Potem zmorzył mnie głęboki sen.

Wydawało mi się, że podróż nigdy nie dobiegnie końca. Na każdej stacji widać było żołnierzy japońskich, którzy pilnowali peronów. Moja mama przewidująco zaopatrzyła mnie w jedzenie, abym niczego nie musiała kupować po drodze.

Na dworcu w Hue panował ogromny ruch i hałas. Ale bardzo szybko odnalazł mnie wuj Phan Tay, inżynier zatrudniony w elektrowni francuskiej SIPEA. Jego dom znajdował się niedaleko dworca. Po raz pierwszy miałam mieszkać w dzielnicy robotniczej, w skromnym mieszkaniu w otoczeniu innych podobnych mieszkań. Nie mieliśmy łazienki, tylko ogólną toaletę ze zbiornikiem pełnym wody, którą czerpało się połówką wysuszonego orzecha kokosa, osadzoną na bambusowym kiju.

W pokoju, który miałam dzielić z trójką moich kuzynek i kuzynów, czekało na mnie żelazne łóżko z prześcieradłami i poduszką. Stało blisko okna, za którym rosły palmy arekowe, o tej porze roku pokryte pachnącymi kwiatami. Wieczorem, kiedy po odrobieniu zadań szkolnych gasiliśmy światło, pokój wypełniał balsamiczny zapach kwiatów palmowych.

Ciocia Tay oznajmiła, że muszę sama prać moją piżamę i prześcieradła. – Jeżeli tego nie będziesz robić, nigdy nie wyjdziesz za mąż. – Prałam więc swoje rzeczy mydłem w małym strumyku płynącym za domem. Od razu zauważyłam, że większość ludzi żyje tu w bardzo ciężkich warunkach. Kobiety od rana do wieczora sprzedawały ciastka. Kładąc się spać, słyszałam ich nawoływania: – Komu ciastka, komu? Świeże, pyszne ciastka z soczewicy! – Kiedy wobec wuja wyraziłam zdziwienie, że kobiety muszą trudnić się handlem aż do późnych godzin wieczornych, odrzekł:

– Rzeczywiście, Phuong, ty jeszcze nie znasz życia.

Z Północy dochodziły alarmujące wieści o szalejącej tam klęsce głodu. W Hanoi co dzień rano zbierano na ulicy trupy*. Ciotka upominała nas, abyśmy podczas posiłków nie zostawiali w miseczkach ani jednego ziarnka ryżu. Mówiła: – Ryż to drogocenny skarb, który nam zsyła niebo. Nie można takiego daru marnotrawić. – Jeżeli z posiłków coś zostawało, przekazywała to biedakom.

Dla mnie zaczęło się nowe życie. Mimo nieprawdopodobnie powikłanej sytuacji politycznej, mimo wszechobecności Japończyków, miałam poczucie swobody. W domu mieszkali dwaj wujowie. Młodszy brat mojej ciotki, Thien Tich, czyli „Błogosławieństwo Niebios", był tylko o pięć lat starszy ode mnie, ale niczym się nie interesował (później wyjechał do Francji, gdzie pracował w dzienniku „France-Soir"). Mój drugi wuj, inżynier Tay, w bardzo krótkim czasie zaczął mówić mi o zamiarze podjęcia walki o niepodległość.

„Życie nigdy nie stanie się lepsze, jeżeli pozwolimy, by rządzili nami obcy". Słowa te często słyszałam od wuja. Wieczorami szukał okazji, żeby porozmawiać ze mną w cztery oczy. Opowiadał o ruchu rewolucyjnym, wyjaśniał, co to jest Viet Minh**, tłumaczył, dlaczego należy mieć zaufanie do rewolucji.

Ciocia była kobietą raczej tradycyjną. Gotowała, prowadziła dom,

---

* W latach 1944–1945 ten „wielki głód" zabił ponad milion mieszkańców północnego Wietnamu.

** Viet Minh – skrót nazwy: Viet Nam Doc Lap Dong Minh Hoi – Liga Niepodległości Wietnamu, założona w maju 1941 roku przez działacza nazwiskiem Nguyen Ai Quoc, znanego pod pseudonimem Ho Chi Minha.

służyła swojemu mężowi. Ale rozumiała jego działalność, nawet jeśli w całości nie podzielała poglądów męża. Moim zdaniem wuj nawet wolał, żeby nie była wtajemniczona w jego poczynania. Dzisiaj mogę sobie wyobrazić, jak bardzo był zadowolony, znajdując we mnie podatny grunt, na którym mógł posiać swoje idee. Ja również byłam zadowolona i dumna, ponieważ po raz pierwszy ktoś mnie traktował jak dorosłą. Rano wstawaliśmy o godzinie piątej. Przed śniadaniem razem wykonywaliśmy ćwiczenia gimnastyczne. Potem ciotka dawała każdemu z nas kulę gotowanego ryżu z mięsem lub z krewetkami na posiłek południowy. Wyruszałam do szkoły z plecionym koszykiem, w którym były podręczniki, ołówki, atrament, piórnik i zeszyty. Czasem między przybory szkolne kładłam dla zapachu kwiatek. Niektóre moje koleżanki miały prawdziwe teczki zagraniczne, budzące podziw i zazdrość.

Po drodze do szkoły doganiałam koleżanki z klasy. Zazwyczaj przyłączały się do nas jeszcze inne uczennice tej samej szkoły. Około godziny siódmej znajdowałyśmy się naprzeciw budynków szkolnych, wznoszących się w pobliżu Rzeki Perfum. Jeszcze nie było słychać dźwięku bębna oznajmiającego początek nauki. Wszyscy gadali i śmiali się. Była nas tylko garść dziewcząt. Większość stanowili chłopcy. Wiedziałam, że przyglądają nam się z zainteresowaniem.

Od moich pierwszych dni w szkole Khai Dinh – nazwanej imieniem ojca cesarza Bao Dai – uderzył mnie ruch, jaki w niej panował. Nikt nie mógł oprzeć się tej naelektryzowanej atmosferze. Wkrótce zostałam zapisana do podziemnej organizacji studentów patriotów. Poznaliśmy członków Viet Minhu, których głównym reprezentantem w szkole był Phan Tu Quang. Do Viet Minhu mogli przystąpić najlepsi uczniowie. Niebawem utworzyliśmy grupę patriotów, składającą się z sześciu lub siedmiu osób.

I wtedy po raz pierwszy usłyszałam o niejakim Nguyen Ai Quoc, który przebywa w Chinach i tam przygotowuje rewolucję. Zaczęłam sobie uświadamiać, jaki jest zasięg ruchu przeciwko Francuzom. „Jeśli nie uzyskamy niepodległości przez negocjacje, być może będziemy musieli sięgnąć po walkę zbrojną. I do niej musimy się przygotować". Tak powiadał Nguyen Ai Quoc. Wobec tych perspektyw uczono nas zasad pierwszej pomocy. Każdy musiał umieć skonstruować nosze z dwóch bambusów i bluzy oraz robić opatrunki. Nie lekceważono żadnego aspektu przyszłej walki.

Na początku, kiedy moje stopnie nie były zadowalające, również niedzielę poświęcałam na naukę. Jeśli z lekcjami szło mi lepiej, wyruszaliśmy całą rodziną do którejś pagody. Świątynie w Hue są wspaniałe i sprzyjają modlitewnemu skupieniu. Potem odwiedzaliśmy grobowce królewskie. Prawie zawsze zabierałam ze sobą książki i uczyłam się aż do wieczora w tych wspaniałych miejscach. Zdarzało się także, że moja babcia ze strony mamy, mieszkająca nieco dalej od Hue, pożyczała nam łódź. W te dni razem z kilkoma kolegami i koleżankami płynęliśmy aż do mauzoleów cesarskich. Wracaliśmy przy świetle księżyca, śpiewając piosenki. Moja przyjaciółka Oanh Thuc, co znaczy „Cnotliwa", zawsze ubrana na biało, siadała na dziobie łodzi oblana światłem księżyca i wyglądała jak postać z bajki.

Pewnego razu wuj zaproponował, abym zaprosiła szkolnych przyjaciół. Ciocia przygotowała posiłek wegetariański, specjalność Hue, przyrządzony z owoców i soi. Wszystkie potrawy były wyrafinowane i niezwykle smaczne. Stoły rozstawiono w cieniu kwitnących drzew grejpfrutowych. Zapach był upajający. Moja babcia przyszła, aby nam życzyć smacznego i upewnić się, czy niczego nam nie brakuje. Potem zostaliśmy we własnym gronie. Była to piękna chwila wypoczynku.

Mieliśmy jak gdyby oficjalny hymn szkolny – pieśń wybitnego kompozytora Luu Huu Phuoc, zaczynającą się od słów: „Porzućmy nasze przybory szkolne, aby ruszyć do walki o niepodległość kraju". Kiedy po latach widziałam film Stowarzyszenie Umarłych Poetów, przypomniał mi się ten okres: podobny entuzjazm, ta sama chęć wolności. Zwracaliśmy się do siebie: towarzyszu. Wśród naszych nauczycieli dwaj byli zwolennikami Viet Minhu, a trzej sympatyzowali raczej z Francuzami. – Więcej spokoju, drodzy przyjaciele – powtarzał nam nauczyciel filozofii. – Jesteście jeszcze bardzo młodzi, sami dobrze nie wiecie, o czym mówicie. Francja to wspaniały kraj!

Stwierdziłam jednak, że nie odważa się mówić zbyt wiele i trochę się nas boi. Podczas lekcji nauczyciele przeciwnicy Viet Minhu pojawiali się w klasach i pytali, czy mamy ochotę się uczyć, czy nie. Oczywiście raczej nie mieliśmy ochoty. Profesor chemii, którego nazywaliśmy „CO_2", przywiązywał wielką wagę do nauki. Wzdychaliśmy wtedy ostentacyjnie: – Czy to jeszcze będzie długo trwało? – Nieraz pojawiał się kadrowiec Viet Minhu i zawiadamiał:

– Spotykamy się dziś o szóstej na dziedzińcu. Przygotujcie się do zabrania głosu!

– A co ja wtedy będę robił? – pytał ze skargą w głosie profesor. – Przecież o tej porze ma być lekcja!

Na te słowa reagowaliśmy chóralnym okrzykami: – CO dwa, CO dwa! – Niektórzy pedagodzy prowadzili lekcje ze słownikami w ręku, gdyż nie znali dostatecznie własnego, wietnamskiego języka, zwłaszcza wyrażeń technicznych. Nauczyciele profrancuscy stopniowo opuścili z własnej woli szkołę. Pozostali ci, którzy byli po stronie Japończyków, jak na przykład pan Hoang.

W tym czasie lekcje wychowania obywatelskiego zostały zastąpione obowiązkowym kursem języka japońskiego. Pewnego dnia pan Hoang przyszedł uczyć nas pierwszych sylab japońskich. Nikt nie chciał ich powtarzać. – Jeśli nie będziecie się uczyć – zagroził – wezwę oficera japońskiego. Proszę natychmiast powtarzać to, co mówię! – Powtarzaliśmy więc chórem sylaby, ale w sposób całkowicie chaotyczny. Biedak omal nie zwariował. Lekcje japońskiego trwały mimo wszystko dwa lub trzy miesiące – do momentu, kiedy Japończycy się wycofali. W rzeczywistości już nikt wtedy w szkole się nie uczył. Przychodziliśmy tylko po to, żeby rozmawiać.

Często ktoś z obecnych wstawał i oznajmiał: – Drodzy przyjaciele i koledzy! Przyszedłem wam powiedzieć „do widzenia". Jutro wyruszam do strefy działań bojowych. – Wszyscy bili brawo. Niektórzy płakali. Wieczorem w tych dniach pospiesznie wracałam do domu, aby o wszystkim opowiedzieć wujowi. Z trudem mogłam zasnąć, tak bardzo byłam podniecona.

Spośród moich przyjaciół uczestnictwa w tym ruchu odmawiali tylko ci, którzy pochodzili z naturalizowanych rodzin francuskich. Na przykład Teresa L., której ojciec był inżynierem robót publicznych, początkowo zapisała się, tak jak ja, do Stowarzyszenia Studentów Patriotów, ale niebawem zarzuciła nam zdradę Francji i trzymała się od nas z daleka. Większość kolegów szkolnych była ode mnie starsza o dwa lub trzy lata. Moi „starsi bracia" nosili tradycyjne tuniki, czyli *ao dai* do kolan, albo ubierali się po europejsku w spodnie i bluzę. Byli od nas dojrzalsi i świadomie zaangażowali się w ruch rewolucyjny. Do nich należał Dang Van Viet – przyszły bohater walk przeciwko Francuzom na drodze kolonialnej numer 4 – którego ojciec, minister sprawiedliwości w rządzie cesarza Bao Dai, mieszkał w obrębie cytadeli; Ha Dong został później twórcą lotnictwa wietnamskiego. Na razie wszyscy oni tworzyli wesołą gromadę żartownisiów, ogólnie lubianych. Viet miał piękny rower, godny syna ministra. Sądzę, że jeździł na nim głównie dlatego, żeby zwracać uwagę dziewcząt. Koledzy ci uczyli się w tak zwanym wietnamskim Saint-Cyr, czyli w stworzonej przez rząd projapoński szkole, która miała kształcić nowych oficerów, sprzyjających polityce Nipponu. Działacze Viet Minhu zdołali pozyskać dla walki o niepodległość prawie wszystkich słuchaczy tej szkoły.

Na pierwszy rzut oka kadrowcy Viet Minhu przypominali innych studentów. Tyle że byli nieco starsi. Potrafili wyłowić poważnych uczniów, którzy serio traktowali własne poglądy – i już nie wypuszczali ich spod swojego wpływu. Quang, odpowiedzialny za naszą grupę, pochodził z Hue. Najpierw uczył się w naszej szkole, potem przez dwa lub trzy lata pracował w konspiracji i wrócił do nas jako instruktor. Prawie każdego wieczoru urządzał zebrania, na których tłumaczył, dlaczego należy walczyć przeciwko Japończykom. Początkowo zebrania były konspiracyjne. Z biegiem czasu urządzano je całkiem jawnie w prywatnych domach. Siedzieliśmy na podwórzu lub w ogrodzie, a mówca lub prelegent pośrodku nas.

Byliśmy upojeni tym ogólnym dążeniem do niepodległości. Wszystkie poniżenia, jakich niegdyś doznałam w Klasztorze Ptaków, przypominały mi się teraz. Nareszcie mogłam pozbyć się kompleksu niższości.

Wkrótce szkoła opustoszała. Nielicznych, którzy chcieli kontynuować naukę, pytano pogardliwie: „Jak możesz się uczyć, kiedy jeszcze nie mamy niepodległości?" Oczywiście podzielałam te opinie. Wtedy właśnie, bardziej egzaltowana niż inne dziewczęta, spotkałam chłopca, w którym się zakochałam. Wówczas nie manifestowaliśmy swoich uczuć, tak jak to jest obecnie. Patrzyliśmy sobie w oczy, wiedzieliśmy, że się kochamy, i to wszystko. Trzymanie się za ręce oznaczało już coś bardzo poważnego.

Miałam lat piętnaście, Nam – siedemnaście. Po każdym zebraniu manewrowaliśmy tak, żeby zostać we dwójkę i porozmawiać. Nie robiliśmy nic innego. Pewnego dnia spędziliśmy całe popołudnie w pagodzie Niebiańskiej Damy, dwa kilometry od domu. Nazajutrz babcia wezwała mnie przez służącego.

– Kto to jest ten chłopiec? – spytała.

Na szczęście mój wuj stał w pokoju tuż za babcią.

– Ja przecież byłam z wujem! – powiedziałam, spoglądając na niego znacząco.

Moja babcia spojrzała na swojego syna.

– Ależ tak, wczoraj byłem razem z Phuong! – zapewnił.

Widać było, że babcia poczuła ulgę:

– I pomyśleć, że przez to nie mogłam zasnąć! Szalałam z niepokoju, że Phuong może spacerować gdzieś z chłopcem.

Dzięki, wuju, że podjąłeś tę grę, gdyż w przeciwnym razie babcia na pewno odesłałaby mnie do rodziców!

Następnego wieczoru po zebraniu Nam odprowadzał mnie do domu. Na ulicy Wróbli przeszliśmy obok grupy ludzi, którzy ćwiczyli marsz wojskowy i strzelanie. Któryś z nich wykrzyknął pod naszym adresem: – Uważacie, że to odpowiedni czas na romanse?! – W tym okresie wszelkie okazywanie wzajemnych uczuć było bardzo źle widziane. Należało manifestować patriotyzm, nie sympatię, nie miłość. Zrobiło nam się wstyd.

Wkrótce potem matka Nama przyszła do mojej rodziny prosić o moją rękę. Następnie jego ojciec zwrócił się w tej samej sprawie do mojej babci. Obydwie rodziny wydawały się zachwycone perspektywą naszego związku. Podczas gdy ja nigdy nie odważyłabym się wypytywać Nama o sytuację materialną jego ojca, moi krewni byli doskonale zorientowani, z kim mają do czynienia. Rodzina Nama była jedną z najbogatszych w prowincji Nghe An w centrum kraju, a jego ojciec był również dyrektorem szkół. Od tego czasu nie musieliśmy się kryć z naszymi uczuciami. I prawie się nie rozstawaliśmy. Koleżanki z klasy bez ustanku z nas żartowały. Była to wiosna roku 1946, na krótko przed moim przystąpieniem do ruchu oporu. Nam udał się tymczasem do swojego rodzinnego gniazda, miejscowości Nghi Loc. Jako jedyny syn chciał pozostać w rodzinie i tam uczestniczyć w ruchu oporu na szczeblu lokalnym. W przeciwieństwie do mnie nie zamierzał wszystkiego opuścić.

Z drugiej strony mostu

Od początku roku 1945 ciotki bez przerwy mówiły o walce ludności przeciwko rekwizycji ryżu dokonywanej przez Japończyków*. Z domu babci słychać było odgłosy bębnów, które odzywały się we wsi. Babcia paliła troczki wotywne na ołtarzu przodków, błagając Buddę, aby roztoczył nad nami opiekę w tym niespokojnym czasie. Każdego wieczoru w porze kolacji wuj opowiadał o straszliwym głodzie, który dziesiątkuje ludność na północy kraju. Nie miałam żadnych wiadomości od moich najbliższych ani od reszty rodziny, która pozostała w Phan Thiet.

Wtedy właśnie wuj zaczął wciągać mnie do akcji.

– Codziennie idziesz przez most – powiedział mi. – Na tym moście stoją dwaj żołnierze japońscy, uzbrojeni w karabiny z bagnetami, i kontrolują przechodniów. Chciałbym, żebyś zabrała pakiecik, który doręczysz odbiorcy na bazarze. Jeżeli Japończycy zaczną cię wypytywać, powiesz im, że proszono cię o przekazanie tej paczki, ale nie znasz ani nazwiska odbiorcy, ani zawartości pakietu.

Za pierwszym razem wręczył mi trzy albo cztery starannie złożone kartki papieru, które wsunęłam pod okładkę zeszytu. Na moście razem z koleżankami przeszłyśmy tuż przed nosem Japończyków. Pięć młodych dziewcząt z Hue w białych *ao dai*, gadających między sobą, nie wzbudziło żadnych podejrzeń. Nie myślałam nawet, że mogę zostać zatrzymana. Tak samo stało się następnego dnia i podczas kolejnych dni. Potem wuj nauczył mnie drukować ulotki. Robiłam to w kuchni, oczywiście

---

* Od roku 1944 okupanci japońscy zabierali ludności wiejskiej ryż, który pleśniał potem w ich magazynach.

w sposób bardzo prymitywny, używając roztopionej żelatyny i fioletowego atramentu. Następnie wuj dawał mi kawałki żółtej i czerwonej tkaniny. Szyłam z nich miniaturowe flagi Viet Minhu z żółtą gwiazdą na czerwonym kwadratowym tle. Dostarczałam je również pod wskazany adres. Nie zdając sobie z tego sprawy, stałam się kolporterką i łączniczką. Nikt nas nie podejrzewał o coś zakazanego. Policja wolała nie zapuszczać się do dzielnicy robotniczej.

Dziewiątego marca 1945 roku w środku nocy zerwaliśmy się z łóżek na równe nogi: strzelano ze wszystkich stron, a niebo pokryły niebieskawe błyski. Wuj wpadł do domu: – Japończycy rozbrajają Francuzów! – zawołał. W ostatnich czasach żołnierze Nipponu byli skoszarowani, ale od niedawna kręcili się po ulicach w kaskach z klapami opuszczonymi na uszy, z bagnetami na karabinach. W szkole również wyczuwaliśmy bliskość rewolucji.

Pewnego wieczoru, kiedy wuj nie wrócił do domu, zrozumiałam, że przyłączył się do ruchu oporu. Natychmiast przeniosłam się do babci. Jej dom znajdował się poza obrębem Hue, pośrodku wielkiego ogrodu, pełnego drzew owocowych. Nie miałam pozostać tu długo.

Od tego czasu wydarzenia przyspieszyły bieg. W maju organizacja, do której należał wuj, wyznaczyła mnie na studia medycyny w Hanoi, gdzie miałam jechać wraz z czterema innymi koleżankami.

– Nie wystarcza nauka z książek – powiedział nasz instruktor Quang. – Najlepiej jest mieć zawód przydatny podczas walki o niepodległość.

Dlaczego wybrano na studia właśnie nas? Tajemnica. Zresztą nie myślałyśmy o stawianiu pytań, byłyśmy bowiem bardzo dumne, że pojedziemy się uczyć. Wieczorem, wracając do babci, nagle zrozumiałam, co ten wyjazd dla mnie oznacza: miałam ponownie opuścić rodzinę, tym razem rodzinę z Hue, i moich przyjaciół i samotnie żyć w Hanoi. Ta perspektywa jednak mnie nie przerażała.

Zatarły się w mojej pamięci szczegóły podróży. Pamiętam, że pociągi w kierunku Północy jeszcze funkcjonowały. Natomiast przypominam sobie dokładnie nieoczekiwany przyjazd mamy w przeddzień mojej podróży. Jak zawsze elegancka, prowadziła za sobą młodego chłopca, który dźwigał dwie wielkie walizy. I pamiętam rozmowę z nią:

– Podobno jedziesz do Hanoi?

– Tak, mamo.

– I co tam będziesz robić?

– Będę studiować medycynę, a na początek kursy dla położnych.

– Położna? To nie jest zawód dla ciebie! Twój ojciec chce, żebyś była inżynierem agronomem!

Rodzice zadecydowali za mnie po to, żebym pewnego dnia objęła zarząd rodzinnych plantacji. Ale ja wcale tego nie chciałam.

Rozmawiałyśmy przez cały wieczór. Wobec mojego uporu mama musiała skapitulować. Z jej pozwoleniem czy bez jej zgody pojadę do Hanoi. Nie mogłam jej odmówić przyjęcia dwóch walizek pełnych ubrań, które mi przywiozła. Nie mam pojęcia, ile w nich było *ao dai* i par spodni.

W Hanoi ulokowano nas w szpitalu i oprócz niedzieli kategorycznie zakazano wychodzenia na miasto. Profesorowie tworzyli jeszcze jedną klasę, bardzo uprzywilejowaną. Zachowali zwyczaj mówienia po francusku, tak jak w dawnym Instytucie Medycyny. Często mieli kłopoty ze znalezieniem odpowiednich wyrażeń wietnamskich i próbowali szukać ich w słownikach. Dla nich byłyśmy normalnymi, początkującymi studentkami, młodymi dziewczynami z Hue w białych *ao dai*, z długimi włosami.

Kiedy po raz pierwszy weszłam do sali porodowej, omal nie zemdlałam na widok osiemnastu kobiet z nienormalnie wydętymi brzuchami, krzyczących na łóżkach. Nie było jednak mowy, żeby się wycofać. Jako położna, a potem lekarz, będę mogła być pożyteczna dla rewolucji!

Przed szpitalem przejeżdżał tramwaj. Za pierwszym razem nie wiedziałyśmy, z której strony do tego wsiąść, i ludzie się z nas śmieli. W porównaniu z Hue Hanoi wydawało się nam rajem, z oświetlonymi ulicami i z mnóstwem towarów w sklepach, zwłaszcza na ulicach Jedwabiu, Haftów, Bębnów i w całej starej dzielnicy handlowej.

Pewnej niedzieli razem z koleżanką wyjątkowo poszłyśmy do kina „Filharmonia". W porównaniu z mieszkankami Hanoi, bardzo eleganckimi w *ao dai* z jedwabiu, z długimi, powiewnymi szarfami, wyglądałyśmy jak małe prowincjuszki. Nagle poczułam, że ktoś z tyłu pociąga mnie za włosy. Odwróciwszy się, zobaczyłam dwóch żołnierzy francuskich. Wychowana w Dalat, wśród znajomych Francuzów, wiedziałam, jak zareagować: – To tak się zachowuje Legia Cudzoziemska?! – spytałam ostro. – Kto was nauczył ciągnąć dziewczyny za włosy? – Zaczerwienieni po uszy, jęli nas przepraszać.

W sierpniu 1945 roku sytuacja w Hanoi stała się krytyczna. Na ulicy Makaronu, w odległości dwóch kilometrów od centrum, francuscy żołnierze zabili kilku Wietnamczyków. Quang, który przybył nieoczekiwanie, kazał nam natychmiast jechać do Hue: – Tu będą walki uliczne. Lepiej, żebyście tam wróciły. – W dwa dni później kursy dla położnych zostały

44

zamknięte, a my wyjechałyśmy przerażone na myśl, że możemy w drodze spotkać okropnych legionistów w czerwonych beretach, tych, którzy ostatnio strzelali do naszych rodaków na ulicy Makaronu. Quang pokpiwał sobie z nas: – Jeśli Francuzi was zobaczą, połamią was jak makaron!

Po przybyciu do Hue znalazłam moją ciotkę i trójkę jej dzieci w małym domku w ogrodzie babci. Od chwili, kiedy jej mąż przyłączył się do ruchu oporu, ciotka żyła w ustawicznym strachu.

Dwudziestego piątego sierpnia 1945 roku w cytadeli byłam świadkiem abdykacji cesarza Bao Dai. Od poprzedniego wieczoru sztandar Viet Minhu – czerwony ze złotą gwiazdą – powiewał nad miastem. Wszędzie odbywały się wielkie demonstracje. Wszyscy mieszkańcy wylegli na ulice. O spaniu nie było mowy. W tę niedzielę uczestniczyłam w wycieczce miejscowych skautów. Urządziliśmy piknik w lasku na przedprożu Hue. Wracając około godziny piątej, widzieliśmy olbrzymi tłum, podążający w kierunku cytadeli. Ruszyłam za innymi.

Na trybunie, przed Bramą Niebiańską, widać było cesarza Bao Dai w szacie i turbanie koloru żółtego. Otaczała go rodzina, dworzanie i trzech przedstawicieli Viet Minhu, których można było rozpoznać po skromnym ubiorze.

Rodzina cesarska zgrupowała się po lewej stronie dziedzińca. Tłum tłoczył się po stronie prawej. Nagle rozbrzmiał donośny głos męski:

– Od dzisiejszego dnia monarchia w Wietnamie jest zniesiona. Cesarz Bao Dai staje się obywatelem Vinh Thuy. A teraz głos ma obywatel Vinh Thuy!

Bao Dai wysunął się do przodu – wydawał się w tej chwili bardzo młody – i przemówił:

– Obywatele! Słuchajcie mnie uważnie. Wolę być obywatelem prostym i wolnym niż monarchą niewolnikiem!

Członkowie cesarskiej rodziny płakali. Zgromadzeni na placu krzyczeli entuzjastycznie i bili brawo. Potem ujrzeliśmy, jak były władca sięga po pieczęć królewską, owiniętą w żółty brokat, i po swoją wielką szpadę, którą po raz ostatni pokazał zgromadzonym. Wszystko to złożył w ręce przedstawiciela Viet Minhu. Stojący obok mieszkaniec Hue wyjaśnił mi, że to członkowie delegacji ludowego rządu przybyli z Hanoi pod przewodnictwem Tran Huy Lieu. On właśnie odebrał z rąk byłego cesarza insygnia władzy: pieczęć i szpadę, aby je położyć na bocznym stole. W tej chwili oddano dwadzieścia jeden strzałów z dział artyleryjskich. Równocześnie żółty sztandar został spuszczony z masztu, a na jego miejscu pojawił się sztandar czerwony z żółtą gwiazdą. Działa oddały kolejną serię strzałów. Napięcie osiągnęło szczyt. Ludzie płakali. Ale nie zawsze były to łzy radości, nie wszyscy bowiem akceptowali nadchodzącą nową władzę. Zagubiona w tłumie, doznałam uczucia, że jestem świadkiem historycznego wydarzenia. Bardzo chciałam o tym porozmawiać z rodzicami. Niebawem tłum rozproszył się w obrębie cytadeli – i, niestety, staliśmy się świadkami niepohamowanej grabieży.

Tego samego wieczoru nasi przywódcy przekazali wiadomość o kapitulacji Japonii po zrzuceniu bomb atomowych na Hiroszimę i Nagasaki. Cztery dni później, drugiego września, prezydent Ho Chi Minh na placu Ba Dinh w Hanoi proklamował niepodległość Wietnamu.

Wkrótce potem – nie rozumieliśmy dlaczego – nagle pojawili się w mieście żołnierze chińscy. Ubrani w mundury żółtawego koloru, w zniszczone czapki i podarte owijacze, kręcili się po mieście najwyraźniej wygłodzeni. Niektórzy z nich mieli twarze naznaczone chorobą. Dlatego nazywano ich *tau-phu* – zagłodzeni Chińczycy. Z dnia na dzień sprzedawcy uliczni handlujący zupą lub ciastkami znikli z dzielnic zajętych przez Chińczyków. Kiedyś przed szkołą zobaczyłam dwóch żołnierzy chińskich, którzy zatrzymali sprzedawczynię śmietany sojowej. Otwarli garnek ze śmietaną, wlali do środka syrop z imbiru, wszystko to zamieszali bagnetami i wypili. Niebawem bez przytomności leżeli na trawniku do wieczora, z zamkniętymi oczami i na wpół otwartymi ustami, jak martwi. Wkrótce Chińczycy zajęli szkolny dziedziniec i sale klasowe na pierwszym piętrze, zmuszając nas, abyśmy skupili się na drugim, razem z uczniami innych klas. Kilkakrotnie przez okno zrzucaliśmy tym nieszczęśnikom cukierki lub ciastka, widząc, jak bardzo są wygłodzeni. Wobec nas zachowywali się na ogół poprawnie. Ale kiedy zaczęli grabić na bazarze – sklepy spożywcze, cukiernie i restauracje natychmiast zostały pozamykane.

Ciotka, która miała trudności ze znalezieniem soczewicy i cukru do wypieku ciastek, lamentowała: – Co za nieszczęście! – i kazała nam zamykać na klucz kuchnię w obawie, że Chińczycy przyjdą i zabiorą nam ostatni zapas ryżu. Kiedy Chińczycy jakby cudem znikli w początkach roku 1946, pozostawili po sobie sterty śmieci i nieczystości. Wszyscy mieszkańcy, łącznie z uczniami, musieli wziąć się do roboty, aby przywrócić miastu jego dawny wygląd. A wtedy się ukazali, jakby czekając na ten moment w ukryciu, żołnierze francuscy. Zajęli koszary w samym środku Hue.

Dlaczego moja matka wybrała ten zwariowany okres, aby przybyć do Hue i zamieszkać u babci wraz z moim rodzeństwem? Nie wiem. Tym bardziej że ojciec został w Phan Ri. Wobec najbliższych miałam mieszane uczucia: z jednej strony byłam szczęśliwa, że ich widzę, a z drugiej dręczył mnie żal, że nie mogę z nimi rozmawiać o mojej działalności, że nie mogę z nimi dzielić entuzjazmu, który pobudzał mnie do walki o niepodległość. Ale i tym razem wspólne mieszkanie nie trwało długo.

W mojej grupie ruchu oporu były cztery dziewczęta i ośmiu chłopców, pochodzących z tych samych środowisk. Spotykaliśmy się na zebraniach. Nasz nowy szef grupy, Sung, którego nazywaliśmy bratem, był człowiekiem drobnym, niewysokiego wzrostu, uprzejmym. W sposób bardzo przekonujący wyjaśniał, dlaczego musimy walczyć o niepodległość kraju. Pewnego wieczoru powiedział:

– Wszyscy dobrze mówicie po francusku, będziecie więc uprawiać kontrpropagandę. Trzeba tłumaczyć Francuzom, że nie powinni kontynuować tej wojny, którą na pewno przegrają. Inaczej mówiąc, nadszedł moment przyłączenia się do ruchu oporu.

Powróciwszy do babci, zaraz się położyłam, ale nie mogłam zasnąć. Czy miałam posłuchać tego rozkazu? Opuścić bliskich, zrezygnować ze wszystkiego, co dotychczas tworzyło moje życie? Rankiem jeszcze nie powzięłam decyzji. Kiedy przybył Sung, wyszliśmy do ogrodu, gdzie nikt nie mógł słyszeć naszej rozmowy. Sung powtarzał: – Powinnaś odejść! Jeśli nie utrzymamy naszej niepodległości, wszystko się skończy. – Wskazał dom babci i piękny sad. – Bez niepodległości nie odzyskasz nawet swojej rodziny. – Nazajutrz powzięłam decyzję. Wszyscy moi rówieśnicy przygotowywali się do czynnego udziału w ruchu rewolucyjnym. Nie mogłam postąpić inaczej. Powiedziałam mamie, że chciałabym z nią porozmawiać. Usiadłyśmy na ławce w ogrodzie. Mówiłam, że powinnam odejść i że tak będzie lepiej, bo młode dziewczęta są narażone na zgwałcenie przez Francuzów. Powtarzałam wszystko to, co polecił nam mówić nasz szef. Choć matka ani na moment nie podniosła głosu, nie spodziewałam się, że jej reakcja będzie aż tak gwałtowna. Nie chciała słuchać żadnych argumentów. Ojciec był daleko. Nie wiem, czy on zdołałby mnie przekonać, żebym została.

Około godziny piątej po południu zeszłam nad rzekę. Przypłynął prom z Eo Bau. Wsiadłam na pokład ze ściśniętym sercem. Odwróciwszy się w stronę brzegu, widziałam moją młodszą siostrę Yen, jak rozpaczliwie płacze. Może byłabym zawróciła, ale było już za późno.

Na drugim brzegu odnalazłam trzy osoby z mojej grupy. Taka była reguła. Przemieszczaliśmy się po dwoje, najwyżej po troje, aby nie zwracać uwagi. Szef zaprowadził nas do chaty w ubogiej dzielnicy. Jedynym sprzętem w tej chacie było wielkie łóżko bambusowe. – Od tej chwili stanęliście do walki rewolucyjnej – powiedział szef. Nie zdawaliśmy sobie sprawy, co to oznacza, ale uroczysta powaga jego słów bardzo nam zaimponowała. Dość szybko jednak odnieśliśmy wrażenie, że weszliśmy do piekła. Była noc, kiedy położyliśmy się spać: dziewczęta z jednej strony, chłopcy z drugiej. Razem było nas dwanaścioro.

Nazajutrz rano każde z nas otrzymało porcję jedzenia na cały dzień: dwie kule gotowanego ryżu z ziarnami sezamu; ryż oczywiście jedliśmy rękami. Naszym pierwszym zadaniem było sporządzanie ulotek, które mieliśmy rozprowadzać wśród żołnierzy francuskich, przychodzących na targ. Dziewczęta ubierały się jak sprzedawczynie warzyw, chłopcy – jak sprzedawcy papierosów: „Żołnierze francuscy, po co tu jesteście? Dobrze wiecie, że my, Wietnamczycy, walczymy o naszą niepodległość". Każdy pisał własne teksty po francusku, po czym sam je kopiował. W ulotkach pisałam, że pochodzimy z zamożnych rodzin, że porzuciliśmy wszystko, by walczyć o niepodległość, i że będziemy walczyć, aż osiągniemy cel. Szef zaaprobował moje teksty. Większość kupców była po naszej stronie. Jedna ze sprzedawczyń jarzyn zaproponowała, żebym udawała jej pomocnicę. Za każdym razem, kiedy francuski żołnierz kupował zielony groszek albo ziemniaki, wsuwałam ulotkę do torby z jarzynami. Kiedyś żołnierz, który odwiedził stragan poprzedniego dnia, przyszedł znowu i uśmiechnął się do mnie. Z ostrożności nie włożyłam mu wtedy ulotki. Następnego dnia wrócił i zapytał mnie wprost: – A gdzie są ulotki? – Odpowiedziałyśmy obie z właścicielką straganu po wietnamsku, że go nie rozumiemy. Zdaniem naszego zwierzchnika żołnierz szykował zasadzkę. Kiedy w ciągu paru następnych dni nic się nie zdarzyło, szef pozwolił nam wtykać Francuzom kolejne ulotki. Żołnierz pojawił się znowu. Kupił jarzyny i po francusku oświadczył, że mnie kocha. Sam wpadł w pułapkę, zakochując się we mnie! Powiedział, że chciałby wrócić do Francji. Był bardzo sympatyczny, ale musiałam zachować ostrożność. Na szczęście nie pokazał się więcej.

Od tego czasu porzuciłam *ao dai* na rzecz brązowych bluzek i czarnych spodni. Zakazano nam noszenia białych ubiorów, bo za bardzo zwracały uwagę. Poza tym szybko się brudziły, co należało wziąć pod uwagę w obecnych warunkach życia. W budynku, gdzie nas zakwaterowano, był tylko jeden kran z wodą. Używaliśmy go po kolei. Chłopcy nie mieli zwyczaju pokazywać się dziewczętom zbyt skąpo ubrani; kiedy widywałyśmy ich w krótkich spodenkach, byli tak samo zażenowani jak my. Nie widziałam przedtem nigdy chłopca całkowicie rozebranego. Również dziewczęta nie pokazywały się sobie nawzajem bez ubrania.

Bardzo przykre były dla mnie kłopoty z myciem włosów. Nie chciałam ich obcinać, choć zaczęły mi wypadać. A każdego miesiąca podczas periodu życie stawało się udręką. Należało znaleźć stare spodnie, podrzeć je, zrobić z nich podpaski, i prać je nocą w pobliskim kanale, narażając się na postrzał z posterunku francuskiego. Podpaski schły długo i nierzadko musiałam ich używać, kiedy były jeszcze wilgotne i lodowate. Ale nie chciałam się skarżyć. I tak wystarczająco często zarzucano mi, że nie jestem taka jak inne. Tę uwagę usłyszałam, kiedy zobaczono moje bose nogi. Inne dziewczęta, już przywykłe do pieszych marszów bez obuwia, miały skórę poczerniałą i zrogowaciałą, a ja – nie.

Zbliżały się święta Bożego Narodzenia. Sung zdecydował, że trzeba wykorzystać nostalgiczne sentymenty Francuzów. Pisałyśmy zatem wierszowane teksty ulotek, które wygłaszałyśmy przez megafon. Byłam dumna, że udało mi się stworzyć własne rymy: *Écoutez, Français! Noël sans réveillon, Noël sans carillon, c'est la faute des colons* (Słuchajcie, Francuzi! Boże Narodzenie bez wigilijnej wieczerzy, bez uroczystego dźwięku dzwonów kościelnych to wszystko z winy kolonialistów). Przeważnie odpowiadali nam wyzwiskami. Tego dnia w pobliżu hotelu Morine, gdzie stacjonowali, podpaliliśmy wilgotną słomę zmieszaną ze sproszkowaną papryką. Dym ohydnie śmierdział. Żołnierze, którzy przebywali na zewnątrz, musieli schronić się w budynku. Razem z koleżanką zaczęłyśmy wołać przez megafon:

– Żołnierze francuscy, czy wiecie, o co walczycie?!

– O was, panienki! – odpowiedzieli wraz z serią wystrzałów. Na szczęście wszystkie kule chybiły. Nawet nie czułyśmy strachu, tak bardzo pochłaniała nas walka, w której uczestniczyłyśmy.

Pewnego wieczoru, kiedy bardzo zmęczona leżałam na łóżku, zawołano mnie: – Phuong, przyjechała twoja mama! – Wybiegłam na zewnątrz. Mama stała obok rikszarza. Padłam jej w ramiona, a ona ściskała mnie, płacząc.

– Musisz wrócić! – błagała. – Cała rodzina cierpi bez ciebie! Babcia chce umrzeć! Proszę cię, wróć!

– Mamo, spróbuj mnie zrozumieć. Jeśli nikt nie będzie uczestniczył w walce, nigdy nie zdobędziemy prawdziwej niepodległości! Muszę walczyć, nie mogę postąpić inaczej.

– A twój ojciec? Jak mu to powiem? – ciągnęła mama.

– Musisz mu wyjaśnić, że ja i tylko ja zadecydowałam o moim odejściu.

Całą noc rozmawiałam z mamą. Odjechała o świcie, nie oglądając się za siebie. Kiedy wróciłam na kwaterę, oczekiwał mnie Sung. Spojrzał mi w oczy bez słowa. Wiedział, że dokonałam wyboru.

W tym miejscu pozostaliśmy do dziewiętnastego grudnia 1946 roku. Tego dnia wróciłyśmy z targu wykończone, nie mając nawet ochoty na jedzenie. Nagle z daleka dały się słyszeć odgłosy wystrzałów karabinów zwykłych i maszynowych. – Zaczyna się! – zawołał Sung. Natychmiast zebraliśmy się wokół niego. – Aż do dziś uczestniczyliście w walce propagandowej, bez broni. Od tej chwili bierzecie udział w walce zbrojnej – oznajmił tonem uroczystym. Okazało się, że układy zawarte między Francuzami i Wietnamczykami nie były respektowane przez kolonialistów. Apel nowych władz wietnamskich skierowany do prezydenta Francji, Leona Bluma, pozostał bez odpowiedzi. Ho Chi Minh rzucił wezwanie do walki o pełną wolność i niezależność narodową. Sung wręczył każdemu z nas granat. Po raz pierwszy miałam broń w ręku. – Jeśli pojawią się Francuzi – polecił – każdy z was pociągnie zawleczkę, a potem rzuci granat w kierunku przeciwnika. – Ja, prawomyślna buddystka, nagle zdałam sobie sprawę z tego, czego szef od nas żąda. Zawołałam: – Ależ ja zabiję ludzi! – Odpowiedź była ostra i stanowcza: – Jeśli oni nie zginą, to ty zginiesz!

Na zewnętrz panowała głęboka noc. Powietrze przesycała mżawka. Opuściwszy chatę, szliśmy gęsiego; przekroczyliśmy tory kolejowe, gdy nagle wokół nas zagwizdały kule. Przerażona uczepiłam się kolegi:

– Chcę wrócić do domu!

– Za późno – odpowiedział. – Jeśli przeszłaś przez tory, jesteś już ostatecznie po drugiej stronie!

Trzęsłam się cała, kurczowo trzymając w ręku granat. Kule bez przerwy wokół nas świstały, a my w ciemności szliśmy dalej. Wreszcie dotarliśmy do jakiejś świątyni. U wejścia oczekiwał nas oficer w mundurze.

– Jesteśmy komórką szturmową propagandy ze strefy C – poinformował Sung. Wewnątrz świątyni, w półmroku, tłoczyła się prawie setka osób. Byli wśród nich ranni, leżący wprost na ziemi. Xuan, oficer, który nas przyjął, starszy niż my, wyglądał surowo. Zgrupowaliśmy się wokół niego przy blasku pochodni bambusowej. – Kto z was umie posługiwać się karabinem? – Nikt się nie odezwał. – Jak to? Jesteście w ruchu oporu od wielu miesięcy i nigdy nie strzelaliście? – Ktoś z nas zauważył nieśmiało, że naszym zadaniem było rozprowadzanie ulotek wśród żołnierzy nieprzyjaciela. – To bezużyteczne! – zawołał Xuan, tym jednym słowem przekreślając wszystko, co robiliśmy. – Od jutra będę was uczył, jak się obchodzić z bronią.

Owinęłam granat w szalik. Ze wszystkich stron świątyni słychać było jęki. Blisko nas jakiemuś mężczyźnie amputowano obie nogi bez narkozy i bez znieczulenia. Teraz rzeczywiście wkroczyliśmy do walki w ruchu oporu.

Położyliśmy się na klepisku, bez moskitier. W świątyni panował niesamowity odór, ale zmęczenie wzięło górę i spaliśmy całą noc. Rano otrzymaliśmy zwykły przydział ryżu w formie kuli, po czym jeden z żołnierzy wyprowadził nas na zewnątrz, gdzie rozpoczęliśmy naukę strzelania. Karabiny były długie i bardzo ciężkie, często się zacinały. Nie mogłam dać sobie rady z tą bronią. Paraliżowała mnie myśl, że z karabinu, który trzymam, może paść strzał. Słuchałam rozkazów, zamykałam oko, opierałam spust na policzku, kiedy instruktor wołał „ognia!", ale nie strzelałam. – Towarzyszu, nie mogę. Zanadto się boję! – Trudno mi było wytłumaczyć, że buddyzm nie pozwala zabijać ludzi. Na szczęście wkrótce dano mi spokój i tylko obserwowałam, jak trenują moi koledzy. Następnego dnia żołnierze zaprowadzili nas do innej dzielnicy w pobliżu Hue, do chaty przypominającej tę, którą niedawno opuściliśmy. – Oto wasza nowa kwatera. Od tej chwili waszym podstawowym zadaniem będzie tłumaczenie Wietnamczykom, którzy są przeciwni wojnie, dlaczego ją prowadzimy, i wzywanie Francuzów, aby się poddawali. – Od następnego dnia chodziliśmy do miejscowych ludzi i wyjaśnialiśmy im sens naszej walki.

Któregoś wieczoru wydano nam rozkaz pójścia do szkoły technicznej. Stacjonowała w niej jednostka żołnierzy wietnamskich, pilnowana przez Francuzów. Za jej ogrodzeniem oprócz szkoły znajdowało się kilka innych budynków. Trzy z nich były zajęte przez Francuzów, dwa przez Wietnamczyków.

Było nas pięcioro, każdy miał zawieszone u pasa kule ryżu i porcję suszonej ryby, na plecach zaś manierki z wodą oraz bandaże i środki opatrunkowe. Żeby dostać się do szkoły na przeciwległym brzegu rzeki, trzeba ją było pokonać wpław, przejść przez wzgórze, a później drogą dotrzeć do celu. W pobliżu budynków szkolnych francuscy żołnierze kontrolowali drogę. Po zejściu ze wzgórza czekaliśmy, aż oddadzą serię strzałów, żeby przebiec na drugą stronę szosy. Ze mną był kolega z klasy, Le Khac Tinh. Trzymaliśmy się za ręce. – Kiedy powiem „trzy", ruszamy – szepnął Tinh. Usłyszawszy „trzy", poderwałam się do biegu. Przemierzyliśmy drogę i wskoczyliśmy między krzaki ogrodzenia. Nagle wyczułam, że Tinh dziwnie się skręca i pada. – Niedobrze ci? – Brak odpowiedzi. Coś lepkiego spłynęło po mojej ręce. Zrozumiałam, że Tinh trafiony kulą Francuzów nie żyje. Ta śmierć oznaczała kres mojej młodości.

Sądzę, że podczas tej nocy sam Budda zechciał mi pomóc. Nie wiedząc, w którym budynku znajdują się żołnierze, skierowałam się do pierwszego pawilonu. Ostrożnie zapukałam do drzwi, gotowa uciec, jeśli ktoś mnie zapyta, kto tam. Usłyszałam jęk i słowa wypowiedziane po wietnamsku: – Wody, chcę pić, wody! – Kiedy drzwi się uchyliły, poczułam zgniły odór. Wewnątrz leżeli ranni żołnierze, pozostawieni tam od trzech dni bez opieki, bez jedzenia i picia. Musiałam żuć ryż, żeby wkładać im papkę po odrobinie do ust, a potem dawałam im pić. Resztką wody, która mi pozostała, próbowałam obmyć rany i przewiązać je strzępami materiału oderwanymi z mojej bluzki. Trzeba by ich było przetransportować gdzie indziej. Gdy znów pokonałam ogrodzenie, ujrzałam w ciemności ciało Tinha. Czterech kolegów dzięki przypadkowo znalezionej bambusowej tratwie zdołało przewieźć rannych w inne miejsce. Po Tinha nie wróciliśmy: byłoby to zbyt ryzykowne.

W ciągu kilku tygodni odbywaliśmy ćwiczenia wśród ogólnego zamętu. Każdego dnia bombardowania następowały jedne po drugich. Pełno było rannych i zabitych. Codziennie powierzano nam coraz to nowe zadania; panował piekielny bałagan, którego się bałam, podobnie jak niektóre moje koleżanki. Coraz dotkliwiej dawały się odczuć różnice pochodzenia społecznego, co sprawiało, że często czułam się w obecnym otoczeniu nieswojo i obco. Od czasu gdy znaleźliśmy się w wojsku, nasiliły się aluzje do naszego pochodzenia: – To są ci inteligenci z drobnej burżuazji! – Odczuwaliśmy wyraźnie, że nie jesteśmy zintegrowani z resztą bojowników. Kiedy wydawano rozkazy, których nie rozumieliśmy, tylko my ośmielaliśmy się prosić o ich wyjaśnienie. Dla innych rozkaz to był rozkaz. Zaczynaliśmy dostrzegać, że jesteśmy inaczej traktowani. Nie rozmawiano z nami wiele, zwłaszcza o polityce. Wiedzieliśmy tylko, że Ho Chi Minh kieruje walką, ale nam się wydawało, że przebywa gdzieś bardzo daleko. Traktowaliśmy go jako coś w rodzaju świętego obrazu. Był w Hanoi albo gdzie indziej, a my byliśmy w Hue i nie znaliśmy jego zamiarów. Zadowalaliśmy się wykonywaniem powierzanych nam zadań z entuzjazmem i najlepszą wolą.

Dzień rozpoczynał się o godzinie czwartej. Aż do przebudzenia Francuzów mieliśmy przed sobą trzy godziny na rozmowy z ludnością. Całe szczęście, że na pozostałych jeszcze nielicznych targach ludzie dawali nam jeść, dzięki czemu zadania nie były zbyt uciążliwe. Potem stawialiśmy się w sztabie: żołnierze armii regularnej, partyzanci, bojownicy pospolitego ruszenia i my, „inteligenci", którzy pełnili służbę pomocniczą. Po południu przenosiliśmy z jednego posterunku na drugi broń, rozkazy i żywność. Wracaliśmy około godziny szóstej, przed zapadnięciem zmierzchu, aby razem z żołnierzami spożyć posiłek wieczorny – jak zawsze kule gotowanego ryżu z ziarnami sezamu; takie jedzenie otrzymywaliśmy całymi miesiącami. Po kolacji odzyskiwaliśmy wreszcie trochę naszej młodości. Na kwaterze byliśmy u siebie, śpiewaliśmy, graliśmy na przygodnych instrumentach, wystawialiśmy zaimprowizowane sztuczki teatralne. Śpiewaliśmy rewolucyjne piosenki wietnamskie, a czasami także piosenki francuskie, nucone jednak po cichu. „Dzielny marynarz wraca z wojny..." – ktoś zaczynał, a inni przyłączali się chóralnie. Ale musieliśmy uważać, gdyż kara za piosenki francuskie była bardzo surowa. Podczas wojny wiele spraw załatwiano jednym rozkazem lub strzałem.

W styczniu roku 1947, wkrótce po klęsce Viet Minhu, nocą opuściliśmy miasto, wraz z jedną z brygad szturmowych walczących na froncie pod Hue, by dotrzeć do prowincji Nghe An, położonej w odległości dwustu kilometrów w tak zwanej czwartej strefie. Był to ciężki marsz przez lasy, prawie zawsze w ciemności, wzdłuż drogi numer 1, obstawionej posterunkami francuskimi. Niektórym z naszych towarzyszy zezwolono na udanie się do rodzin, zamieszkałych w pobliżu.

Stanowiliśmy odtąd dwudziestoosobową grupę C z dzielnicy Phu Cam. Droga marszu wydawała się nieskończona. Stopniowo, z powodu zmęczenia, pozbywaliśmy się wszystkiego, co dotychczas nieśliśmy. Zostawialiśmy zapasową odzież i żywność. Kiedy przybyliśmy do strefy piaszczystych diun, ci, którzy zachowali jeszcze małe pamiątki rodzinne, zagrzebywali je w piasku. Ktoś powiedział: – Oto grobowce naszej przeszłości. Nocami szliśmy w półśnie. Nieraz budziłam się pośrodku strumienia, kiedy woda sięgała mi do bioder. Nasza mała grupa partyzancka ginęła pośród dzikiej przyrody, lecz była czujna na każdy sygnał alarmowy. Od wojska każdy z nas dostał spodnie i bluzę. Nie miałam już jednak sandałów, musiałam więc iść boso. Nogi tak mnie bolały, że chwilami nie mogłam powstrzymać się od płaczu. Zaczęto mnie traktować z pogardą jak „małą burżujkę". Wieczorem, jeśli sprzyjały warunki, zanurzaliśmy nogi w wodzie z odrobiną soli; przynosiło to pewną ulgę. Spróbowałam znaleźć jakąś szmatkę, żeby pokaleczone stopy ochronić podczas marszu. Skończyło się na tym, że podarłam mój jedyny stanik. Wstając rano, musiałam zdejmować opatrunki – i to był moment najbardziej przykry. Wkrótce jednak moje stopy stwardniały. Przemierzałam lasy i ścieżki pokryte mnóstwem pijawek. Ten rok 1946–1947 pozostanie dla mnie „czasem obolałych nóg".

Ku naszemu wielkiemu zdziwieniu w czwartej strefie wszystko działo się tak jak dawniej. Kontrast między chaosem w Hue a prawie normalnymi warunkami życia wydawał się niezwykły. Funkcjonowała elektryczność, działały gospody, wszędzie było pełno żołnierzy, znakomicie zorganizowane oddziały armii. Tam przekształciliśmy się w „grupę propagandową ruchu oporu środkowego Wietnamu".

Nasza rola polegała na przemierzaniu prowincji czwartej strefy i wystawianiu sztuk teatralnych we wsiach. Mieliśmy przy tym tłumaczyć sens wojny, a także zachęcać ludzi do wspomagania ruchu oporu przez dostarczanie prowiantu i kwater dla żołnierzy. Nie rozumieliśmy, dlaczego w niektórych wioskach nas akceptowano, a w innych, zwłaszcza katolickich, wypraszano, i wtedy ruszaliśmy dalej. Po przybyciu do kolejnej wsi ustawialiśmy zaimprowizowaną estradę i przygotowywaliśmy kostiumy. Czerniliśmy oczy węglem drzewnym i zapraszaliśmy mieszkańców na przedstawienie.

Jednym z głównych tematów naszych przedstawień był spór między ojcem a córką, która chciała przyłączyć się do ruchu oporu. Ojciec obszarnik wolał pilnować swoich ryżowisk. Tak działo się aż do dnia, w którym podczas nieprzyjacielskiego ataku dom został zbombardowany, a ryżowiska zniszczone. Ojciec zrozumiał wtedy sens zaangażowania córki, która stanęła do walki.

Ja grałam rolę takiej właśnie młodej dziewczyny, a mój przyjaciel, Tang Hich – przyszły minister kultury w Wietnamie między rokiem 1993 a 1998 – rolę ojca obszarnika. Nieraz musieliśmy improwizować. Pewnego wieczoru Tang Hich wszedł na scenę, mając przyklejoną tylko połowę wąsów. Ogarnął mnie szaleńczy śmiech. Musiałam znaleźć jakiś pretekst, aby wrócił za kulisy, gdzie przyklejono mu drugą część wąsów. Widzowie, miejscowi chłopi, bili brawo i pękali ze śmiechu, nie bardzo rozumiejąc, co się właściwie dzieje. Mieliśmy jednak satysfakcję, że mogliśmy dać tym biednym ludziom odrobinę radości. Kiedy spędzaliśmy parę dni w tym samym miejscu, uczyliśmy miejscowe dzieci alfabetu.

Nieraz przemierzaliśmy dziennie ponad pięćdziesiąt kilometrów boso z całym bagażem na plecach. W tych okolicach podczas dnia jest ciepło i wilgotno, a wieczorem panuje chłód przyprawiający o dreszcze. Byliśmy wprawdzie w strefie wolnej, ale i tu zdarzały się bombardowania. Kryliśmy się w lesie wśród lian i liści, gdy tylko usłyszeliśmy odgłosy samolotów. Niekiedy dłuższy czas musieliśmy czekać, aż samoloty się oddalą.

Nocami sypialiśmy najczęściej w pagodach. Niektórzy nasi koledzy często byli tak zmęczeni, że nie mieli sił, aby pozbyć się makijażu. Śmiesznie wyglądały wyłaniające się z półmroku dziwacznie pomalowane twarze.

Inną charakterystyczną cechą tego okresu był dręczący nas ustawiczny głód. Nieraz chłopi proponowali nam sprzedaż pieczywa z mąki ryżowej, ale my nie mieliśmy ani grosza, żeby je kupić. Ruch oporu zapewniał nam jedzenie raz dziennie.

Przez dłuższy czas towarzyszyła nam orkiestra, składająca się z około dwudziestu muzyków, starszych od nas od dziesięciu do piętnastu lat. Kiedyś mieszkali w koszarach francuskich i doskonale grali *Nad pięknym, modrym Dunajem* oraz inne walce, które pamiętałam z okresu dzieciństwa. Oni również pozostawili swoje życie w mieście, aby uczestniczyć w ruchu oporu razem z żonami i dziećmi. Starając się przestrzegać dawnych zwyczajów, gorzej niż my znosili obecne warunki życia. Dyrygent orkiestry, pan Minh, nazywany Panem Trąbką, był kiedyś sierżantem w armii francuskiej. Towarzyszyła mu żona, która przygotowywała posiłki. Trzeba było widzieć, jak podaje mężowi jedzenie na małych kawałkach tkaniny, używanych zamiast serwetek, podczas gdy my jedliśmy palcami, siedząc na ziemi! Skończyło się na tym, że daliśmy jej trochę pieniędzy, które jeszcze mieliśmy, prosząc, aby i nas żywiła.

– Tylko tyle macie? To starczy zaledwie na dwie porcje!

Nas było ośmioro. Ale zawsze lepiej zjeść coś gotowanego niż nie jeść nic. Przypominam sobie prażony ryż, który wyskrobywało się z dna garnka. Nikt nie chciał go jeść oprócz nas.

Najciężej znosiliśmy konieczność wyruszania w dalszą drogę z bagażami. Nigdzie bowiem nie mogliśmy pozostać dłużej. Doprowadzało mnie to do rozpaczy. Wtedy przypominałam sobie minione życie i szczęśliwe chwile wśród rodziny. Pomagało mi to przetrwać. Ale niebawem orkiestra się rozproszyła. Pewnego dnia Minh oznajmił nam, że we wsi, do której właśnie przybyliśmy, postanowił zostać z żoną i z dziećmi, aby założyć knajpkę. Nasz szef wpadł w furię.

– Chcesz zarabiać? A czy wiesz, co to jest pieniądz? To utopia! Żeby ocalić ojczyznę, nie wolno myśleć tylko o pieniądzach. Jesteście chciwcami, nie rozumiecie nic a nic!

– A wy jesteście za młodzi, żeby cokolwiek zrozumieć! – westchnął Minh.

W następnej wsi odłączył się saksofonista, który również zamierzał otworzyć gospodę. To samo uczynił trzeci muzyk. Niebawem zostaliśmy sami. We wsiach, i tak już bardzo biednych, życie stawało się z dnia na dzień coraz trudniejsze. Mieszkańcy musieli nie tylko uprawiać ziemię, aby się wyżywić, lecz także „współpracować" z armią, czyli dostarczać żołnierzom ryż i nosicieli. Ho Chi Minh rozkazał niszczyć wszystko, co się znajdowało w wioskach, aby zatrzymać napór Francuzów.

Drogi stały się niezdatne do użytku. Nie można było jeździć po nich nawet rowerem. Ho Chi Minh wezwał mieszkańców do niszczenia także ich własnych domów, żeby wróg nie znalazł w nich schronienia. W mieście Vinh nie pozostał ani jeden budynek murowany. Ogłoszono hasło: „Niszczymy nasze domy dla ruchu oporu".

Często wieśniacy pytali nas o wiadomości z frontu: – Co się dzieje w Hue, dlaczego się stamtąd wycofaliście? Czy Francuzi wkrótce tu będą? – Nie mogliśmy im odpowiedzieć, bo sami nie rozumieliśmy zawiłości wielkiej polityki ani nie mieliśmy pojęcia o sytuacji ogólnej.

W naszej grupie była młoda dziewczyna, bardzo piękna, o wspaniałych oczach. Podkochiwali się w niej wszyscy chłopcy. Razem chodziłyśmy do szkoły Khai Din w Hue. Była córką mandaryna. – Phuong – powiedziała mi pewnego dnia – jestem wykończona, u kresu sił. Nie mogę znieść dłużej tego nędznego życia. Chcę odejść. Błagam cię, chodź ze mną, razem wrócimy do miasta! – Spacerowałyśmy wówczas poza wioską. O moim odejściu nie było mowy, ale wiedziałam, że przyjaciółka już powzięła decyzję. Wieczorem, kiedy wszyscy spali, poszłyśmy w stronę miejscowej pagody. Moja przyjaciółka wzięła gitarę, z którą się nigdy nie rozstawała – i zaczęła uderzać w struny.

Świecił księżyc w pełni. Obydwie płakałyśmy. Miałam przeczucie, że już nigdy się nie zobaczymy. Zasnęłam przy dźwiękach gitary. Kiedy się ocknęłam, mojej przyjaciółki nie było. Zapewne umówiła się z kimś, kto na nią czekał. Zostawiła mi krótki liścik: „Droga Phuong, odchodzę. Bardzo martwięc się o Ciebie, ale ponieważ decydujesz się zostać, modlę się o to, żeby nic złego Ci się nie przytrafiło i żebyśmy się znów kiedyś spotkały".

Po południu cała nasza grupa wiedziała o jej odejściu. W dwa lub trzy dni później policja czwartej strefy wezwała mnie na posterunek. Nie miałam powodów do niepokoju, bo znałam tych ludzi i często ich widywałam. Komendant policji tym razem miał wygląd niesłychanie surowy.

– Siadaj! – wrzasnął.

– Co się stało, wuju?

– Nie rób takiej zdziwionej miny – odparł ostro. – Powiedziano mi wszystko. Wiem, że to ty zorganizowałaś ucieczkę koleżanki. Tego wieczoru, gdy odeszła, siedziałyście razem przed pagodą.

– To prawda. Chciała, żebym odeszła razem z nią, ale odmówiłam. – Zrozumiałam: jestem podejrzana o to, że zostałam, aby szpiegować grupę.

– Dlaczego jej odmówiłaś? – pytał dalej komendant, jak gdyby czytając w moich myślach.

– Bo widzę zbyt wiele cierpień wokół mnie. Zgłosiłam się ochotniczo do walki i wolę zostać z moimi towarzyszami.

Musiałam tę moją odpowiedź powtórzyć co najmniej pięć razy, a potem to samo napisać. W dwa dni później ponownie wezwano mnie na posterunek.

– Napisz to, co powiedziałaś.

Po dwóch dniach znów to samo.

– Siadaj i pisz!

Nie mogłam tego wytrzymać.

– Jeśli będziecie mnie tak traktować, postąpię jak moja przyjaciółka. Uważacie mnie za winną, a ja przecież z jej decyzją nie miałam nic wspólnego!

Podczas następnych dni nadal dręczyli mnie pytaniami, chcąc za wszelką cenę wymusić zeznanie, że pomagałam koleżance w ucieczce.

Po tym wydarzeniu zaczęłam mieć dosyć takiego życia. Ustawiczne marsze; granie bez przerwy tych samych sztuczek. Pozostawanie na uboczu od wszystkiego, co dzieje się wokół. Inni się zbierali na jakieś tajne zebrania albo na dyskusje. Dlaczego ja mam być z tego wszystkiego wykluczona? Od odejścia mojej przyjaciółki miałam wrażenie, że otacza mnie atmosfera jeszcze większej nieufności. Potwierdziło się to w trzy lub cztery miesiące później. Zostałam wezwana do komendanta służby bezpieczeństwa w Nghe An. Kiedy weszłam do jego biura, szeroko się do mnie uśmiechnął i poczęstował cukierkami, które wówczas stanowiły rzadkość.

– Brawo, Phuong! – powiedział. – Teraz wiemy, że nie miałaś nic wspólnego z tą historią. Przepytywałem cię, ponieważ tak musiałem postąpić. Teraz sprawa jest zamknięta. Możesz być spokojna.

– Przez cały czas mówiłam prawdę. Dlaczego zmuszałeś mnie, żebym pisała to wszystko, o czym mówiłam?

– Nawet gdyby chodziło o mnie, w podobnym przypadku też bym był zobowiązany do napisania tego, co mówię. Byłaś z kimś, kto uciekł, więc jest normalne, że cię tak badano.

Dyskutowaliśmy jeszcze, kiedy ukazał się szef naszej grupy, też cały uśmiechnięty. Wziął mnie w ramiona:

– Nawet sobie nie wyobrażasz, Phuong, jaki jestem z ciebie zadowolony!

Sprawa została skończona. Jednak czułam się głęboko rozżalona, że tak długo nie dawano wiary moim słowom. Powoli zaczynałam rozumieć, dlaczego w pewnym wioskach, i to nie tylko katolickich, nie chciano, abyśmy grali nasze sztuki. Wieśniacy nas się bali, widząc w nas twardych, zajadłych komunistów. A myśmy się uważali przede wszystkim za studentów patriotów, walczących o wolność ojczyzny.

Wiedzieliśmy, że Ho Chi Minh jest komunistą. Aby ocalić ojczyznę, potrafił mobilizować wszystkie siły narodu. Dla nas bycie komunistą oznaczało coś pięknego. Ale nasze wiadomości teoretyczne na tym się kończyły, i nie próbowaliśmy dowiadywać się niczego więcej.

Z okazji święta Tet, rozpoczynającego nowy rok księżycowy, zdarzył się pewien incydent, który jeszcze bardziej wzmocnił moją determinację. W tej strefie każdą starą wioskę otaczało ogrodzenie z bambusów. Brama ogrodzenia była zamknięta. Wieśniacy nie chcieli nas wpuścić, mimo że według tradycji każdy gość, który pojawia się w dniu święta Tet, powinien zostać przyjęty. Ale w tej sytuacji wpuszczenie i wyżywienie grupy trzydziestu osób przekraczało możliwości chłopów. Zostaliśmy więc skazani na błąkanie się wokół wioski. Noc była ciemna, bez księżyca i bez gwiazd. Szliśmy przytłoczeni ciężarem bagaży. Powróciły w mojej pamięci obrazy szczęśliwej przeszłości: Tet u mojego dziadka; cała rodzina w najlepszych strojach. Czekamy na początek uroczystości. Kiedy dziadek ukazuje się na progu, każdy nisko przed nim się schyla, życząc mu zdrowia i długich lat życia. On rzuca nam monety zawinięte w czerwony jedwabny papier.

W kilka lat później moja babcia podarowała mi z okazji święta Tet złoty naszyjnik i jedwabne *ao dai*.

W jednej z wiosek, do których próbowaliśmy wejść, rozpoznałam rodzinną miejscowość mojego przyjaciela Nama. Często mi o niej opowiadał. Jego rodzina miała tu wielki dom, który mógłby nas wszystkich przyjąć. Ale widok bandy włóczęgów, w złachmanionej odzieży, zmęczonych i wyczerpanych, byłby odstręczający. Wolałam, żeby nie widziano mnie w tym stanie. Ułożyliśmy się więc do snu na torach kolejowych. Nie było to ryzykowne, bo pociąg nie kursował. Drobne kamyki okazały się mniej nieprzyjemne niż wilgotna i zimna trawa. Zasypiając z głową na szynach, owinięta w zasłonę teatralną, wiedziałam, że dłużej nie wytrzymam takiego życia. Powinnam je zmienić.

Bez orkiestry mieliśmy o wiele więcej trudności z przyciągnięciem mieszkańców wiosek. Na polecenie szefa każdy z nas próbował uczyć się gry na jakimś instrumencie. Ja wybrałam banjo. Kiedy graliśmy razem, powstawała niesamowita kakofonia.

W Vinh Thanh, blisko morskiego wybrzeża, kiedy byliśmy zajęci przygotowywaniem spektaklu, rozległy się krzyki i wystrzały. Lądowali żołnierze francuscy. Kto żyw, uciekał ile sił w nogach. Ukrywaliśmy się w lesie aż do wieczora. Następnego dnia zatrzymaliśmy się w świątyni, niedaleko szpitala w Bach Ngoc. Od pewnego czasu koledzy, widząc moje niezadowolenie, ostro mnie krytykowali; twierdzili, że straciłam ducha rewolucyjnego. Ponieważ Hao Thu, jedna z moich towarzyszek, była w takim samym nastroju, postanowiłyśmy razem iść do dyrektora szpitala. Dzięki moim paromiesięcznym doświadczeniom z kursu dla położnych mogłabym chyba pracować jako pielęgniarka. W biurze dyrektora był jeszcze jeden lekarz, krępy mężczyzna, łysiejący, z wyłupiastymi oczyma. Gdy mówiłyśmy, kiwali głowami. – Wracajcie na razie do swojej grupy. Później dowiecie się o decyzji.

Tego samego wieczoru dyrektor szpitala przybył na rozmowę z szefem naszej brygady:

– Phuong i Thu już pracowały w szpitalu – powiedział. – Chciałyby teraz zostać z nami. Ponieważ brakuje nam rąk do pracy, bylibyśmy radzi, gdybyście wyrazili na to zgodę.

Odpowiedź Sunga była natychmiastowa i kategoryczna:

– Nie ma o tym mowy! Nasza grupa artystyczna poniosła i tak wiele strat. One dwie – to główne aktorki. Jak się bez nich obejdziemy?

– Ale ja nie mogę tak dłużej! – Wbrew sobie wstałam, żeby zaprotestować. Oczy wszystkich obecnych zwróciły się na mnie.

– Ach, Phuong, ty naprawdę utraciłaś siłę moralną. Widać, że pochodzisz z burżuazyjnej rodziny i nie przyswoiłaś sobie postawy prawdziwej komunistki!

Tym razem miara się przebrała. Nie mogłam powstrzymać dalszych słów:

– To prawda, nie jestem komunistką. Jestem słaba. Brak mi odwagi. Nie jestem godna tego wszystkiego, co robicie. Ale na pewno, jeśli dacie mi możliwość pracy w szpitalu, wykorzystam moją szansę.

Koledzy patrzyli na mnie osłupiałym wzrokiem. A ja nie miałam nic do stracenia. Po raz pierwszy się zbuntowałam; Sung nie mógł puścić tego płazem.

– Naprawdę chcesz od nas odejść? Nie masz do nas zaufania?

– Nie mogę znieść dłużej takiego życia! To wszystko.

Widząc moją determinację, dyrektor szpitala nie ustępował:

– Towarzyszka Phuong nie chce dłużej pozostawać z wami. Studiowała już w Hanoi. Dlaczego odmawiacie jej możliwości pracy tutaj?

– Pozwólcie mi się zastanowić – odparł Sung.

Następnego ranka podszedł do mnie:

– Jeśli chcecie, odejdźcie stąd obydwie. Odejdźcie natychmiast!

Potrzebowałyśmy niewiele czasu, aby spakować rzeczy i powiedzieć reszcie grupy „do widzenia". Pożegnanie było krótkie. Miałyśmy wrażenie, że koledzy zarzucali nam zdradę.

Szpital mieścił się w baraku. Część pacjentów leżała na bambusowych pryczach, inni na klepisku z ubitej ziemi, mając zamiast materaców zwykłą matę. W tym ośrodku sanitarnym pierwszej pomocy, dokąd przywożono rannych z frontu, brakowało wszystkiego.

Lekarz, dyrektor departamentu zdrowia służby sanitarnej w czwartej strefie, ów łysy z oczami jak ropucha i bardzo grubymi okularami, pozdrowił nas: – Dzień dobry, panienki! – Dawno już o takich słowach zapomniałyśmy. – Od tej chwili stanowicie część służby administracyjnej departamentu medycyny wojskowej w czwartej strefie. – Zrozumiałam, co to oznacza: nie będziemy pomagać w pielęgnowaniu rannych, tak jak sądziłam, tylko sporządzać listy przybyszów, liczyć lekarstwa i rozdzielać je. Praca czysto administracyjna, jednak mimo wszystko była lepsza niż wędrowne życie, którego dłużej nie mogłam znieść.

Mieszkałyśmy u chłopów i każdego ranka przychodziłyśmy do pracy. Cały ośrodek szpitalny składał się z czterech baraków o różnym przeznaczeniu. Jeden z nich był biurem, gdzie miałam do dyspozycji duży stół z bambusa. W rejestrze oznaczałam atramentem nazwisko rannego, jego

numer, miejsce, gdzie został znaleziony, i jego stan, określany skalą od
1 do 8 w zależności od rany. Czerwoną kreską oznaczało się przypadki
śmierci. Z powodu fatalnych warunków sanitarnych czerwonych kresek
pojawiało się w ostatnim czasie coraz więcej. Jeśli rodzina zmarłego
mieszkała daleko, nie dawano jej znać: nieszczęśnik był chowany na
cmentarzu wiejskim. Jeśli rodzina mieszkała bliżej, zawiadamiano ją, aby
mogła przyjechać po ciało. Ranni, którzy wracali do zdrowia, byli umiesz-
czani u chłopów, żeby zrobić miejsce następnym. Często zawiązywały się
przyjaźnie między wieśniakami a rekonwalescentami, choć nie zawsze
tak było.

Niekiedy wysyłano nas do innych szpitali czwartej strefy, gdzie wykonywałyśmy tę samą pracę. Zadzierzgnęłyśmy znajomości i przyjaźnie
z naszymi rówieśnikami – słuchaczami medycyny. Niektórzy zaczynali
właśnie studia, kiedy ich zmobilizowano. Wielu podczas lat wojennych
uczyło się zawodu w praktyce, tak jak ja. W szpitalu niektórzy chorzy już
teraz nazywali mnie doktorem.

Pewnego dnia Thu i ja udałyśmy się do innego szpitala, po drugiej strony rzeki, aby zarejestrować chorych. Pracowałyśmy do późnych godzin
i noc zaskoczyła nas w drodze powrotnej. W chacie, która za dnia służyła
jako gospoda, mogłyśmy się przespać na ławce z bambusa. Podczas gdy
jedna z nas spała, druga pełniła straż. Kiedy Thu zasnęła, czuwając, przy-
wołałam w pamięci obraz siebie, rozpieszczonego dziecka, które żądało
od *amah*, czyli niani, łóżka z wyprasowanymi prześcieradłami; nie
mogłam zasnąć bez dwóch poduszek pod głową i trzeciej pod nogami...

Często, gdy wracałyśmy z wyprawy, bramę w ogrodzeniu wioski zasta-
wałyśmy zamkniętą i wtedy musiałyśmy spędzić noc na zewnątrz. O godzinie ósmej wieczór strażnicy szli do domu i wracali dopiero następnego
dnia rano. Wołając ich, ryzykowałyśmy, że najpierw parę razy wystrzelą,
zanim nam otworzą. Poza tym czułam paniczny strach przed psami, które
ujadały przy najmniejszym hałasie.

Kiedyś Thu i ja towarzyszyłyśmy lekarzowi naczelnemu w wędrówce
do innego szpitala, położonego dość daleko. Szef miał do dyspozycji barkę i dzięki temu wyprawa zapowiadała się bardzo przyjemnie. Płynęłyśmy
łodzią, a więc nie odczuwałyśmy zmęczenia, i miałyśmy zapewnione posiłki. Jak zwykle czekał nas spis rannych, ocena ich stanu, i tak dalej. Zauważyłam gwałtowny wzrost liczby czerwonych kresek, co oznaczało, że
tu więcej rannych umiera. O godzinie czwartej po południu drugiego dnia
lekarz naczelny ponaglił, abyśmy jak najprędzej opuścili szpital.

– Jest już późno – powiedziałam. – Przed godziną ósmą nie wrócimy do wsi. Nie możemy teraz ruszać w drogę!

Wioślarz, który miał kierować łodzią, był niezadowolony i podzielał moje zdanie. Ale nic nie mogłyśmy zrobić. W małej, wąskiej łódce zasiadła para wieśniaków, którzy manewrowali wiosłami, ich dzieci oraz my troje. Byliśmy bardzo ściśnięci. Kiedy przybyliśmy na miejsce, zapadła głęboka noc. Nie pozostało nam nic innego, jak przespać się do rana w łódce. Zasnęłam. Nagle obudziła mnie ręka, która sięgała do moich piersi.

– Bądź miła, pozwól mi... – szeptał ochryple naczelny lekarz, którego oddech ział alkoholem.

– Nie! – Odepchnęłam jego rękę, broniąc się, jak mogłam. Moja przyjaciółka również się obudziła.

– Cicho, nie krzycz! On przez ciebie „straci twarz"!

Lekarz na pozór się uspokoił, ale po kilku minutach czułam, że na nowo się do mnie zbliża. Wolałabym umrzeć niż znosić jego zaloty! Skoczyłam do wody, w ślad za mną poszła moja przyjaciółka. Na szczęście prąd nie był silny. Zanim pomógł nam wioślarz, postawiłam warunek: lekarz ma usiąść na drugim końcu łódki.

Po tej przygodzie zaatakowała mnie malaria, być może wskutek nocnej kąpieli. Na przemian czułam lodowate zimno albo oblewałam się potem. Polecenie lekarza: mam wstawać godzinę wcześniej – o piątej zamiast o szóstej. Byłam w stanie skrajnego wyczerpania. Nie mogłam w ogóle się dźwignąć i wstać. Wieśniak, u którego mieszkałam, wydawał swoją córkę za mąż. Miała dwadzieścia lat, a jej narzeczony trzynaście. W tej wsi wydawano dziewczęta za mąż za pieniądze. Były faktycznie służącymi w rodzinie męża. Wskutek malarii nie mogłam uczestniczyć w tym weselu.

W dzień zaślubin usłyszałam straszliwe wrzaski na podwórzu. Cztery osoby przywiązywały młodą dziewczynę do pnia bambusa, krępując jej ręce i nogi. Długie włosy dziewczyny wlokły się po ziemi. Od progu domu jej rodzice bez słowa patrzyli, jak jej narzeczony, nieletni chłopak, brał w posiadanie swoją małżonkę. Kiedy dziewczyna była mocno przywiązana, czterej mężczyźni wzięli bambus na ramiona i zanieśli ją do domu przyszłego męża. Zapamiętałam ciało nieszczęśliwej kołyszące się w rytm kroków mężczyzn, niosących bambus. Jak można było dopuścić do podobnych okrucieństw?

Nieco później zwołano zebranie organizacji młodzieżowej czwartej strefy w Hau Hien, około dwudziestu kilometrów od nas. Kiedy z Thu, obie zaopatrzone w odpowiednie zaświadczenia, zgłosiłyśmy się do dyrektora, aby zezwolił nam tam pójść, odpowiedział:

– Thu, owszem, może iść, ale Phuong – nie. Jest niezdyscyplinowana. – Od epizodu w barce nie omijał żadnej okazji, żeby się zemścić.

– Ponieważ otrzymałam zawiadomienie, to pójdę tam – odpowiedziałam. – Nadarza się dla mnie jedyna okazja, żeby się przekonać, co tutaj robią inni dla ożywienia ruchu młodzieżowego.

A prawda była taka: dowiedziałam się, że mój przyjaciel Nam będzie na tym zebraniu. Nie widziałam go od roku. Tym razem nie musiałam się wstydzić mojego ubioru. Miałam na sobie jedwabną bluzkę i spodnie wojskowe. Naczelny lekarz zagroził:

– Jeśli pójdziesz na zebranie, po powrocie wrzucę cię do piwnicy!

– Owszem, pójdę!

W Hao Hien umieszczono nas u wieśniaków. Zebrało się około dwustu młodych ludzi, którym przydzielono miejsca na matach, osobno chłopcom, osobno dziewczętom. Pośrodku wioski odnajdywali się dawni przyjaciele, tworzyły się rozgadane, wesołe grupy. Serce mi drgnęło, kiedy ujrzałam znowu Nama. Jak zawsze przystojny, miał spojrzenie stanowcze i rozumne. Ale w jego zachowaniu dostrzegłam pewne zmiany.

Pierwszego dnia nie mieliśmy sposobności, by porozmawiać. Dyskusje na zebraniu były ciekawe, debaty bardzo ożywione, uczestnicy dzielili się swoimi doświadczeniami i nadziejami. Nareszcie mogliśmy się dowiedzieć o sytuacji w kraju, o postępach, jakie czyni ruch oporu, i o trudnościach, na jakie natrafia. Niełatwo mi jednak było się skoncentrować. Wciąż przeżywałam moment odnalezienia Nama. Drugiego dnia między dwoma zebraniami podszedł ze słowami: – Phuong, spotkajmy się wieczorem. Musimy porozmawiać.

Spotkaliśmy się na tamie, w pobliżu wioski. Siedzieliśmy na ziemi, w pewnej odległości jedno od drugiego, jak gdyby spłoszeni.

– Wiesz, że jestem jedynym synem – zaczął rozmowę. – Kiedy pójdę walczyć w ruchu oporu, ty będziesz musiała zająć się moimi rodzicami. Nie mogę ich opuścić. Jeśli zgadzasz się ze mną, natychmiast powiadomię matkę, która poprosi cię o rękę. Kiedy się pobierzemy, zamieszkasz w naszym domu z moimi rodzicami.

Dotychczas myślałam, że po zwycięstwie poślubię Nama, ale nie pod tymi warunkami.

– Bardzo żałuję, ale to niemożliwe. Nie chcę prowadzić życia gospodyni domowej.

– W takim razie – oświadczył – muszę ożenić się z inną dziewczyną, którą dla mnie wybierze moja matka. – Jego słowa ogłuszyły mnie jak grom.

– Nam, przecież my się kochamy! Dlaczego chcesz tak postąpić?!

– Muszę spełnić obowiązek syna.

Przez całą noc rozmawialiśmy; próbowaliśmy się wzajemnie przekonać. Na próżno. Bez przerwy stawiał mi to samo pytanie: – Co ci przyniesie to wędrowne życie? – Historia z lekarzem i jego zalotami wyprowadziła Nama z równowagi. – Jak możesz pracować dla ruchu oporu wśród ludzi tak wstrętnych? Zrobisz lepiej, wracając do nas! Będziesz szanowaną żoną i matką rodziny. Będziesz ładnie mieszkać, dobrze żyć i będziesz miała męża, który cię kocha!

O pierwszym brzasku dnia wiedziałam, że Nam nie zmieni zdania. Tego dnia zrozumiałam, co znaczy cierpienie miłosne. Przytłoczona, nie miałam siły podnieść się i pożegnać.

Kiedy o naszej rozmowie opowiedziałam Thu, jej reakcja była natychmiastowa: – Znajdziesz innego! – Dziewczyna miała praktyczny pogląd na życie i nie zawracała sobie głowy zbytnimi rozważaniami.

Wtedy już nie zobaczyłam Nama. Kiedy szłam na zebranie, czułam się tak, jakby mi rosły skrzydła, a w drodze powrotnej doznawałam wrażenia, że nogi mam ciężkie niczym z ołowiu. Przypomniałam sobie o karze, jaką mi zagroził naczelny lekarz. Kiedy wróciłam do szpitala, moi towarzysze patrzyli na mnie bardzo dziwnie. Naczelny lekarz na mój widok wrzasnął: – Do ciemnicy! – Chwycił mnie za ramię i wciągnął do budy położonej pośrodku wsi. Była to pusta rudera, wewnątrz brudna i cuchnąca. Próbowałam stawiać opór. – Oto co spotyka tych, którzy mnie nie słuchają! – krzyczał lekarz. – Kazałem ci zostać! – I pchnął mnie brutalnie do budy, po czym zatrzasnął drzwi. Usłyszałam zgrzyt kłódki.

Nie było możliwości stamtąd się wydostać. Wśród półmroku dostrzegłam w kącie matę i naczynie z wodą. Wokół krążyły niezliczone chmary much. Wyczerpana do kresu sił, ległam na macie i zapadłam w sen. W nocy usłyszałam czyjś szept:

– Odwagi, Phuong, spróbujemy przekonać szefa, żeby cię wypuścił!

– Nie, dajcie spokój. Wolę tu umrzeć!

W tej chwili nie widziałam żadnego powodu, by dalej żyć. Moi przyjaciele wcisnęli przez szparę w drzwiach słodkie pataty i trochę ryżu, ale ja nie tknęłam jedzenia. W ciągu trzech następnych dni nie mogłam się myć, załatwiałam się w kącie rudery i zapewne przypominałam raczej zwierzę niż stworzenie ludzkie. Jednak trwałam w uporze. Kiedy naczelny lekarz przyszedł i zapytał, czy żałuję tego, co zrobiłam – odpowiedziałam, że niczego nie żałuję, bo nie poczuwam się do winy.

– Uważasz, że nic złego nie zrobiłaś, a przecież zabroniłem ci iść na zebranie!

– Zabroniłeś mi, ale bez powodu. Zostałam wezwana jako członek Związku Młodzieży. Dlaczego zezwoliłeś Thu, a mnie nie? To było niesprawiedliwe!

– Przeproś mnie, to cię wypuszczę!

– Raczej utnę sobie język! – Tym razem skończyła się mała dziewczynka, łagodna i niewinna.

– Biada ci!

Gdy zamknął drzwi, rozpłakałam się. Jego litość była jeszcze bardziej upokarzająca niż gniew. Następnego dnia wrócił:

– Przeproś mnie, a zaraz cię uwolnię.

– Raczej umrę!

Od tej chwili, jak sądzę, zaczął się mnie bać. Jeszcze teraz go widzę w mundurze wojskowym, cuchnącego alkoholem. Był pułkownikiem z wszelkimi uprawnieniami, komunistą, komendantem medycyny wojskowej czwartej strefy. Wieczorem, kiedy moi przyjaciele przynieśli mi jedzenie, znów odmówiłam przełknięcia choćby ziarnka ryżu. Naprawdę chciałam umrzeć. Zaczęłam majaczyć. O świcie czwartego dnia zobaczyłam, że wchodzi Luong, kolega szkolny, którego odnalazłam w szpitalu.

– Phuong, twój upór nie ma sensu! – przekonywał. – Opanuj się!

– Zostaw mnie w spokoju, bardzo cię proszę!

– Szef kazał cię uwolnić!

Po wyjściu z tej szopy długo kąpałam się w rzece. Ale jeszcze po tygodniu moje włosy śmierdziały moczem. Wiejski krawiec pożyczył mi nożyce. Udałam się nad rzekę i obcięłam włosy, z których byłam taka dumna. Kosmyki popłynęły z nurtem wody. Miałam wrażenie, że zmieniłam skórę. Ale poczułam się wolna.

Kiedy szłam oddać nożyce, nie oparłam się pokusie spojrzenia w lustro. Patrzył na mnie ktoś nieznajomy, ze śmieszną okrągłą głową, z oczyma gorączkowo płonącymi w wychudzonej twarzy i z wyrazem zaciętego uporu w rysach. Zaczęłam się śmiać do siebie. Rzeczywiście byłam teraz innym człowiekiem. Nie pozostało mi nic innego, jak jeszcze raz zmienić pracę. Jeden raz więcej. Znowu przypadek miał odegrać rolę.

Wkrótce po tym wydarzeniu Huu, przyjaciel Nama, zatrzymał się na noc w szpitalu. Spędziliśmy wieczór na rozmowie. W pewnym momencie zagadnął:

– Nie podoba ci się praca tutaj?

– Nie! Gardzę tym miejscem, tylko na razie nie wiem, dokąd iść.

– Ogłoszono właśnie apel do studentów naszej szkoły, do inteligentów takich jak my, żebyśmy się zaangażowali w produkcję min. Dlaczego nie miałabyś tego robić?

– Przecież tego nie umiem!

– Ja też nie, ale się nauczymy.

Przytoczył mi około dwudziestu nazwisk tych, którzy zdecydowali się na tę nową przygodę. Wszyscy byli studentami z Hue. Bardzo poważni, odpowiedzialni, kilka lat starsi ode mnie, przeważnie z zamożnych rodzin, opuścili domy lub dotychczasową pracę, aby włączyć się do ruchu oporu. Błyskawicznie powzięłam decyzję:

– Bardzo dobrze. Pojadę z tobą.

– Jutro?

– Jutro!

Mój kolega przyniósł formularze Ministerstwa Obrony, już podpisane. Umieścił w odpowiednich rubrykach dane moje i Thu oraz jeszcze dwóch chłopców, którzy chcieli podjąć tę samą pracę. Następnego dnia poszliśmy do naczelnego lekarza przedłożyć nasze papiery. Wpadł w furię.

– Skąd znacie tych ludzi? Jak można przyjść tutaj z rozkazem mobilizacyjnym? – spytał mojego przyjaciela.

– Ja ich znam doskonale – odpowiedział kolega. – Minister wie, że osoby, które się zgłaszają, będą bardziej użyteczne w armii, przy produkcji broni, niż tutaj.

– Pozwól mi się zastanowić!

Przyjaciel opuścił biuro, a ja zostałam z naczelnym lekarzem. Co on jeszcze wymyśli? Gdy drzwi się zamknęły, padł przede mną na kolana z płaczem:

– Nie odjeżdżaj, nie odchodź! Chcę cię poślubić! Będziesz miała zapewnione dostatnie życie. Dręczyłem cię przez zazdrość. Wiedziałem, że na tym zebraniu będzie twój narzeczony.

Wyszarpnęłam rękę, którą chwycił. – Nie i nie! – Budził we mnie wstręt i obrzydzenie. Nagle zerwał się na równe nogi i rzucił na mnie. Nie chcąc głośno wzywać pomocy, złapałam krzesło plecione z bambusa i rąbnęłam go z całej siły w głowę. Upadł, a ja uciekłam.

Dwa gramy
materiału wybuchowego = jedno życie

W czerwcu roku 1947 przybyłam do Yen Son, miejsca odległego o piętnaście kilometrów od szpitala, do filii Instytutu Badań i Studiów Technicznych nad Materiałami Wybuchowymi w Czwartej Strefie, oznaczonego kryptonimem NCKT. To miejsce, jak inne jemu podobne, położone było nad brzegiem rzeki, aby w razie alarmu można było uciec łodziami. Siedem chat otaczał płot z zaostrzonych pali bambusowych. Jedna chata była sypialnią dziewcząt – na razie mieszkało nas tam dwie – drugą przeznaczono dla chłopców, inne dla kierownictwa oraz inżynierów. W pozostałych urządzono laboratoria. Nie różniły się one od chat wieśniaczych i z przelatujących górą samolotów nie można było rozpoznać, jakie jest ich właściwe przeznaczenie. Szef, Thieu Lieu, doktor fizyki, cierpliwie i dokładnie wyjaśniał nasze zadania, posługując się francuską książką *Chimie et explosifes*.

Było nas czterdzieści osób, podzielonych na grupy; mieliśmy wytwarzać materiał wybuchowy. Instrukcje, które poznaliśmy, były ogólnikowe. Tak jak w książce kucharskiej musiałam stosować się do przepisów. Na początku rozdziału napisano: „Dwa gramy materiału wybuchowego = jedno życie". Inaczej mówiąc, dwa gramy materiału, który eksploduje, oznacza śmierć.

W chacie każdy miał małą ladę do pracy, a pod stopami schron. Jeśli błysnęła najmniejsza iskierka, trzeba było przewrócić stolik, żeby cała siła eksplozji poszła na zewnątrz, i wskoczyć do schronu.

Materiały wybuchowe uzyskiwaliśmy z saletry i innych produktów chemicznych; gdy podgrzewane składniki wydzielały biały dym, znaczyło to, że moment wrzenia jest bliski. Na dnie zbiornika pozostawał szarawy proszek, który należało wysuszyć, poruszając go bardzo, bardzo lekko za pomocą kaczego pióra. Gdyby nie zachowało się ostrożności, mogłaby nastąpić eksplozja. Przeżywaliśmy chwile wielkiego napięcia, kiedy nie można było myśleć o niczym innym. Znajdowaliśmy się w nieustannym niebezpieczeństwie: z jednej strony groźba eksplozji, z drugiej samoloty francuskie, które regularnie kursowały nad tą strefą. Często się zdarzało, że armia francuska podchodziła blisko zakątka ukrytego wśród wzgórz. Widzieliśmy błyski ognia i pożar podpalanych chat. Początkowo strach nie opuszczał mnie ani na chwilę. Stopniowo jednak przywykałam. Życie się organizowało.

Dni biegły według ustalonego rytmu. Rano gong budził nas o godzinie szóstej. Potem następowała szybka toaleta w wodzie pobliskiej rzeki i wspólna gimnastyka na placu między chatami. W tym czasie ktoś z nas zajmował się kuchnią, czyli gotowaniem ryżu, który razem z solą i z sezamem stanowił nasz codzienny posiłek. Jedliśmy szybko, a potem każdy spieszył do swoich obowiązków.

Nasze metody pracy były oczywiście prymitywne, a wypadki zdarzały się często. Wtedy barka pani Lich transportowała rannego do szpitala. Jej mąż, rybak, i ona wraz z córką – wszyscy troje żyli na łodzi. Kiedy mieli ryby na sprzedaż, pan Lich stawiał na barce żerdź z powiewającym kawałkiem materiału. Wieczorami, zwłaszcza gdy świecił księżyc, wszyscy moi koledzy kręcili się na brzegu rzeki wokół córki pani Lich, młodej dziewczyny, w której wielu się podkochiwało.

W tym regionie latem było bardzo gorąco i duszno, zimą zaś bardzo chłodno. W grudniu zaczynały padać deszcze i piękna pogoda wracała dopiero w kwietniu.

Nic nie wiedzieliśmy o sytuacji ogólnej, ale życie w naszym instytucie było niezwykle ruchliwe, i to mi wystarczało. Praca i przyjacielskie kontakty pozwoliły mi zapomnieć o zmartwieniach. Trzy razy w tygodniu wieczorami uczyliśmy dzieci z pobliskich wsi czytać i pisać. Ich rodzice też często nie umieli ani czytać, ani pisać, więc wysoko cenili naszą pomoc. Nauka odbywała się w największej chacie przy świetle bambusowych pochodni. Dzieci siedziały na ziemi. Przyjemnie było widzieć ich błyszczące, uważne spojrzenia. Rodzice małych uczniów, stojąc u drzwi, nie tracili ani jednego słowa z odbywającej się lekcji.

Niedaleko od instytutu znajdował się Ośrodek Studiów Farmaceutycznych, z którym współpracowaliśmy. Kierował nim bogaty farmaceuta z Hue, który przystąpił do ruchu oporu razem z dwoma córkami. Często spotykaliśmy się również w celach rozrywkowych. Wieczorami wystawialiśmy sztuki teatralne naszego autorstwa, zawsze na tematy rewolucyjne; dziś wydawałyby się nam one niesłychanie naiwne. Ze względu na niebezpieczeństwo nalotów przedstawienia odbywały się przy ręcznych latarkach, dających bardzo słabe światło. Nieraz słyszało się protesty publiczności: – Nie wiadomo, kto jest kim! – Wtedy zbliżano lampę do twarzy aktora, który właśnie mówił. Wieśniacy uwielbiali te przedstawienia i przyjmowali je donośnymi brawami.

Kiedy indziej odbywały się zawody futbolowe albo konkursy pływackie w rzece. Potrzebowaliśmy odprężenia po napiętej i niebezpiecznej całodziennej pracy w warunkach ustawicznego zagrożenia ze strony samolotów. Mimo to byliśmy w dobrej formie. Żywiło nas państwo i mieliśmy pewność, że każdego dnia dostaniemy swoją porcję ryżu.

Kiedy odwiedzaliśmy inne ośrodki pracujące dla armii w czwartej strefie, mimo ubóstwa staraliśmy się zawsze mieć małe upominki dla kolegów. Wszystkim się dzieliliśmy. Był to wzruszający okres. Nieustannie ocieraliśmy się o śmierć, ale czuliśmy się zespoleni i szczęśliwi jak nigdy. Aż do dnia w roku 1948, kiedy przyjechał z wizytą ważny działacz rewolucyjny, przedstawiciel kierownictwa ruchu oporu, przybywający prosto z Viet Bac, pan Huang Dinh Phu. Był on dyrektorem ośrodka studiów technicznych nad materiałami wybuchowymi w północnym Wietnamie, inaczej mówiąc, kierował wszystkimi zakładami zbrojeniowymi trzeciej i czwartej strefy. Przyjechał, by zabrać swoją żonę z jej rodzinnej wioski, położonej sto kilometrów od naszego instytutu. Trzymała się jego boku, młoda, najwyżej dwudziestoletnia, i energiczna.

Czułam, że przybysz uważnie obserwuje każdego z nas. Kiedy poprosił szefa, aby mu znalazł pięć najzdolniejszych osób, które mogłyby z nim pojechać, zwierzchnik nie wahał się ani chwili. Wskazał czterech chłopców i mnie. Chociaż sporo nas kosztował wyjazd z tego miejsca, nad rozkazem się nie dyskutowało. Jak można zresztą nie być dumnym, gdy zostało się wybranym, by udać się w głąb dżungli północnego Wietnamu, tam gdzie mieści się główna kwatera armii, gdzie przebywa Ho Chi Minh i cały rząd?

Nie mieliśmy nawet czasu, żeby powiedzieć „do widzenia" pozostałym kolegom. Natychmiast trzeba było zebrać cały nasz skromny dobytek.

– Odjeżdżamy jutro – oświadczył pan Phu. – Ty – zwrócił się do mnie – będziesz z moją żoną. Musimy pokonać tysiąc kilometrów statkiem.

W górę rzeki Lo popłynęliśmy, ubrani jak wieśniacy, statkiem zaopatrującym wojsko w amunicję. Była to duża barka przystosowana do odbywania rejsów na pełnym morzu, ze stałym zadaszeniem i czterema wioślarzami; ich rolę pełnili żołnierze, również przebrani w ubiory wieśniacze. Kiedy prąd stawał się zbyt silny, opuszczaliśmy statek i maszerowaliśmy wzdłuż rzeki. Gdy słyszeliśmy nadlatujący samolot, padaliśmy na ziemię, kryjąc się pod gałęziami drzew. Nieraz trzeba było czekać w ukryciu cały dzień i dopiero nocą wyruszyć w dalszą podróż.

Wędrówka trwała około miesiąca. W marcu 1948 roku zbliżyliśmy się do góry Khe Khao, która wznosi się na wysokość tysiąca metrów w samym środku strefy Bac Can, blisko granicy chińskiej, gdzie Francuzi eksploatowali niegdyś pokłady cyny. Po zejściu ze statku pozostało nam czterdzieści kilometrów marszu do Dan Honk. Tam znaleźliśmy lokomotywę na węgiel z wagonami, które służyły do transportu cyny. Wdrapaliśmy się do tych wagonów, krzycząc z radości, gdy lokomotywa ruszyła z miejsca. Mieliśmy złudzenie nagłego powrotu do lat dzieciństwa, kiedy ładnie ubrani jechaliśmy pociągiem z rodzicami. Jeśli lokomotywa zatrzymywała się z braku węgla, trzeba było iść do lasu i ścinać suche gałęzie bambusa, żeby dostarczyć paliwa i tak przebyć ostatnie kilometry do celu. Wzdłuż drogi wędrowni kupcy oferowali swoje towary. Pan Phu zafundował nam kilka kawałków trzciny cukrowej, która miała znakomity smak.

W Ban Thi skończyły się tory. Od tego miejsca musieliśmy wędrować pieszo wzdłuż napowietrznych przewodów, po których kiedyś kursowały wagoniki wywożące cynę z kopalni. Teren był spadzisty, trawy bardzo wysokie, niektóre tak ostre, że kaleczyły nogi, choć stwardniałe podczas długiego marszu. Wkrótce otworzyła się przed nami rozległa płaska przestrzeń, ułatwiająca marsz. Nagle poczuliśmy wstrętny odór. Wokół na ziemi walały się szczątki martwych zwierząt. – Uciekajmy! – krzyknął jeden z kolegów. – To kryjówka tygrysów! – Część grupy wybrała inną drogę. Kiedy im opowiedzieliśmy o napotkaniu miejsca, gdzie ucztowały tygrysy, bardzo się z nas śmiali.

W Khe Khao ukrywał się Pierwszy Ośrodek Badań nad Bronią. Znaleźliśmy tutaj budynki ceglane kryte dachówką. Niegdyś Francuzi przechowywali w nich minerały. Trzy główne domy stały blisko siebie, inne, mniejsze, były rozproszone.

Po raz pierwszy od bardzo dawna spałam w murowanym pomieszczeniu pod dachem. Byłam bardzo szczęśliwa, że Francuzi zostawili te miejsca, przypominały mi bowiem przeszłość. Filiżanki do kawy, cukiernica z kawałkami cukru, abażur, którego przeznaczenia nie znał nikt oprócz mnie – wszystko to przywodziło mi na myśl odległe czasy. Mimo że podłoga była wyłożona cegłami, uznaliśmy, że spać na tej podłodze, nawet na matach, nie będzie można z powodu zimna. Sporządziliśmy więc prowizoryczne łóżka z bambusa.

W ośrodku tym było nas pięćdziesięcioro: trzydziestu inteligentów, wykształconych fizyków, albo studentów takich jak ja; pozostali to robotnicy i ochotnicy. W dniu naszego przybycia dyrektor udał się w podróż służbową; przyjął nas Hoan, mój dawny kolega z Hue. Jego brat, Hien, był w tej samej klasie co ja. – Tu – powiedział – możecie prowadzić badania w najlepszych warunkach. – W instytucie oprócz produkowania środków wybuchowych pracowano również nad konstrukcją min z opóźnionym zapłonem i min do bazook. Jednocześnie wytwarzano środki chemiczne potrzebne do drukowania banknotów z wizerunkiem Ho Chi Minha, produkowanych w ośrodku u podnóża góry. Ja miałam kontynuować pracę nad materiałami wybuchowymi, rozpoczętą w czwartej strefie, i uczyć tego kolegów. Różnica polegała na tym, że teraz rozporządzaliśmy znacznie większą ilością środków i materiałów do naszych eksperymentów. Mieliśmy też precyzyjniejsze narzędzia i nie musieliśmy, tak jak w dawnym miejscu, działać po omacku.

Pierwszego wieczoru niebo pokryło się ciężkimi chmurami. Przez całą noc słychać było grzmoty. Kuliłam się ze strachu pod kocem. Nigdy jeszcze nie przeżywałam tak gwałtownej burzy. Ogromne błyskawice rozjaśniały pokój. Bardzo chciałam wyjść na zewnątrz, zobaczyć cały ten spektakl, ale nie miałam odwagi.

Nazajutrz zaczęło się zwykłe, codzienne życie, jeszcze trudniejsze niż to, które prowadziliśmy dotychczas. W górach były kłopoty z zaopatrzeniem. Żeby do nas dotrzeć, należało przebyć siedem kilometrów niezwykle stromej, niebezpiecznej drogi, na której zagrażało ustawiczne niebezpieczeństwo spotkania tygrysów. Czasem chłopi z doliny dawali nam sadzonki kalafiorów. Poza tym jedliśmy dzikie trawy. Znaleźliśmy jadalny gatunek trawy *co tranh*. Nazwaliśmy tę trawę jarzyną błyskawiczną, rośnie bowiem bardzo szybko i dodaje smaku wielu potrawom. Odczuwaliśmy również brak soli. Wyruszyć na poszukiwanie żywności znaczyło ryzykować życie, ponieważ wzdłuż ścieżek, które prowadziły do wsi, Francuzi rozmieścili posterunki, gotowi strzelać do wszystkiego, co się porusza. Najważniejsze dla nas były jednak materiały wybuchowe i to, czego potrzebowaliśmy do ich wyprodukowania, nie zaś sól. Stwierdziliśmy, że po spaleniu łodyg „trawy błyskawicznej" otrzymujemy popiół o smaku lekko słonym, nadający się jako przyprawa do zupy. Często dostawaliśmy ryż na wpół spleśniały wskutek długotrwałego transportu przez las. Woda, do której wrzucaliśmy ten ryż, wydzielała odrażający zapach. Kiedy nie było nic innego, jedliśmy i taki ryż. Najważniejsze dla nas były pasjonujące poszukiwania, w których braliśmy udział, i świadomość, że nasza praca przynosi pożytek ruchowi oporu.

W instytucie, ku mojej wielkiej radości, spotkałam wuja Phan Tay, u którego mieszkałam w Hue. To on dawał mi ulotki i miniaturowe flagi, które przenosiłam pod nosem Japończyków. Wuj był teraz komisarzem politycznym instytutu, komunistą „od pierwszych godzin", niezwykle rygorystycznym. Wydawał się bardzo rad, że mnie spotyka, ale nie było mowy, żeby mi w czymkolwiek pomagał. Byłam na takich samych prawach jak wszyscy. Wolałam to, gdyż i tak wiedziano, że to mój wujek. Ale byłam spokojniejsza, mając świadomość, że w pobliżu jest ktoś z rodziny. Spadłam z obłoków na ziemię, kiedy mnie zapytał, czy nie chcę wstąpić do partii.

– Po co?

– Jesteś idiotką czy jak? W partii miałabyś wiele możliwości. Poza tym cieszyłabyś się większym zaufaniem. Wreszcie mogłabyś wznieść się wyżej w hierarchii społecznej i twoja przyszłość byłaby zapewniona.

Ale ja nie myślałam o wstąpieniu do partii. Nie chciałam „wspinać się wyżej w hierarchii społecznej", lecz nadal mówić to, co myślę, i robić to, co mnie interesuje – nic więcej. Wuj wzruszył ramionami z miną niedowierzającą. Nie mógł zrozumieć, że nie chcę skorzystać z okazji, jaką mi oferował. Moi towarzysze też tego nie rozumieli.

Cuc, jeszcze jedna kobieta zatrudniona w instytucie, przybyła tu przede mną. Nie pracowała z nami, zajmowała się zaopatrzeniem. Kiedy spotykałyśmy się wieczorem, nie rozmawiałyśmy o niczym innym, jak tylko o przeszłości. Ubrania, które teraz nosiłyśmy, były zrobione z włókien dzikiego ananasa. Tkaniny te wytwarzali górale; były one szorstkie i nie wchłaniały potu. Przy trzydziestu ośmiu stopniach w cieniu i ustawicznej wilgotności miało się wrażenie, że nosi się na sobie nieprzemakalny worek. Kiedy myłyśmy się w rzece albo w źródłach, marzyłyśmy o mydle Cadum. Przypominałam sobie jego zapach, jakby to było wczoraj. Byłyśmy pewne, że te czasy kiedyś wrócą. Kilka lat później Cuc zmarła na gruźlicę.

Niektórzy nasi towarzysze bardzo źle znosili egzystencję w górach i w dżungli. Pracowali, ponieważ nie mogli żyć inaczej, ale byli stale spięci, nerwowi, niezdolni do normalnego porozumiewania się z innymi. Spaliśmy źle i mało z powodu nocnego chłodu. Miejscowi górale pokazali nam, co można zrobić z kory pewnego tutejszego drzewa, które nazywa się *xui*. Korę moczyło się w strumieniu; po trzech lub czterech miesiącach część kory gniła i spływała razem z wodą. Pozostawały włókna, które suszyło się i rozciągało tak, że tworzył się z nich rodzaj koca. Początkowo był on sztywny, ale stopniowo miękł i stawał się prawie wygodny. Gdy Francuzi wyjechali z tych okolic, pozostało tu wielu naszych rodaków, którzy niegdyś byli zatrudnieni jako górnicy. Żyli w warunkach bardzo trudnych. Hodowali pszczoły, miód sprzedawali na targach, podobnie jak suszone pędy bambusów; łowili ryby w wielkim jeziorze, znajdującym się jednak dość daleko, ale to wszystko nie wystarczało im na życie. Próbowaliśmy uczyć ich dzieci czytać i pisać. Zaczęliśmy również prowadzić kurs dla dorosłych; sporo tych ludzi pracowało później dla naszego instytutu jako łącznicy i kadrowcy*.

Dyscyplina panująca w tym ośrodku była bardzo surowa. Rano w ciągu pięciu minut łóżko musiało być nienagannie zasłane. Każdy odpowiadał za swoją pracę. Miałam małą drewnianą skrzynkę z dokumentami, którą zawsze trzymałam pod ręką. Na wypadek alarmu byliśmy wytrenowani w błyskawicznym gromadzeniu swoich rzeczy i stosowaniu się do wydawanych nam poleceń. Znaczna część materiałów była ukryta w grocie. Mogliśmy się do niej dostać jedynie tajną ścieżką, o której istnieniu nawet dawni górnicy nie mieli pojęcia. Wiele razy w tygodniu odbywaliśmy ćwiczenia alarmowe. W niespełna pięć minut każdy musiał zająć swój posterunek, a wszystkie ślady naszego działania musiały być zatarte. To była sprawa życia lub śmierci. Dokumenty, którymi rozporządzaliśmy, przeważnie francuskie podręczniki chemii, systematycznie przepisywano w obawie, że jakaś eksplozja może nas pozbawić tych pomocy potrzebnych do pracy. Na co dzień posługiwaliśmy się kopiami sporządzanymi ręcznie.

Pod koniec dnia zazwyczaj zbieraliśmy się na galerii w instytucie, żeby wysłuchać wiadomości. Odbiornik radiowy bardzo źle działał z powodu otaczających nas gór i docierały do nas tylko strzępy informacji. Ale to nie było ważne. Dla izolowanych, tak jak my, liczył się przede wszystkim wynik naszej pracy, bardziej niż sytuacja ogólna.

Nie rozmawiało się o polityce. Wieczorami każdy wolał zagłębiać się

---

* Kadrowiec – podczas wojny cywilny członek ruchu oporu, po wojnie urzędnik państwowy (przyp. tłum.).

w książki o chemii. Ja wykorzystywałam ten czas na doskonalenie francuskiego. W jednym z opuszczonych domów znalazłam słownik Larousse'a
bez okładek. Każdego wieczoru czytałam jedną stronę wraz z tłumacze-
niem, powtarzając słowa, dopóki ich nie wykułam. Aby zapewnić sobie
więcej światła, do rozszczepionego na kilka części końca gałęzi bambusa
wkładaliśmy między nie ziarna dzikich owoców. Wtedy bambus płonął
żywszym blaskiem: dzięki oliwie zawartej w ziarnach mieliśmy tyle
światła, że mogliśmy czytać tak długo, jak chcieliśmy. Rozkoszowałam
się Larousse'em, zwłaszcza stronicami, na których były biografie słynnych ludzi, takich jak Napoleon i Victor Hugo. Znałam na pamięć wszystkie dotyczące ich daty i szczegóły.

Również w tym okresie kierownictwo instytutu zaczęło wydawać lokal-
ny dziennik zatytułowany „Dong", co znaczy „Detonacja". Wraz z dwoma
innymi kolegami otrzymałam zadanie zbierania i poprawiania artykułów
do gazetki, a także ich pisania. To nas bardzo bawiło i sprawiało nam satysfakcję. Treścią gazetki było życie instytutu. Często były to rzeczy
całkiem banalne, na przykład: „Dziś rano towarzysz Khai upolował jele-
nia". Lub coś w tym rodzaju. Albo opis wędrówki do miasta tych, którzy
zostali wysłani po żywność.

Nho, mój starszy kolega, dawny student medycyny w Hanoi, odmawiał
współpracy z gazetką. Jednak pod moim naciskiem pewnego dnia napisał:
„Kiedy mieszkałem na równinie, miałem bardzo surowego nauczyciela,
który, tak jak Phuong, zmuszał mnie do opowiadania różnych historii. Oto
jedna z nich, którą zapisałem: W miejscowości, gdzie mieszkałem, na mu-
rze widniał wielki afisz z hasłem »Palcie papierosy Job albo nie palcie wcale«". I na pięćdziesięciu następnych linijkach powtórzył to jedno
zdanie...

Ani ja, ani moi najbliżsi koledzy nigdy nie udawaliśmy się do miasta.
Może kierownictwo nie miało do nas dostatecznego zaufania. Ci, którzy
odwiedzali miasto, nie mogli wdawać się w rozmowy z jego stałymi
mieszkańcami. Załatwiali sprawunki i szybko wracali. Nie wolno im było
się spóźnić, gdyż wiedzieli, że Francuzi płacą za denuncjację, za każdy
donos.

Prawie zawsze wyruszali do miasta we trzech, jeden z nich uzbrojony
tylko w nóż, gdyż nie mieliśmy dość amunicji, aby ich zaopatrzyć.

W niedzielę nikt nie pracował. To był dzień odpoczynku i lenistwa nad
rzeką. Praliśmy nasze ubrania, które były w okropnym stanie, przesycone

czarnym pyłem i saletrą. Po południu odbywały się przedstawienia teatru amatorskiego, który, tak jak we wszystkich ośrodkach ruchu oporu, stał się najbardziej popularną rozrywką. Tak bardzo przywykliśmy do życia w warunkach niebezpiecznych, że w końcu nie zwracaliśmy na nie uwagi.

Inną wielką przyjemnością, dostępną tylko w niedzielę, była wędrówka do Dan Hong, miejscowości odległej siedem kilometrów od instytutu, gdzie kupowaliśmy u Chińczyka miseczkę zupy pekińskiej, nieco kwaskowatej. W tym czasie bowiem zaczęliśmy otrzymywać drobne zarobki i dzięki temu mogliśmy sobie pozwolić na ten mały wydatek.

Od kiedy rozstałam się z Namem, coś się we mnie załamało i byłam niezdolna do nawiązania stosunków z innym mężczyzną. Hoang, zastępca dyrektora instytutu, wydawał mi się bardzo poważny i godny zaufania. Doceniałam jego zrozumienie i uwagę, jaką mi poświęcał. Był o siedem lat ode mnie starszy. Trzeci rok studiował fizykę na uniwersytecie w Hanoi przed pójściem na wojnę. Miał stopień pułkownika i jedyny w instytucie nosił mundur: spodnie i koszulę koloru oliwkowego. Jako specjalista od materiałów wybuchowych, przemieszczał się, często pieszo, do różnych stref północnego Wietnamu, aby doglądać produkcji w fabrykach i warsztatach rozsianych po lasach. Naszą pracę wysoko oceniało Ministerstwo Obrony; nierzadko przyjmowaliśmy wizyty wybitnych lekarzy albo pisarzy, którzy, mimo ogromnych trudności związanych z podróżą, za sprawę honoru uważali przybycie do nas i zachęcanie do tej pracy. Ponadto odwiedzali nas kadrowcy i urzędnicy Ministerstwa Obrony. Pewnego ranka zobaczyliśmy żołnierzy z ładunkiem ubrań. Minister obrony, jeden z naszych profesorów w Hue, wielki matematyk, który studiował na Sorbonie i w Oksfordzie, odszukał nas i każdemu przysłał dwie pikowane kamizelki, pikowane bluzy w kolorze khaki oraz dwa mundury żołnierskie. Szkoda, że nie przysłał butów, które chętnie byśmy przyjęli, gdyż pokaleczone nogi potwornie nas bolały. Ale nie mieliśmy czasu ucieszyć się tymi podarunkami, zastępca dyrektora bowiem odmówił w naszym imieniu przyjęcia upominków. Należało podziękować panu ministrowi, oświadczając, że nie przyjmiemy ani mundurów, ani kamizelek. Przekazujemy je towarzyszom walczącym na froncie w trudniejszych warunkach niż my. Ten gest wcale mnie nie zdziwił. Przeciwnie, byłam z tego powodu dumna.

Ze spojrzeń Hoanga, ze sposobu, jakim do mnie się zwracał, wyczuwałam, że mnie kocha. Nie było to jeszcze odwzajemnione uczucie, ale podziw i zaufanie, a to nas bardzo zbliżało. Mogłam z nim otwarcie rozmawiać, opowiadać o mojej rodzinie, nie wstydząc się jej. Mogłam nie kryć moich upodobań i żalów, ponieważ pochodziliśmy z tego samego środowiska. Czasami, choć rzadko, przyłączał się do nas Viet, wspólny przyjaciel z Hue, i we troje spędzaliśmy długie godziny na pogawędce.

Wizyta dyrektora departamentu zaopatrzenia armii i jego zastępcy, od którego zależeliśmy, była wielkim ewenementem. Należąc do kadry wyższego szczebla, mieli prawo do trzech koni, które ciągnęły ich zaprzęg, przy czym trzeci koń dźwigał bagaże. Po przybyciu przywiązali konie u wejścia do jednej z grot, obeszli wszystkie warsztaty, witali się z każdym z nas i gratulowali owocnej pracy. Zapewne spodobał im się nasz instytut, skoro postanowili spędzić w nim noc.

Tego wieczoru rozpaliliśmy ognisko w grocie. Były wspólne śpiewy i opowieści. Potem nasi goście udali się na spoczynek w jednym z domów.

Nazajutrz się okazało, że ich dwa konie zostały do połowy zżarte przez tygrysa, trzeci leżał na boku i dygotał. Próbowaliśmy go podnieść i nakłonić do marszu. Przynieśliśmy mu świeżą trawę. Na próżno. Na drugi dzień zdechł. W owym czasie kule stanowiły rzecz zbyt kosztowną, żeby używać ich przeciwko dzikim zwierzętom, ale tym razem okoliczności były wyjątkowe. Ów incydent obudził w naszych towarzyszach instynkty myśliwskie. Jeden z nich zaproponował: – Położymy kawałek końskiego mięsa jako przynętę przed grotą, żeby zwabić tygrysa, i ja go zastrzelę. – Dwaj mężczyźni zaczaili się z nabitymi karabinami. W nocy słychać było wystrzały. Rano myśliwi mieli jednak bardzo niewyraźne miny. Tygrys porwał resztę konia, gdy zasnęli. Na szczęście została jeszcze spora partia koniny. Nie pamiętam, kto zwrócił się do mnie: – Tak świetna kucharka, jaką na pewno ty jesteś, Phuong, przygotuje nam znakomitą pieczeń z koniny! – Ale nieszczęsne zwierzęta były w wieku raczej zaawansowanym i mięso ich okazało się mocno łykowate. Bez tłuszczu i soli niełatwo zrobić z takiego mięsa potrawę jadalną; nawet po kilku godzinach gotowania wciąż było twarde. Wpadłam więc na pomysł pokrajania go na plastry, osypania proszkiem z „błyskawicznej trawy", żeby dodać mu nieco smaku; potem położyłam na mięsie duży kamień, jak robią to chłopi ze wsi, i wysuszyłam je. Rezultat był satysfakcjonujący. Postanowiliśmy przechować kawałki suszonego mięsa dla gości. Ponieważ goście pojawiali się często, rezerwy szybko się wyczerpały.

Właśnie wtedy złożył nam wizytę generał głównodowodzący, Vo Nguyen Giap, w towarzystwie swojej żony, pani Ha, i czterech członków ochrony. Chciał zobaczyć, jak żyjemy. Wkrótce otrzymaliśmy od niego wiadomość, że niebawem opuścimy góry. Warunki tutejszego bytowania są za trudne, jesteśmy zbyt izolowani od ogólnego nurtu życia. A nas w tym czasie pasjonowały prace, które wykonywaliśmy, i to nam pozwalało zapomnieć o wszystkim.

Wtedy rząd Ho Chi Minha zaczął drukować własne pieniądze: ich wartość opierała się na wartości *paddy**, ponieważ w wolnych strefach wieśniacy płacili swoje podatki ryżem. Pięćdziesiąt *dongów* – tak nazywała się jednostka monetarna – odpowiadało pięćdziesięciu kilogramom *paddy*.

Do drukowania banknotów niezbędne były pewne środki chemiczne, które można było znaleźć tylko w Hanoi. Przywożono je z narażeniem życia, ponieważ opuszczenie naszej strefy i wędrówka drogą numer 1 groziły pewną śmiercią. Ministerstwo Finansów zwróciło się więc do Ministerstwa Obrony, a Ministerstwo Obrony do naszej placówki, aby znaleźć inny sposób zdobywania potrzebnych chemikaliów. Nie potrafię wyjaśnić, jak tego dokonaliśmy, ale przypominam sobie pierwszy banknot bladożółtego koloru, o wyglądzie dalekim od idealnego, niemniej był to prawdziwy banknot. Po jednej jego stronie widniała mapa Wietnamu oraz wizerunek Ho Chi Minha, po drugiej – wartość banknotu. Zaprojektował go Nguyen Sang, bardzo znany malarz, urodzony na południu Wietnamu. Przybył do Hanoi na studia w Szkole Sztuk Pięknych i zaraz na początku wojny zgłosił się do ruchu oporu. Banknoty te nazywano pieniędzmi ruchu oporu. Nieraz się zdarzało, że banknot zadrukowano tylko po jednej stronie – obecnie kolekcjonerzy wydzierają sobie z rąk takie okazy. Pieniądze papierowe nie były numerowane. Jako zapłatę otrzymywaliśmy od państwa jeden albo dwa banknoty, każdy wartości dziesięciu *dongów*.

Dostęp do drukarni, gdzie powstawały środki płatnicze, był pilnie strzeżony. Ich wytwarzanie miało znaczenie strategiczne nie mniejsze niż produkcja materiałów wybuchowych. Miejsce, gdzie znajdowała się drukarnia, Ban Thi, oddalone było siedem kilometrów od naszego instytutu i pięćset kilometrów od stolicy. W Ban Thi rósł dziewiczy las. Tutejsze dzikie platany miały liście ogromne jak lotosy, a paprocie były tak wielkie, że przypominały parasole.

Urządzanie drukarni rozpoczęto od wydrążenia tunelu. Potem umieszczono w nim tory zabrane z kolei i po nich już łatwo przewieziono pod ziemię całe wyposażenie. Dostarczano je z Hanoi w częściach, najpierw

---

* *Paddy* – ryż niełuskany.

statkiem, a następnie na ludzkich plecach aż do samego Ban Thi. Kiedy wszystko było już na miejscu, usunięto szyny i posadzono u wejścia szybko rosnące liany, które w ciągu kilku dni zakryły je niemal całkowicie, tak że trudne było do znalezienia. Wielokrotnie Francuzi zrzucali na ów teren spadochroniarzy, otrzymywali bowiem szpiegowskie informacje, że gdzieś tutaj działa drukarnia, ale nigdy nie wpadli na jej ślad. Ja sama, wracając w to miejsce, zawsze miałam kłopoty z odszukaniem śladów poprzedniej wędrówki. Trzeba było bardzo dokładnie wiedzieć, gdzie rozchylić rośliny, aby znaleźć drogę do wejścia.

Drukowane tutaj pieniądze służyły do kupowania ryżu i cukru w strefach wolnych. Oczywiście nie było można używać tych banknotów w strefach okupowanych. Na szczęście dość często się zdarzało, że mieszkańcy miast przychodzili do wsi i płacili za produkty monetami oficjalnymi. Dzięki temu mogliśmy kupować lekarstwa. Najtrudniejsze były powroty z terenów okupowanych, ponieważ ustawicznie nas kontrolowano: żądano pokazania dowodów tożsamości, zezwolenia na poruszanie się po okolicy, pytano, dokąd idziesz i po co. Lekarstwa musiały być starannie schowane, gdyż francuscy żołnierze dobrze wiedzieli, że są one przeznaczone dla Viet Minhu.

Około setki osób pracowało i mieszkało w grotach sąsiadujących z naszym instytutem. Pham Quang Chuc, żona dyrektora, była rdzenną mieszkanką Hanoi. Rodzina jej miała sklep „Lody Zefir", gdzie sprzedawano drogie sorbety i inne mrożone słodycze. Jej siostra poślubiła Pham Van Donga, który był członkiem rządu Ho Chi Minha. Pan Chuc z żoną mieszkali w jednej z okolicznych grot, zanim przenieśli się do domku w Khe Khao. Pani Chuc była uprzywilejowana, jeśli chodzi o zaopatrzenie, gdyż co tydzień otrzymywała przesyłkę od siostry prowadzącej cukiernię w Hanoi. Dom obojga był ładnie urządzony, wokół rosły kwiaty. Pani Chuc miała piękne włosy, upięte w kok, i nosiła zawsze jedwabną tunikę do czarnych spodni, co stanowiło kontrast z naszym, raczej prymitywnym wyglądem. Przyjmowała nas ciastkami ryżowymi, które mi przypominały ciastka mamy, i – to był szczyt wyrafinowania! – serwowała bardzo dobrą herbatę. Nie buntowaliśmy się na jej przywileje, raczej byliśmy zadowoleni, że taki tryb życia jeszcze jest możliwy. Zmuszeni do odżywiania się przeważnie na wpół spleśniałym ryżem, któremu smaku dodawał słony popiół z trawy, mieliśmy czasem uczucie, że żyjemy w stanie półdzikim. Niedziele, kiedy państwo Chuc nas zapraszali i częstowali, pozwalały nam uwierzyć, że jest możliwa normalna egzystencja.

Zimę roku 1948 wspominam jako okres straszliwego chłodu. Średnia temperatura w górach wynosiła piętnaście stopni Celsjusza. Wciąż było nam zimno. Budziliśmy się rano wśród białawych chmur. Kiedy patrzyłam na koleżanki, wydawało mi się, że każdą z nich otacza aureola. Żeby się rozgrzać, przed rozpoczęciem pracy urządzaliśmy biegi dookoła domu, o pustym żołądku. Kiedy wreszcie zaświeciło słońce, czuliśmy się nieco lepiej. Jedynym sposobem oszukania głodu było picie. Miejscowi górale nauczyli nas rozpoznawać trawy i inne rośliny, z których można było sporządzać napary, by chociaż trochę oszukać głód. Kiedy wreszcie gong oznajmiał porę śniadania, nikt się nie spóźniał. Abażury pozostawione przez Francuzów, z krążkiem bambusowym umieszczonym w środku, służyły nam jako miski do ryżu. Również z bambusa sporządzano pałeczki twarde jak kość słoniowa. Czasami jako dodatek do ryżu mieliśmy kapustę przyniesioną z doliny. Ale mimo głodu, który nam stale dokuczał, nie było mowy, aby rzucać się na jedzenie. Najpierw wszystko musiało być równo podzielone. Zdarzało się, że miejscowe dzieci, które uczyliśmy, przynosiły nam pataty albo maniok; wówczas gotowaliśmy zupę, używając sproszkowanej trawy *co tranh* zamiast soli.

Około godziny wpół do szóstej po południu słońce znikało i powracały chmury. Znowu zaczynał nas dręczyć przenikliwy, wilgotny ziąb. Nocą w naszych domach pojawiały się moskity, zwabione ciepłem. Długo przed zaśnięciem musieliśmy podtrzymywać ogień, aby dym je choć trochę płoszył, gdyż byliśmy strasznie pokłuci. I jakby tego wszystkiego było mało, każdego ranka pierwsze kroki bosymi nogami po ziemi sprawiały silny ból, bo tak bardzo mieliśmy popękane stopy.

Tylko klimat przyjaźni i dobrej współpracy, jaki panował w instytucie, pozwalał nam znosić te warunki. Nigdy przedtem ani potem nie spotkałam się z takim poczuciem koleżeństwa. Wietnamczycy znają historię Thien Thai, inaczej mówiąc: historię raju. Według legendy przed tysiącem lat dwaj poeci, Luu i Nguyen, udali się do pewnej groty. Nagle, jak za dotknięciem czarodziejskiej różdżki, wewnątrz otworzyła się droga, która zaprowadziła ich do ogrodu pełnego brzoskwiń i śliw. Ogród był jak raj, w którym wszyscy ludzie mogli być szczęśliwi. Tam Luu i Nguyen spotkali dwie piękne wróżki i nie mieli już chęci opuszczania tego czarodziejskiego miejsca. Ale ponieważ byli śmiertelnikami pośród nieśmiertelnych, mimo szczęścia i rozkoszy, jakiej doznawali, odczuwali coraz większą tęsknotę za ziemią rodzinną. Poprosili więc wróżki: – Pozwólcie nam wrócić jeden jedyny raz do naszych stron rodzinnych, żeby zobaczyć rodziców! Potem zaraz przybędziemy do was. – Wróżki z płaczem pozwoliły kochankom odejść. Powróciwszy na ziemię rodzinną, poeci stwierdzili, że dwa wieki upłynęły od chwili, kiedy znaleźli się w rajskim ogrodzie. Nikt ich nie poznawał, nikt nie wiedział, kim są. W bardzo starej oberży usłyszeli opowieść o dwóch młodzieńcach, którzy zaginęli w grocie; historia ta – jak powiadano – zdarzyła się dawno, dawno temu. Tak więc Luu i Nguyen zrozumieli, że nie należą już do dawnego świata, że przeszli w świat inny. Kiedy znów udali się do groty i próbowali odszukać wróżki, nie widzieli nic i nikogo. Droga do rajskiego ogrodu znikła i ogród także. Z tej historii wypływa taka oto nauka: Jeśli ktoś postanowił opuścić raj, nigdy nie może do niego wrócić. Kiedy wspominam tę opowieść, doznaję tego samego wrażenia: nigdy nie można powrócić do raz utraconego raju.

Wkrótce po wizycie generała Giapa we wrześniu 1948 roku nasz instytut badawczy musiał szybko opuścić Khe Khao i przenieść się do dżungli, w prowincji Tuyen Quang, dwieście kilometrów od Hanoi. Przyzwyczailiśmy się do zmian tak dalece, że w ciągu kilku minut byliśmy gotowi do wymarszu. Miejscowi górnicy żegnali nas z wielkim żalem.

Szliśmy, niosąc swoje bagaże, najpierw do Ban Thi. Tam odnaleźliśmy wagony kolejki, która nas dowiozła do Dan Hong. Tu oczekiwały łodzie, którymi przypłynęliśmy do Dong Chiem, wioski nad Rzeką Jasną. Ludność wioski należy do mniejszości Cao Lang. Mieszkają oni w domach na palach, prawie tak jak Thaiowie.

Zmiana była radykalna. W Khe Khao byliśmy całkowicie izolowani. Tu mieszkaliśmy między ludźmi w takich samych domach jak oni. Zajmowaliśmy chaty na palach rozrzucone wśród bambusów.

Pracowaliśmy nad materiałami wybuchowymi. Ale w Dong Chiem znajdowało się wiele fabryk broni. My byliśmy grupą badawczą, miejscowi – wykonawcami.

Warunki życia okazały się znacznie lepsze niż w górach. Każdy z nas uprawiał maniok i pataty. Resztę zaopatrzenia dostarczano drogą wodną. Ludność miejscowa chętnie nam pomagała – niezależnie od tego, co na ten temat piszą historycy francuscy. Warunki pracy również się zmieniły. Była nas tu teraz setka, w tym wielu robotników wykwalifikowanych, którzy do tej pory pracowali rozproszeni w różnych strefach. Było tu także wielu ochotników, a wśród nich nasi koledzy ze szkoły w Hue. Praca została lepiej zorganizowana niż w Khe Khao. Byliśmy podzieleni na sekcje, takie jak: sekcja balistyki, chemii, oczywiście sekcja specjalizująca się w badaniu materiałów wybuchowych i inne. Wielka rewolucyjna zmiana:

elektryczność działała dzięki generatorowi zasilanemu węglem. Mieliśmy uczucie, że ożywamy.

Mieszkanie w domach podobnych do chat wieśniaczych w znacznym stopniu chroniło nas przed atakami samolotów francuskich. W innych wsiach zdarzało się nieraz, że miejscowi zdrajcy za pomocą lusterek sygnalizowali pilotom, które budynki należy zbombardować. Nasze bezpieczeństwo w dużej mierze zależało od mieszkańców wsi, podobnie jak ich bezpieczeństwo zależało od nas.

Rankiem w normalnym czasie mężczyźni dawali kobietom pierwszeństwo w dokonywaniu porannych ablucji. Jeśli jednak zdarzył się alarm i gong oznajmiał nalot samolotów, nie było mowy o myciu, należało biegiem udać się do schronu. Oprócz wielkich podziemnych schronów były małe, indywidualne, tak zwane żabie schrony, wydrążone w zboczu wzgórza. Każdy, kto przybywał do pracy w instytucie, musiał wykopać schron dla siebie. Pewnego ranka moją przyjaciółkę Thuan zaskoczył odgłos gongu w momencie, kiedy się myła. W pośpiechu pobiegła do swojego schronu naga, z ubraniem w ręku, co oczywiście przyjęte było gromkim śmiechem.

Po porannej toalecie rozpoczynała się normalna praca.

W każdym tygodniu wyznaczano jakiś cel. Na przykład jeśli miałam wyprodukować kilogram materiału wybuchowego, musiałam zorganizować pracę siedmiu osób wchodzących w skład mojej grupy i powierzyć im zadania na cały tydzień. Potem ten materiał wybuchowy był transportowany na inne wzgórze i dzielony na części, z których wytwarzano ładunki wybuchowe. Surowiec dostarczali na miejsce ludzie należący do organizacji ruchu oporu; o naszej działalności nie mogli wiedzieć miejscowi górale. Podczas transportu materiałów wybuchowych zdarzały się wypadki śmiertelne, które budziły w nas głęboki żal i smutek.

Kiedy mieliśmy trochę czasu, łowiliśmy w rzece ryby, aby urozmaicić codzienne pożywienie. Niekiedy mieszkańcy wioski odstępowali nam mąkę z manioku. Nauczyłam się też sporządzać tkaniny z włókien ananasa, dla zmiękczenia długo moczonych w wodzie. Wyrabiałam z nich na drutach małe kamizelki dziecinne, które wymieniałam na jajka i na trzcinę cukrową. Potrawy gotowaliśmy możliwie daleko od domów mieszkalnych i w nocy, aby piloci z krążących górą samolotów nie widzieli dymu, który był na znaczną odległość odprowadzany systemem rur z bambusa. Bambus służył nam do wszystkiego, nawet jako zbiornik wody: wystarczyło uderzyć nożem w gruby pień bambusa, żeby ze środka trysnęła woda.

Najbardziej dawał nam się wciąż we znaki brak soli. Byliśmy wycieńczeni. Po przebudzeniu nie można było otworzyć oczu, w ciągu dnia często odczuwaliśmy letargiczną senność. Sól była produktem niezwykle cennym, zarezerwowanym przede wszystkim dla żołnierzy. Jako członkowie grup badawczych nie mieliśmy przywileju otrzymywania jej w ilości odpowiedniej dla podtrzymania zdrowia. Raz na miesiąc przydzielano nam trzydzieści grudek soli na każdego z nas, czyli ziarnko na dzień. Rano kładło się ziarnko na języku tylko po to, żeby poczuć słony smak, potem przechowywało się je starannie zawinięte w listku. Jeżeli ktoś uległ pokusie i od razu zjadł swoją grudkę soli, nie mógł liczyć na więcej. Z powodu niedoboru soli dręczyła mnie choroba zwana hipokalcemią.

Wysłannicy, którzy udawali się w doliny po zaopatrzenie, przynosili wiadomości o sytuacji ogólnej. Często mieli dla nas kawałki cukru owiniętego białym papierem. Długo przechowywałam takie opakowania. Jeszcze do dziś wspominam nieopisany smak cukru trzymanego w ustach.

O godzinie jedenastej jedliśmy razem południowy posiłek składający się z kuli ryżu ugniecionego wraz z pędami bambusa i czasem rybą, jeśli połów się udał. Po posiłku następowała sjesta do godziny drugiej – i znów powrót do pracy. Był to najcięższy moment dnia. O tej porze w tropikach słońce najbardziej dogrzewa. Robi się duszno. Często atakowały nas bóle głowy. W chatach panował upał nie do wytrzymania. Jeszcze na wpół uśpieni, musieliśmy uważać na każdy ruch i zachowywać czujność. Tak do godziny piątej. Potem mogliśmy się odprężyć przy grze w siatkówkę: za siatkę służyła nam liana, a piłką był owoc grejpfruta opleciony sznurkiem.

Stopniowo zagospodarowywaliśmy nasz obóz. Każdy wykopał dla siebie toaletę i był odpowiedzialny za jej stan sanitarny. Ludzie z mniejszości Cao Lang pokazali nam, jaki stosować środek dezynfekcyjny; był nim popiół z pewnych spalonych roślin. Wystarczyło wsypać popiół do dziury, żeby zlikwidować przykry odór. Po trzech miesiącach zasypywało się dziurę ziemią i drążyło następną, o tym samym przeznaczeniu. Po sześciu miesiącach odchody zamieniały się w nawóz. Do mycia zębów używaliśmy korzenia pewnej rośliny z odrobiną soli, jeśli było to możliwe.

Na każdym wzgórzu były chaty nazywane domami szczęścia. Kiedy kobiety zamieszkałe w strefach kontrolowanych przez wroga z narażeniem życia odwiedzały mężów zaangażowanych w ruchu oporu, mogły spędzić z nimi noc w tych właśnie domach; tam miały gwarancję bezpieczeństwa.

Żyliśmy we wspólnocie przez dwadzieścia cztery godziny na dobę. Nie wiedzieliśmy, co się dzieje w świecie. Przez nasz mały odbiornik można było słyszeć tylko radio Viet Minhu, ale, prawdę mówiąc, nie odczuwaliśmy braku wiadomości ze świata.

W domku na palach, gdzie mieszkałam, było nas pięć. Ale tylko ja byłam zatrudniona przy pracach badawczych. Pozostałe cztery kobiety zajmowały się kuchnią i przygotowywaniem posiłków. Mężczyźni byli od nas oddzieleni przegrodą bambusową. Wieczorami gadaliśmy poprzez tę zaporę i to było bardzo wesołe.

Moje stosunki z Hoangiem stopniowo się zacieśniały. Nawet jeśli nie rozmawialiśmy o sprawach osobistych, nasi towarzysze odgadywali, jakie uczucia nas łączą.

Pracowaliśmy w trzech dużych budynkach na wzgórzu ponad rzeką. W pięćdziesiąt lat później można było w tym miejscu przeczytać na tablicy pamiątkowej napis: „W roku 1948 pracownicy Instytutu Badań Technicznych nad Materiałami Wybuchowymi (NCKT) działali w tym miejscu dla ruchu oporu".

Wówczas nie było jednolitego frontu przeciwko Francuzom, istniały tylko liczne strefy działań bojowych, armia zaś potrzebowała wszystkiego: granatów, bazook, dział bezodrzutowych, innymi słowy – wszelkich rodzajów broni i amunicji. I wtedy właśnie podczas produkowania granatów zdarzyło się nieszczęście.

Czwartego lutego 1949 roku – pamiętam dokładnie tę datę – pracowałam przy stole wraz z dwoma kolegami, Tri i Luongiem – bratem doktora Tran Duy Honga, niegdyś mera Hanoi, który podczas wojny był osobistym lekarzem Ho Chi Minha. Podczas gdy oni napełniali granaty, wyszłam na chwilę z izby. Nagle rozległa się straszliwa detonacja. Skoczyłam do chaty. Przez obłoki dymu dostrzegłam Tri z poszarpaną ręką, Luong miał całą twarz we krwi. Bardzo szybko zostali odtransportowani do szpitala w wolnej strefie blisko Chiem Hoa, gdzie działał wydział medycyny uniwersytetu w Hanoi i w nim pracowali lekarze o wysokich kwalifikacjach.

Tego wieczoru, pogrążona w smutku, siedziałam w pobliżu terenu gier sportowych, z oczyma utkwionymi w pustce, kiedy zbliżył się do mnie Hoang.

– Chciałem ci powiedzieć, że wkrótce wyruszam na front. – Po tak tragicznym dniu tego było już za wiele: wybuchnęłam szlochem. – Dlaczego płaczesz? – Wstyd mi było przyznać, ale poczułam się kompletnie rozbita, straciłam chęć do życia. Do tego dnia wydawało mi się, że jestem niezwyciężona, że potrafię pokonać wszelkie trudności. Widząc moich przyjaciół tak ciężko rannych, po raz pierwszy zdałam sobie sprawę, że to mogło mnie również spotkać dziś albo kiedykolwiek indziej. Szlochając, opowiedziałam o tym Hoangowi. – Pobierzmy się, Phuong – rzekł. – Wtedy obydwoje będziemy walczyć z trudnościami!

Byłam wobec Hoanga uczciwa, wiedział, że nigdy nie zapomnę mojej pierwszej miłości. Ale nagle zaproponowane małżeństwo wydawało mi się najlepszym rozwiązaniem moich kłopotów. Nie będę już sama, a co najważniejsze – nie popełnię zdrady, opuszczając szeregi ruchu oporu. Hoang powtórzył: – Pobierzmy się! Będziemy żyć pod jednym dachem i nie będziesz już niczego się bała. – Ledwie zdążyłam powiedzieć „tak", Hoang poszedł zawiadomić szefa o naszej decyzji. Nazajutrz po pracy nasi przyjaciele zaczęli budować nam domek blisko terenu gier sportowych – gniazdko dla naszych dzieci, jak żartowali.

Dwudziestego ósmego lutego 1949 roku domek został ukończony, w sam dzień naszego ślubu, pierwszego, który zawarty został w dżungli. Ten dzień ogłoszono świętem. Cały instytut – setka osób zebrała się rano na głównym placu. Z tej okazji pani Le, żona dyrektora Phu, pożyczyła mi bladoniebieskie *ao dai* z białymi spodniami. Ubiór ten zastąpił moje codzienne ciuchy. Włosy mi odrosły, wyglądałam już znacznie lepiej, byłam łagodniejsza, bardziej kobieca. Mój narzeczony miał na sobie mundur oficerski w kolorze khaki.

– Dzisiaj – oznajmił Phu – mamy przyjemność ogłoszenia małżeństwa Hoanga i Phuong!

Weszliśmy na trybunę zarezerwowaną dla oficjalnych mówców. Wszyscy nas oklaskiwali. Hoang trzymał mnie bojaźliwie za rękę, jakby nie śmiał wierzyć w nasze małżeństwo. Phu przekazał nam podarunki przysłane z Ministerstwa Spraw Wojskowych, a także od wysoko postawionych przedstawicieli władz, którzy znali mojego męża. Te podarunki – to była suma czterdziestu pięciu *dongów*. Nigdy nie miałam tyle pieniędzy od chwili, kiedy opuściłam rodzinę.

– To dla nas wszystkich wielkie święto – zakończył Phu.

Pomimo wzruszenia i szczęścia, jakiego doznawałam wobec tych wszystkich dowodów przyjaźni, stawiałam sobie pytanie: jak będzie wyglądała moja noc poślubna. Dzień minął jak we śnie. Po zapadnięciu zmierzchu skierowałam się do naszego nowiutkiego domku. Wewnątrz było wielkie łóżko z bambusa i kufer na ubrania. Usiadłam na łóżku, oczekując Hoanga. Około godziny dziewiątej, kiedy już usypiałam, wszedł, mając na ramionach taki sam plecak, jaki przed chwilą włożyłam do kufra.

Tej pierwszej nocy spaliśmy obok siebie. Żadne z nas nie śmiało uczynić jakiegokolwiek gestu. Nazajutrz rano moi koledzy pokpiwali sobie ze mnie: – No, powiedz nam, Phuong: ile razy? – Byłam strasznie zażenowana. Wieczorem Hoang wyznał mi, że on też się wstydził, bo go dręczono podobnymi pytaniami. Ale w następnych dniach poczułam się już inaczej. Nie byłam sama, w moim życiu pojawił się ktoś, o kim mogłam myśleć.

Nie jadaliśmy posiłków razem ze wszystkimi. Wydawano nam nasze racje żywnościowe, a ja gotowałam. Odwiedzający nas przyjaciele przynosili swój ryż. Początkowo siadaliśmy na ziemi, ale wkrótce, nie uprzedzając nas, koledzy zmontowali wielki stół bambusowy i ustawili przed domkiem. Kiedy staliśmy się małżeństwem, zmieniły się nasze stosunki z resztą towarzyszy. Zwłaszcza z Phu i jego żoną. Jako znakomita kucharka, często przygotowywała kolacje. Chociaż była rówieśnicą mojego męża, niebawem zyskałam w niej prawdziwą przyjaciółkę.

Instytut Badań Lotnictwa znajdował się w odległości ośmiu kilometrów od naszej bazy. Mąż otrzymał rozkaz przyjęcia żołnierza pochodzenia niemieckiego; miał zamieszkać w pobliżu naszego domu. Był to inżynier lotnictwa niemieckiego, który zaangażował się do francuskiej Legii Cudzoziemskiej. Nasze wojsko wzięło go do niewoli. Dowództwo wietnamskie, zapoznawszy się z jego życiorysem, stwierdziło, że ten człowiek mógł być dla nas bardzo pożyteczny. Wysoki, szczupły, mówił po niemiecku, a tego języka nikt u nas nie znał. Na szczęście trochę posługiwał się francuskim.

Bardzo szybko się okazało, że Schultz, który u nas nazywał się Nguyen Duc Viet, ma niewiarygodny zasób wiadomości. Wiedział, jak się wytwarza pociski, przejawiał także znakomity talent pedagogiczny. Był ożeniony z Wietnamką, którą poznał w lesie. Dzieliła ich ogromna różnica poziomu intelektualnego. On był inżynierem, ona siedziała w domu i nie wydawała się zbyt inteligentna. Ale była ładna. Przebywając w dżungli, Duc nie oparł się jej urokowi.

Duc Viet długo pracował z naszym przyjacielem Ha Dongiem. Nie wiem, jakim cudem obaj zdobyli trzy samoloty Bao Daia, pozostawione w Hue, i na nich rozpoczęli szkolenie pilotów. Ha Dong był odpowiedzialny za młode lotnictwo wietnamskie, Duc Viet został jego doradcą.

W roku 1954, po zwycięstwie, rząd wietnamski postanowił wysłać

Duca do ojczyzny: – Mam wrócić do Niemiec – powiedział, kiedy z nami się zobaczył. – Ale przyjadę tu wkrótce po moją rodzinę. – Czekał na ten moment piętnaście lat. W roku 1969 wszystkie formalności zostały wreszcie załatwione i Duc miał powrócić do Wietnamu, z czego się bardzo cieszyliśmy. Kilka dni przed zapowiedzianym przyjazdem zginął w wypadku samolotowym w Niemczech.

Miesiąc po ślubie zauważyłam, że nie mam okresu. Nikomu o tym nie powiedziałam, nawet Hoangowi. Kiedy jednak zaczęłam odczuwać mdłości, byłam już pewna mojego stanu. Hoang szalał z radości, usłyszawszy tę nowinę. Miał lat dwadzieścia osiem i uważał, że to najwyższy czas na pierwsze dziecko.

Byłam od trzech miesięcy w ciąży, kiedy zdarzyło się coś niewiarygodnego. Siedziałam wieczorem w domku i uczyłam się angielskiego – ludzie przybywający z równin po amunicję przynieśli nam trochę książek, a wśród nich podręcznik angielskiego – kiedy ktoś zapukał do drzwi. Usłyszałam gwizd dobrze mi znanej melodii. Serce zaczęło mi walić jak oszalałe: tę piosenkę Nam gwizdał zawsze, kiedy w Hue przychodził, żeby mnie zobaczyć. Nam wszedł ubrany jak wieśniak z mniejszości etnicznych, w czarnych spodniach i koszuli ręcznie uszytej, chudszy niż kiedykolwiek przedtem. Siedziałam nieruchomo, niezdolna wstać i rzec choćby jedno słowo.

– Phuong, dlaczego wyszłaś za mąż? – zapytał rozżalony. – Nie chciałaś na mnie czekać?! Myślałem, że przypłacę śmiercią twoją decyzję! – Patrzył na mnie ze łzami w oczach. – Gdybyś wiedziała, jakie miałem wyrzuty sumienia! Nie mogłem spać, bo wciąż myślałem o tobie. Potem wszędzie cię szukałem!

Od jednego z naszych wspólnych przyjaciół dowiedział się, że pracuję w instytucie badawczym i mieszkam w Dong Chiem, razem z mężem, który ma na imię Hoang. Nam ruszył wówczas w drogę do Dong Chiem. Aby mnie odnaleźć, miesiąc wędrował pieszo przez doliny i góry, nieraz ryzykując życie. – Przyniosłem ci podarek – rzekł, wręczając mi pojemnik z miodem. Pamiętał, że na plantacji w pobliżu Dalat mieliśmy pszczoły i że bardzo lubiłam miód. W tym momencie zemdlałam. Kiedy przyszłam do siebie, leżałam na łóżku, a Nam siedział u mojego wezgłowia. – Nigdy cię nie zapomniałam, ale teraz nic nas nie może połączyć – powiedziałam. – Jestem w ciąży i kocham męża.

Hoang, mimo że był bardzo nieszczęśliwy z powodu wizyty Nama, zostawił nas w spokoju, a sam trzymał się na uboczu.

Na skraju lasu rosło drzewo z białymi kwiatami podobnymi do motyli unoszących się w świetle księżyca. Siedzieliśmy pod tym drzewem i przez całą noc rozmawialiśmy, trzymając się za ręce, o naszych rodzinach i projektach na przyszłość. Nam powtarzał, jak bardzo cierpiał po moim wyjeździe. Ja mu opowiadałam, jaka byłam wówczas zdesperowana i nieszczęśliwa. Nam działał wtedy w organizacji młodzieżowej w swojej rodzinnej wsi, potem awansował. Ukończył naukę w szkole pedagogicznej.

O świcie nadszedł moment rozstania. Zawczasu poprosiłam szefa mojego laboratorium, abym mogła odprowadzić „brata". Zezwolił na to również mój mąż, który mnie oczekiwał przez całą noc w naszym domu. Szłam razem z Namem aż do granic instytutu, których nie wolno nam było przekraczać. Tam pocałowaliśmy się po raz pierwszy. Powoli wróciłam do domu. Mój mąż siedział na brzegu łóżka. – Dziękuję ci stokrotnie – powiedziałam. – Dzięki tobie mogliśmy sobie oboje wszystko wyjaśnić. – Tak zrządził los – odparł Hoang.

Kilka dni później, otwierając drzwi, zobaczyłam na ziemi skulonego chłopca. Miał twarz rozpaloną gorączką i wydawał mi się bardzo ciężki, kiedy go wzięłam za ramiona i wciągnęłam do domu, aby go położyć. Zdołałam go zmusić do wypicia wody z odrobiną syropu z trzciny cukrowej. Wieczorem gorączka się podniosła i zaczął majaczyć.

Choroba chłopca trwała trzy dni. Odzyskując siły, opowiedział mi swoją historię. Miał na imię Tham i był „dzieckiem pułku", sierotą, wychowanym przez wojsko. Podczas wędrówki z jednostką, do której był przypisany, poczuł się bardzo źle. Nie mógł podążać za swoimi towarzyszami i upadł w pobliżu naszego domu. Nikt nie zauważył jego zniknięcia. Po piętnastu dniach Tham był całkiem zdrowy, ruszył więc na poszukiwanie swojej jednostki. Dałam mu trochę jedzenia na drogę. – Nigdy nie zapomnę tego, co dla mnie zrobiłaś – powiedział, odchodząc.

Pod koniec 1955 roku wróciliśmy do Hanoi. Panowało wtedy lodowate zimno. Brakowało nam wszystkiego. Pewnego dnia otrzymałam z poczty zawiadomienie, że mam się zgłosić po odbiór paczki ze Związku Radzieckiego. Sądziłam, że to pomyłka, bo nie znałam tam nikogo, a w budynku, gdzie zamieszkałam, na tysiąc mieszkańców mogła być co najmniej setka innych Phuong. Zwróciłam zawiadomienie, a także następne, które wkrótce otrzymałam. Moje przyjaciółki powiedziały, że jestem wariatką, że nie mam prawa odrzucać czyichś darów. Poszłam na pocztę. Czekała na mnie ogromna paczka, której nadawca był mi zupełnie obcy. Wewnątrz znajdował się wentylator z łopatkami kauczukowymi; taki aparat nazywano u nas wentylatorem ze „słoniowymi uszami". Był to przedmiot niesłychanego luksusu, tym cenniejszy, że niespodziewany. Kiedy zainstalowaliśmy to urządzenie, sąsiedzi przepychali się do naszego mieszkania, aby zaznać trochę świeżości. Kilka miesięcy później, gdy już zapomniałam nazwiska nadawcy, nadszedł list następującej treści: „Droga Siostro, szukałem Cię wszędzie przez całe lata. To ja jestem tym chłopcem, którego kiedyś uratowałaś". Tham cały i zdrów dogonił swoją jednostkę. Po zakończeniu wojny został skierowany do radzieckiej szkoły wojskowej i tam spotkał Wietnamczyka: był to siostrzeniec Hoanga. „Tym sposobem – pisał – mogłem posłać wentylator, żeby Ci za wszystko podziękować, i mam nadzieję, że się przyda. Wiem, że teraz, po wojnie, w Wietnamie życie nie jest łatwe".

W czasie ciąży zwolniono mnie z niektórych zajęć, przede wszystkim tych, które narażały mnie na bliższy kontakt z niebezpiecznymi wyziewami chemikaliów, zwłaszcza kwasu siarkowego. Pilnowałam suszenia szedytu – był to rodzaj materiału wybuchowego w formie płytek, które kładłam do garnka z wodą umieszczonego w innym naczyniu i czekałam, aż staną się łatwe do obróbki. Należało stale czuwać, by nie obniżył się poziom wody, bo za niski groził wybuchem.

Źle znosiłam ciążę. Schudłam i ustawicznie wymiotowałam. Pewnego dnia, wyczerpana, zasnęłam z głową opartą o pień bambusa. Ale w odpowiednim czasie ktoś z kolegów przypadkiem wszedł, żeby napełnić wodą naczynie z chemikaliami, i narobił strasznego hałasu... W kilka sekund później nastąpiła eksplozja. Na szczęście nic mi się nie stało.

Zgodnie z przewidywaniami Hoang otrzymał wkrótce rozkaz opuszczenia instytutu i przygotowania się do wyjazdu. Czekała go podróż do Chin. W tym właśnie roku 1949 spodziewano się zwycięstwa Mao i otwarcia granicy chińsko-wietnamskiej. Początkowo był zakwaterowany w Cao Bang, niedaleko miejsca, gdzie znajdował się jego przyjaciel Dang Van Viet. Po wyjeździe Hoanga poczułam się bardzo osamotniona. Dom wydawał mi się tak smutny, że często wolałam iść spać do przyjaciółek. Urodziny mojego dziecka przewidywano na czternasty grudnia.

Trzynastego grudnia, w przeddzień odjazdu do Chin, mój mąż wrócił na jeden wieczór, aby się ze mną zobaczyć. Padał wtedy ulewny deszcz. Hoang musiał przebyć wpław wezbraną rzekę. Drżał z zimna, rozpaliłam więc ogień, aby mógł się wysuszyć. Nie mogłam powstrzymać słów skargi: – Jak będę wychowywać dziecko, jeśli ty odjedziesz tak daleko?! –

W nocy poczułam pierwsze bóle. Mój mąż, który nie miał żadnych doświadczeń i nie wiedział, jak się zachować w takiej sytuacji, ustawicznie mi powtarzał: – Błagam cię, zrób wysiłek, poczekaj do rana! – Około drugiej godziny bóle stały się nie do zniesienia. – Muszę iść do szpitala! – Tymczasem Hoang powinien był zaraz odjechać. Przedtem pomógł mi usadowić się w stateczku należącym do naszego instytutu. Wioślarz i jego żona chcieli mnie zawieźć do szpitala, który znajdował się w dole rzeki, pięć godzin drogi od instytutu. – Spróbuj jeszcze zaczekać! – radziła mi kobieta. – Nie bój się krzyku, płacz, to ci pomoże! – Wkrótce poczułam płyn ściekający mi po nogach. Odeszły wody. – Już nie mogę, umieram! – Kobieta ujęła moją rękę, usłyszałam, jak jej mąż modli się do Buddy. Tak bardzo wtedy chciałam, żeby była przy mnie moja mama!

Nie nastał jeszcze dzień, kiedy rozpoczął się poród. Kobieta mówiła: – Już widać główkę, przyj! Zrób jeszcze wysiłek! – Usiłowałam przeć, tak jak mnie uczono w szpitalu, i nagle usłyszałam płacz. Kobieta odebrała noworodka, który był związany ze mną pępowiną. Urodził się chłopiec. Pierwszy krzyk mojego syna wywołał we mnie ogromny przypływ miłości; przycisnęłam dziecko do siebie, błagając: – Nie umieraj, proszę cię! Tylko nie umieraj! – Kobieta odrąbała kawałek bambusa, który znajdował się na barce, usunęła z niego korę i podała mi bambus, żebym nim przecięła pępowinę. W tym momencie usłyszałam pianie koguta. Przybywaliśmy do wsi, gdzie znajdował się szpital. Wioślarz prawie płakał. – Panienka z dobrej rodziny rodzi w takich warunkach – powtarzał. Kiedy się rozwidniło, stwierdziłam, że wszędzie wokół mnie jest krew, ale noworodek spał spokojnie. Byłam całkowicie wyczerpana. Gdy przybiliśmy do brzegu, na wołanie przewoźnika przybiegły miejscowe kobiety, niosąc ryż i herbatę do popicia. Pojawił się hamak, w którym zostałam ułożona wraz z synkiem. Trafiliśmy do szpitala.

Po ośmiu dniach od porodu przypadły święta Bożego Narodzenia. A ja pozostałam sama. W szpitalu dano mi prześcieradło, w które owijałam małego.

Szpital był rozmieszczony w chatach podobnych do innych domów wiejskich. Chirurg, doktor Ton That Tung, syn mandaryna z Hue, był kuzynem mojego męża. Mając przed sobą świetną karierę w Hanoi, wybrał ruch oporu; chciał w ten sposób dać przykład licznym studentom. Jego żona pracowała z nim jako anestezjolog.

Moje łóżko oddzielono od pozostałych chorych przegrodą z bambusa. Cały czas spałam. Kiedy się na chwilę budziłam, jadłam trochę zupy, którą stawiano obok mnie, i karmiłam małego. Obydwoje z mężem wybraliśmy dla naszego pierworodnego imię Phuoc, czyli „Szczęście". Był chudziutki, ale raźny i spał tak wiele jak ja. Wszystkie młode dziewczyny, przygotowujące się do zawodu pielęgniarek, zajmowały się nim chętnie i czule. Dni szpitalne mijały szybko.

W przeddzień mojego odjazdu doktor Tung i jego żona zaprosili mnie, żebym ostatni wieczór spędziła u nich. Mieszkali w chatce, przed którą kwitło mnóstwo kwiatów. W moim pokoju miałam prawdziwe łóżko z czystymi prześcieradłami. Pani Tung ofiarowała mi ubranka niemowlęce swojego synka imieniem Bach, który właśnie skończył pięć lat. Kiedy zasypiałam, trzymając w ramionach maleństwo, pomyślałam, że wolałabym się już nie obudzić. Następnego dnia było tak, jakbym znowu opuszczała swoją rodzinę.

Wkrótce szpital miano przenieść w inne miejsce, gdyż wypatrzyli go Francuzi. Doktor Tung był poszukiwany. Pewnego dnia, ukryty w schronie, słyszał nawoływanie przez megafon: – Doktorze Tung, wiemy, że pan tu jest. Niech pan przejdzie na naszą stronę! Będzie pan miał lepsze życie w mieście!

Po Dien Bien Phu Tung wrócił do Hanoi jako zasłużony profesor, specjalista od chorób wątroby, członek wielu akademii chirurgicznych w całym świecie.

Przypłynął po mnie statek. Kiedy z synkiem wróciłam do instytutu, dla wszystkich było to święto. W czasie wojny niewiele dzieci przychodziło na świat u górali z mniejszości etnicznych, gdyż cierpieli na chroniczny brak jodu. Rankiem, kiedy otwarłam drzwi, na progu zobaczyłam patáty i banany. To miejscowi chłopi przyszli mi z pomocą.

Przez pierwsze tygodnie zajmowałam się tylko synkiem. Potem wieczorami zaczęłam uczyć dzieci. W rewanżu ich rodzice ofiarowywali mi trochę żywności. Pewnego dnia dostałam nawet cztery żywe kurczaki, dla których moi przyjaciele skonstruowali kurnik, żeby ochronić je przed drapieżnikami. Wkrótce mój synek mógł dostawać jedno lub dwa jajka tygodniowo.

Kiedy wróciłam do pracy, nie mogłam zabierać ze sobą malca, bo to byłoby zbyt niebezpieczne. Z pomocą moich przyjaciół skleciłam kojec z bambusa; był to rodzaj klatki, którą mogłam zamykać. Wychodząc, układałam na macie w kojcu niemowlę. Gdy po dwóch godzinach wracałam, musiałam budzić dziecko, aby je przewinąć i dać mu jeść. Wieczorem po pracy jeszcze raz wkładałam synka do klatki, gdyż musiałam zejść do rzeki wyprać jego pieluszki. Z braku mydła używałam saponinu, dzikiej rośliny, której owoce obficie pienią się w ciepłej wodzie, znacznie gorzej natomiast w zimnej. Pieluszki często wymykały mi się z rąk i musiałam biec wzdłuż rzeki, aby je wyłowić. Od zimnej wody ręce bardzo mi puchły. W szpitalu byłam dobrze odżywiana i miałam pokarmu dużo, obecnie o wiele za mało, gdyż sto gramów ryżu na dzień to była porcja niewystarczająca. Spróbowałam sadzić kukurydzę i inne rośliny jadalne, które mi dawali wieśniacy. Po pracy udawałam się z dzieckiem na plecach na poletko, wyposażona w motykę i cztery pochodnie bambusowe. Pochodnie miały odstraszać tygrysy.

Po wykarczowaniu małego kawałka ziemi posadziłam kukurydzę, zaczęłam także uprawiać tytoń z sadzonek od miejscowych ludzi. Co wieczór podlewałam rośliny; często późno wracałam do domu z synkiem uśpionym na plecach. Nieraz byłam tak zmęczona, że brakowało mi sił, żeby wejść do domu. Siadałam wtedy pod drzewem i zasypiałam z przytulonym do mnie niemowlęciem. W środku nocy budził mnie przenikliwy chłód. Kiedy dojrzewał tytoń, tak jak wieśniacy stawałam obok drogi, aby go sprzedać. Z opuchniętymi, zniekształconymi reumatyzmem rękami, z czarnymi i wyschłymi nogami, w ubraniu w łachmanach nie przypominałam Wietnamki. Czasami udawałam, iż jestem głucha, żebym nie musiała rozmawiać. Przechodnie litowali się nade mną i chętnie kupowali tytoń. Uprawiałam również trochę manioku. Zebrawszy jadalne korzenie, suszyłam je i za pomocą kawałka dziurkowanego metalu ścierałam na proszek. Rozpuszczając maniok w wodzie, otrzymywałam rodzaj mączki, którą słodziłam syropem z trzciny cukrowej. Dla mojego synka to była uczta nie lada. Nie wiedziałam sama, skąd mi przychodzą do głowy pomysły, jak zdobywać dla niego pożywienie.

Pozostawał problem wody, niezwykle trudny do rozwiązania. Mimo systemu filtrów z piaskiem, których używaliśmy, woda nigdy nie była całkowicie zdatna do picia. Phuoc miał robaki. Jego brzuszek wciąż był opuchnięty. Dowiedziałam się, że spory kawał drogi od instytutu, na wzgórzu, mieszka wieśniak należący do którejś z mniejszości etnicznych, znawca ziół leczniczych. Ruszyłam w drogę, niosąc na plecach mojego synka, aby prosić zielarza o poradę. Przed maleńką chatką na palach czekała gromadka kobiet, nie mniej niż dwadzieścia, wraz z dziećmi o spuchniętych, nabrzmiałych nogach. Kobiety nosiły, zgodnie ze zwyczajem górali, ubrania w kolorze indygo, uszyte z bardzo twardego i grubego materiału, który chronił je przed chłodem.

Kiedy przyszła moja kolej, zobaczyłam człowieka w nieokreślonym wieku. Znachor na głowie miał turban również w kolorze indygo. Obejrzawszy dziecko, dał mi roślinę z nasionami, które trzeba było zgnieść przed podaniem ich małemu do zjedzenia. Po kilku dniach brzuszek mojego synka zmniejszył się i byłam pewna, że chłopczyk czuje się znacznie lepiej. Według owego znachora ropuchy zawierają wiele witamin i byłoby dobrze dać dziecku do zjedzenia ropusze udka. Byłam gotowa na wszystko, aby tylko mały wyzdrowiał. Za pomocą siatki z bambusa pewnej nocy złapałam kilka ropuch. Jeden z żołnierzy powiedział mi, jak je przyrządzić; upiekłam je, a potem, zgodnie z poradą znachora, starłam na proch. Tego proszku dodawałam do żywności, którą karmiłam chłopca.

Niestety, francuskie bombardowania powtarzały się coraz częściej. Ustawicznie trzeba było się kryć w schronie. Z dzieckiem na plecach, wyczerpana od czasu porodu, po każdym nalocie miałam wrażenie, że dłużej już nie wytrzymam. Idąc, mówiłam do synka, choć jeszcze nie mógł mnie zrozumieć: – Teraz bardzo trudno jest nam żyć. Ale bądź spokojny, pewnego dnia wszystko się zmieni. Próbuj wytrzymać, jak tylko możesz. – Wydawało mi się, że mnie rozumie. Rzadko kiedy płakał, przeważnie spał.

W roku 1951 dowiedziałam się, że mąż otrzymał przydział do artylerii wietnamskiej. Właśnie otwierała się granica z Chinami. Dang Van Viet odnosił zwycięstwa na drodze kolonialnej numer 4*. Francuzi uciekali do Chin Czang Kaj-szeka. Broń i amunicja nareszcie zaczęły przybywać. Hoang chciał, żebym przyjechała do niego razem z naszym synem. W instytucie moi koledzy byli tego samego zdania, gdyż praca z materiałami wybuchowymi była dla mnie zbyt ryzykowna.

Nie miałam wyboru. Mimo niedobrych przeczuć związanych z opuszczeniem tego miejsca wiedziałam, że powinnam odejść. Co mi się jeszcze może przytrafić? Od narodzin dziecka nie miałam w sobie dawnej beztroski.

Tym razem mąż przybył po mnie. Mianowano go dyrektorem Departamentu Studiów i Badań w dziedzinie artylerii; pracował głównie nad działami kalibru 175. Aby uczcić mój odjazd, przyjaciele zorganizowali wielką wspólną kolację, która przeciągnęła się do późna. Ze ściśniętym sercem pozostawiałam kolegów i to miejsce, z którym wiązało się wiele tak ważnych wydarzeń mojego życia. Mieliśmy przewędrować dwanaście kilometrów do miejsca zwanego Deo Vai. Droga prowadziła między

---

* Droga kolonialna, później droga narodowa numer 4, biegnąca wzdłuż granicy wietnamsko-chińskiej, podczas wojny miała ważne znaczenie strategiczne.

skałami, wśród sterczących kamieni, tak zwanych kocich uszu. Posuwaliśmy się powoli, niosąc na zmianę dziecko. Dzięki temu, że poprzedniego dnia przyrządziłam kilka ciastek z mąki ryżowej i jajek, które zniosły moje kury, mieliśmy zaopatrzenie na drogę.

W Deo Vai nocowaliśmy u chłopów. Zgodnie z tutejszym zwyczajem mężczyźni i kobiety nie mają prawa spać razem. Znowu więc byłam sama z dzieckiem. Ułożyliśmy się na bambusowej podłodze, tylko cienką matą oddzieleni od bawołów, wołów, świń i innych zwierząt domowych, które miały swoje miejsce pod domem. Zaduch był okropny, a hałas, jaki robiły zwierzęta – piekielny. Nie było mowy o załatwianiu się pod gołym niebem z powodu tygrysów. Kawałek bambusa rozcięty na dwie połowy służył za nocnik. Prawdziwy koszmar. Komary obsiadły małego; nie mógł spać i płakał. Bałam się, że przebudzi cały dom, trzymałam go więc w ramionach i odpędzałam komary, na wpół śpiąc. Następnego dnia zostawiłam synka w jego klatce i spróbowałam postarać się o jak najszybszy powrót na dawne miejsce. Uznałam, że mimo wszystko tak będzie lepiej. Tu powierzano mi coraz to nowe zadania, które mnie nie pociągały, rzadko widywałam męża, ale główną moją troską było dziecko. Na szczęście mały teraz czuł się dobrze i nie sprawiał kłopotu.

Jak długo mieliśmy żyć w ten sposób? Nigdy dotychczas nie byłam tak chuda. Pewnego wieczoru mąż mi oznajmił, że w najbliższym czasie czeka go kurs dokształcający, przeznaczony dla oficerów, którzy uczyli się w Chinach. Miał wyjechać na dość długo. Mogłabym zamieszkać w mieście Tuyen Quang u jego siostry, której mąż był reprezentantem władz finansowych na terenach wyzwolonych centralnego Wietnamu. Wydawało mi się, że jest to idealne rozwiązanie. Jak mogliśmy o tym nie pomyśleć wcześniej?! Natychmiast zaczęłam starania w sztabie o umożliwienie mi zakwaterowania u mojej szwagierki. Przyjaciele mnie ostrzegali:

– Uważaj, Phuong, dobrze się zastanów! Od kiedy wstąpiłaś do ruchu oporu, stale żyjesz w kolektywie. Jak z twoim charakterem zniesiesz pospolitość życia w mieście? – Te przestrogi wydawały mi się przesadne. Przecież zamieszkam u rodziny, nie u kogoś obcego!

Dla męża wszystkie sprawy były proste: od chwili kiedy znalazł rozwiązanie, nie powinien mieć żadnych problemów. Nie zastanowił się, jakim sposobem pokonam sto dwadzieścia kilometrów, które dzielą nas od Tuyen Quang.

W maju 1951 roku wyruszyłam z moim synem na plecach, z bambusowym nosidłem, na którym powiesiłam koszyk z kurami, rondle i torbę z ubraniem. Przyjaciele ofiarowali mi parę sandałów „Ho Chi Minha" ze starej opony samochodowej. Tay, młody chłopiec należący do jednej z mniejszości etnicznych, towarzyszył mi jako przewodnik. Wędrowaliśmy przez gęsty las zarośniętymi ścieżkami. Tay szedł pierwszy, torując drogę. W słoneczne dni, po deszczu, wędrówka była najtrudniejsza. Setki pijawek drzewnych spadały na plecy i ramiona. Kiedy szliśmy przez las bambusów, ostre liście kaleczyły nogi. Przed nocą wspinałam się na drzewo, żeby spać bezpiecznie wraz z dzieckiem. Ale jakie to było szczęście, gdy zobaczyliśmy światełko w nocy, zwiastujące, że przed nami jest dom! Często u obcych ludzi dawano nam jeść i ciepłą wodę do mycia, a także zaopatrywano nas w żywność na dalszą drogę. Ludzie byli zaintrygowani, widząc podróżniczkę prowadzoną przez młodego chłopca. Nie miałam jednak zamiaru nikomu nic tłumaczyć. Czułam się opuszczona i chwilami gorzko żałowałam powziętej decyzji.

Droga trwała prawie miesiąc. Wczesnym rankiem znalazłam się w mieście i zapytałam o dom mojej szwagierki; wskazano mi spory budynek z pięknie ukwieconym ogrodem.

Stanęłam u wejścia, wołając: – Hue, Hue*, to ja przyszłam! – Nikt mi nie odpowiadał. Weszłam do środka i zawołałam raz jeszcze. Usłyszałam oschły głos: – Ach, to ty? – W sąsiednim pokoju siedziała szwagierka z córeczką, która była zapewne rówieśnicą mojego synka. Szwagierka miała na sobie jedwabne spodnie i bluzę z białego perkalu. Przy niej mogłam się wydawać żebraczką, z cerą opaloną na brąz jak u góralki. Nawet się nie ruszyła z miejsca, żeby nas przywitać. Niedbałym ruchem ręki wskazała klitkę obok kuchni: – Oto twój pokój. – Nie mogłam ochłonąć ze zdumienia. Potraktowała mnie jak obcą lub jak służącą. – Połóż tam swoje rzeczy – dodała, nie proponując nam nic do picia ani do jedzenia, i natychmiast zamknęła drzwi swojego pokoju. Tay, który mi towarzyszył, był oburzony:

– Nie możesz zostać u takiej kobiety! Wracaj ze mną! – Ale ja już nie miałam sił, zwłaszcza że całą drogę dźwigałam dziecko. Kiedy żegnałam się z moim przewodnikiem, zobaczyłam łzy w jego oczach.

Nie wiedziałam, co robić. Mój synek był głodny. Nie odważyłam się ruszyć gdziekolwiek. Około południa, słysząc hałas naczyń w pomieszczeniu obok, wyszłam z mojej izdebki. Szwagier, szwagierka i ich córecz-

---

* Hue jest nazwą jednego z głównych miast wietnamskich, a także imieniem zarówno męskim, jak i żeńskim w zależności od akcentowania (przyp. tłum.).

ka siedzieli przy stole i spokojnie jedli. Widząc mnie, szwagierka poderwała się z krzykiem:

– To nie było przewidziane. Miałaś być tylko jeden wieczór!

Jej mąż nie odezwał się ani słowem. Patrzył na mnie pogardliwie, jakbym była zwierzęciem przez pomyłkę zabłąkanym w tym mieszkaniu.

– Dajcie mi przynajmniej trochę ryżu dla dziecka!

Szwagierka wzięła wyszczerbiony talerz, który mógłby najwyżej służyć dla kota lub psa, łyżką wyskrobała ryż z dna rondla, położyła go na talerzyku i dodała odrobinę sosu *nuoc mam*. – Masz, jedz – powiedziała, wręczając mi talerzyk.

Wróciłam do wyznaczonej mi izdebki i nakarmiłam synka. Od dawna nie jadł ryżu tak białego i tak aromatycznego; choćby tylko dlatego musiałam zostać, nawet za cenę poniżeń, które mnie spotkały. Phuoc natychmiast po jedzeniu zasnął.

O godzinie piątej otrzymaliśmy posiłek razem z dwoma służącymi w kuchni, blisko kurnika. Kiedy opowiedziałam o moich przejściach tym młodym dziewczynom, miały łzy w oczach, ale ze strachu przed panią domu wolały wstrzymać się od jakichkolwiek uwag.

Następnego dnia, gdy zaledwie się obudziliśmy, ukazała się moja szwagierka, rzucając na łóżko worek.

– Poszperaj w tej torbie! Znajdziesz parę rzeczy, które ci się przydadzą. Jutro pójdziesz do pracy! – Używane ubrania wydawały mi się wspaniałe, chociaż o wiele na mnie za duże; moja szwagierka miała co najmniej metr siedemdziesiąt wzrostu. Służące pożyczyły mi przybory do szycia, szybko więc dopasowałam sobie ubrania. Kilka dziecinnych spodni i bluzek po niewielkich poprawkach okazało się dobrych dla mojego synka.

Następnego dnia szwagier zaprowadził mnie do biura finansów, gdzie miałam dostać pracę. Służba finansowa mieściła się w kilku chatach, gdzie za całe wyposażenie służyły stoły z bambusa. Mimo tak nędznego wyglądu tu właśnie koncentrowała się cała organizacja finansowa rządu rewolucyjnego.

Zaledwie mnie przedstawiono, ironia losu sprawiła, że kierownik służby finansowej potraktował mnie z respektem należnym „starszej siostrze szefa".

– Jaka jest twoja specjalność? – spytał.

– Studiowałam produkty chemiczne, zwłaszcza materiały wybuchowe.

– Tego tutaj nie potrzebujemy. Co możesz jeszcze robić?

– Zajmowałam się gazetą naszego instytutu.

– O, bardzo dobrze. Poprowadzisz gazetę naszego ministerstwa!

Gazeta pod tytułem „Praca nad Ryżem" rozprowadzana była w wielu prowincjach. Zatrudniano w niej około dwudziestu współpracowników, którzy poruszali w artykułach różne zagadnienia związane z gospodarką ryżową: jak są prowadzone żniwa, w jaki sposób przechowywać ziarno w magazynach, jakie rodzaje ryżu są najczęściej uprawiane, i tak dalej. Od razu praca mi się spodobała. Przynajmniej była to radykalna zmiana – i coś konkretnego.

Co dzień przychodziłam do biura z synkiem i tak jak inne matki lianą przywiązywałam go do krzesła. Było nas sześć matek mających małe dzieci i nasze dzieci były zadowolone, że mogą się razem bawić. Czułam się pokrzepiona w tym środowisku, w którym nikt nie znał mojej sytuacji rodzinnej. W oczach pracowników byłam wielce szanowaną „starszą siostrą dyrektora".

Jednakże moja szwagierka coraz bardziej mi dokuczała. Nie wiedziała, co wymyślić, żeby mnie poniżyć. Na przykład wieczorem musiałam gotować wodę w wielkim naczyniu pozbawionym uch, żeby szwagierka mogła się umyć. Przedtem zbierałam liście i suszyłam, by potem je palić. Ale liście źle się paliły i wydzielały dym o gorzkim, nieprzyjemnym zapachu, który przyprawiał mnie o kaszel. Ponadto parzyłam sobie ręce, usiłując podnieść garnek. Dopiero o godzinie dziewiątej mogłam położyć się obok synka w małym łóżku z bambusa. Kiedy wracałam z pracy, szwagierka wyprawiała mnie na pole maniokowe, każąc je okopać. Mój biedny mały nie mógł bawić się ze swoją kuzynką. Życie moje stało się prawdziwym koszmarem. Dobre było tylko to, że w tej strefie nie pojawiały się bombowce. Kiedyś wieczorem na polu maniokowym doznałam zawrotu głowy i straciłam przytomność. Po chwili poczułam, że ktoś mną potrząsa. Ujrzałam nad sobą wściekłą twarz szwagra.

– Nie udawaj, że nie masz sił! – krzyczał. – Kto nie pracuje, ten nie ma prawa jeść!

Pociechą w tym nędznym życiu były częste wyprawy dookoła prowincji. Miałam prawo do używania chińskiego roweru, tak dużego jak ja. Nie było łatwo na nim pedałować, bo miał poprzeczną ramę. Udawałam się do pobliskich stref, żeby sprawdzić, w jakim stanie są magazyny ryżowe; odwiedzałam również wolne strefy, których ludność zaopatrywała w ryż walczących kombatantów. Jeżeli rezultaty były zadowalające, publikowaliśmy odpowiednie dane w gazecie, mające zachęcić innych do pójścia w ślady najlepszych. Z każdej takiej wyprawy przywoziłam długie listy zapotrzebowania dla moich przyjaciół. Prosili o produkty żywnościowe, pasty do zębów, kilka metrów bawełnianego perkalu. Wielu bezdzietnych towarzyszy pracy ofiarowywało się zaopiekować synkiem podczas mojej nieobecności. Mały był bardzo zadowolony, gdy udawało mu się spędzić dłuższy czas poza domem ciotki.

Co dwadzieścia dni udawałam się do drukarni. Rower nie miał hamulców, zastępowałam je gałęzią. Przez most – dwa drągi bambusowe przerzucone nad rzeką – mój „pojazd" musiałam przenosić. Dziś już nie dałabym temu rady.

Drukarnie zawsze mieściły się w pieczarach albo w tunelu doskonale zamaskowanym. Także ścieżki prowadzące do nich były osłonięte ogromnymi siatkami, na których pięła się roślinność. W grotach latem panowało ciepło i wilgoć, zimą natomiast było prawie lodowato wskutek przenikliwego wiatru. Większość robotników – około trzydziestu – dawniej pracowała w jednej z drukarń w Hanoi. Nie mieli prawa oddalać się z miejsca pracy i żyli w okropnych warunkach. Prawie wszyscy chorowali na malarię. Wolno im było opuszczać drukarnię tylko po to, żeby uprawiać ryż albo jarzyny. Przekazywałam im artykuły, a oni składali druk z metalowych czcionek. Jeśli mieli dostateczną ilość farby, w ciągu dwóch dni przygotowywali numer gazety. Jeśli farby brakowało, ktoś musiał ją kupić w strefie okupowanej. Ryzykował życie, gdyż przeciwnik dobrze wiedział, komu była potrzebna farba drukarska. To samo dotyczyło papieru. Czekając na druk gazety, pomagałam robotnikom w uprawie poletek.

Gazeta liczyła początkowo cztery stronice, potem sześć, a wreszcie dwanaście. Drukowano ją na papierze żółtawym, wyprodukowanym ze słomy. Nakład wynosił sto egzemplarzy: pięć wypadało na każdą prowincję. Wszędzie były potem kopiowane ręcznie i rozprowadzane wśród ludności. Ze względów bezpieczeństwa ani jeden egzemplarz nie mógł pozostać w drukarni. Wszystkie dokumenty natychmiast palono, a skład drukarski rozbijano.

Zdarzało się, że nie mogłam bez przeszkód powrócić do domu, gdyż mały strumyczek stawał się burzliwą rzeką. Nieraz trzeba było czekać kilka dni, aż woda opadnie, a przez ten czas na własną rękę znaleźć pożywienie.

W drodze rozdzielałam gazety między różne posterunki, a te z kolei przekazywały je dalej. Kiedy wracałam do biura, zostawało jeszcze zwykle dwadzieścia egzemplarzy. Zachowywaliśmy z nich dwa: jeden do archiwum, drugi dla Ministerstwa Finansów. W muzeum rewolucji w Hanoi przechowało się kilka egzemplarzy. Drukowane na grubym papierze, w którym tkwiły źdźbła słomy, czasami były trudne do odczytania. Ale dla nas ta gazeta była czymś fantastycznym. W latach 1952–1953 wszystkie sprawy związane z ryżem były pierwszoplanowe. To ryż żywił naszych kombatantów pod Dien Bien Phu w roku 1954.

Pewnego wieczoru pracowałam właśnie na polu mojego szwagra, kiedy nagle usłyszałam wołanie: – Phuong, Phuong! – Był to Zoanh, przyjaciel mojego męża, który wrócił z Chin. Hoang polecił mu, by się dowiedział, co u mnie słychać. Wstydziłam się, że mnie widzi taką chudą i wyczerpaną. Ale zanim zdążyłam otworzyć usta, zasypał mnie pytaniami: – Co się z tobą stało, Phuong? Źle wyglądasz! Ja cię tutaj nie zostawię!

Szwagier i szwagierka wyszli z domu na podwórze, słysząc jego głos.

– Dlaczego tak ją traktujecie? Ona opuściła wszystko, co miała, aby przyjść tutaj. Sądziła, że znajdzie rodzinę, a wy zachowaliście się jak kryminaliści!

Pomimo protestów tej pary w ciągu następnej godziny opisałam mężowi wszystko, co się zdarzyło, zebrałam rzeczy, wzięłam za rączkę syna i odeszłam. Od dość dawna moje nowe przyjaciółki zachęcały mnie, bym zamieszkała z nimi w dużym budynku, niedaleko ministerstwa. Nadszedł odpowiedni moment, żeby to uczynić.

Sypialnie w tym budynku były spore: dla kobiet z jednej strony, dla mężczyzn z drugiej. Ale kiedy przybyłam tam z synkiem, od razu wydzielono dla nas kącik za pomocą przegrody bambusowej. Była tu wspólna kuchnia, posiłki spożywaliśmy wszyscy razem, rano bardzo wcześnie przed pójściem do pracy, potem około godziny jedenastej trzydzieści i o godzinie szóstej wieczorem. Jako wynagrodzenie otrzymywaliśmy równowartość jednego dolara miesięcznie lub pięciu franków francuskich; przysługiwało nam bezpłatne mieszkanie i wyżywienie. Jedyny obowiązek: osobiście odbierać przydział miesięczny dziesięciu kilo ryżu w magazynie za miastem, na ogół w niedzielę.

W ten dzień wyruszaliśmy grupą przeważnie dwudziestoosobową, ubrani jak wieśniacy, z kijami bambusowymi na ramionach, bez broni. Gdy przybywaliśmy do wsi, rozdzielaliśmy się po dwoje – troje i z nikim nie rozmawialiśmy. W oczach mieszkańców byliśmy wieśniakami z mniejszości etnicznych. Możliwie jak najprędzej zaopatrywaliśmy się w przysługujący nam ryż i wracaliśmy obładowani jak muły. Kiedy przechodziliśmy obok gospody, z której dolatywały nęcące zapachy, ulegaliśmy pokusie spożycia miseczki gorącej zupy z mięsem. Wyprawy po ryż były na ogół bardzo wesołe, nawet wówczas, gdy pojawiały się francuskie samoloty dokonujące lotów zwiadowczych. Na szczęście słychać je było z daleka i zawsze mieliśmy czas, żeby się ukryć w roślinach.

Ryż psuł się bardzo szybko w magazynach, gdzie temperatura dochodziła do czterdziestu pięciu stopni. Kiedy myliśmy ziarna, większość ich okazywała się pusta. Nie było jednak mowy o jedzeniu świeżego ryżu, zanim skończyły się zapasy starego.

Prawdziwym świętem dla nas były seanse filmowe. Po roku 1951 i otwarciu granicy chińskiej zaczęły do nas docierać wędrowne grupy kinowe. Ze względu na bezpieczeństwo zatrzymywały się daleko, na ogół o piętnaście kilometrów od siedziby organizacji konspiracyjnych. Ale wiadomość o ich przybyciu rozchodziła się błyskawicznie. Pozostawali trzy albo cztery dni w tym samym miejscu, co wieczór wyświetlając nowy film. Po skończeniu naszych zajęć szybko zbieraliśmy pnie bambusa, żeby zrobić z nich pochodnie nasycone naftą. Brałam na plecy synka i przywiązywałam go chustą. Na miejsce projekcji należało iść o zmroku. Ale nieważna była odległość, nieważne było nawet przekraczanie potoków i pokonywanie innych przeszkód, tak bardzo cieszyliśmy się perspektywą obejrzenia filmu. Seanse odbywały się w głębi lasów bambusowych, w otoczeniu licznych schronów. Przychodziło nie mniej niż sto osób: mieszkańcy okolicznych wiosek, żołnierze, ludzie ze wszystkich miejsc pracy. Ekipa projekcyjna rozpościerała ogromne prześcieradło między dwoma pniami drzew. Film wyświetlano w wersji chińskiej, ale zawsze znajdował się ktoś, kto tłumaczył tekst na wietnamski, mówiąc bardzo głośno, tak żeby wszyscy widzowie słyszeli. Temat był zawsze taki sam: biedne, maltretowane przez bogatych obszarników dziewczyny, które ocala nadejście wyzwoleńczej armii chińskiej Mao Tse-tunga. Reforma rolna zwraca dziewczyny ich ukochanym i zapewnia lepszą przyszłość. *Dziewczyna o białych włosach* była klasycznym utworem tego rodzaju. Historia ogólnie znana; niemniej za każdym razem słychać było płacz widzów. A kiedy obszarnik maltretował chłopów, zawsze jakiś żołnierz strzelał do ekranu. Gdy jednak strażnicy z obrony przeciwlotniczej wołali: *mai bai*, czyli „samoloty", wszystko natychmiast gasło i widzowie śpieszyli do schronów. Po filmie publiczność rozpraszała się bardzo szybko. Wracaliśmy zadowoleni, niosąc na plecach uśpione dzieci. Droga powrotna wydawała nam się krótsza, byliśmy bowiem zajęci komentowaniem filmu i spotkań z ludźmi należącymi do innych grup, którzy również przybyli na seans.

Pewną zmianą było obecnie to, że raz w miesiącu mieliśmy zebrania, na których tłumaczono nam sens naszej walki. Chodziło o udowodnienie nam, że kapitalizm jest okrutny, że wyzyskuje klasę robotniczą i że musimy go pokonać. Obecnie liczyła się tylko klasa robotnicza. Co miesiąc widzieliśmy nie wiem ilu komisarzy politycznych. Byli to ludzie pochodzenia chłopskiego, szorstcy i surowi. Zebrania trwały wiele godzin. Po wysłuchaniu wystąpień komisarzy należało z kartką w ręku opowiedzieć swój życiorys i dodać komentarz osobisty: co myślimy o własnej przeszłości. Mieliśmy dokonać samokrytyki i krytyki naszej klasy, a także uświadomić sobie własne błędy, których przedtem nie rozumieliśmy. Komisarze naciskali:

– Czy jesteś pewien, że wszystko dobrze zrozumiałeś?

– Tak, jestem pewien, że wszystko dobrze zrozumiałem.

I tak godzinami powtarzano to samo pytanie i odpowiedź.

W tym czasie po raz pierwszy widzieliśmy Ho Chi Minha. Mieszkał w małym domku na palach, pośrodku bambusowego lasu, z drugiej strony strumienia, niedaleko miejsca, w którym przebywaliśmy. W tej chacie, otoczony strażą, prowadził bardzo proste i uregulowane życie. Rano mył się w strumyku. Potem poświęcał godzinę na gimnastykę albo na grę w siatkówkę ze swoją ochroną. Następnie zarządzał zebranie polityczne i przyjmował gości. W każdą niedzielę małe grupki ludzi takich jak my przychodziły, aby go pozdrowić. Widząc go po raz pierwszy, doznałam wrażenia, że jest to mój wuj albo ktoś z najbliższej rodziny. Wszystko to, co o nim słyszeliśmy, nie miało związku z prawdziwą osobowością tego pięćdziesięcioletniego człowieka z małą bródką, o przenikliwym spojrzeniu, bardzo chudego, ubranego w strój mniejszości etnicznych, czyli w spodnie i bluzę brązowego koloru, w słynnych sandałach z opony kauczukowej. Palił papierosy jednego za drugim. Któryś z jego strażników przyniósł nam w naczyniu z terakoty znakomitą zupę ryżową, pachnącą imbirem. Ho Chi Minh miał dla nas wiele zrozumienia, był pełen troski, udzielał cennych praktycznych rad:

– W takich warunkach życia, jakie prowadzicie – mówił – bardzo ważne jest zachowanie czystości własnego łóżka. Myjcie się codziennie i dbajcie o czystość. Żeby uniknąć malarii, wieczorem warto jest palić zwiędłe liście; dym odstraszy moskity. – A po dwudziestu minutach, gdy mieliśmy odejść, dorzucił: – Uważajcie, żeby nie poślizgnąć się w strumieniu. A wy, dziewczęta, pilnujcie się, żeby nie zanurzać nóg w zimnej wodzie, zwłaszcza kiedy macie okres, bo jest to bardzo niezdrowe.

Rady te ogromnie mnie wzruszały, zwłaszcza że udzielał ich ten, który decydował o losie nas wszystkich. Pewnego dnia przybył do nas bez uprzedzenia.

– Wuj Ho przyszedł, wuj Ho jest z nami! – słychać było na podwórzu. Każdy biegł do swojego miejsca zakwaterowania, bo nigdy nie było wiadomo, kiedy wuj Ho dokona inspekcji. Ponieważ nie miałam szafy ani czasu na utrzymanie porządku, w naszym małym kąciku panował zawsze straszny bałagan. Chłopcy nigdy nie słali łóżek. Usłyszałam wołanie jednego z moich przyjaciół: – Phuong, pośpiesz się! Biegnij zrobić porządek! On już idzie! – Ledwie wpadłam do mojego pokoju, odwróciłam się. On był za mną.

– Trudno mi było sobie wyobrazić, że to miejsce mogliście doprowadzić do takiego stanu! – To nie był dobry wujaszek; krytykował, ale miał rację.

Nieco później zgromadziliśmy się wszyscy w wielkiej sali, jadalni, gdzie na środku stał duży bambusowy stół, a dwie kłody bambusowe służyły za ławki. Ho Chi Minh zauważył, że do jedzenia mamy tylko ryż z kilkoma listkami papai jako jarzyną. Usłyszałam, jak pyta mojego sąsiada:

– Czy to jest dobre?

Zagadnięty odpowiedział wystraszonym głosem:

– Och, to jest znakomite!

– Nie, moje dziecko, to wcale nie jest dobre. Kiedy widzę, jak to jecie, robi mi się bardzo smutno – powiedział nam Ho Chi Minh. – Ale żeby lepiej jeść, trzeba zacząć od tego, co macie w tej chwili. Zdobywamy gołymi rękami wolność naszego kraju. Z czasem trzeba się zatroszczyć o to, żeby jeść lepiej. Nie macie prawa myśleć, że wszystko dookoła już jest dobre! I nie ma potrzeby tego mówić.

Wszystko dla Dien Bien Phu

Od roku 1953 czuliśmy wyraźne zmiany w sytuacji. Drukarnie rozmieszczano poza obrębem grot. Pracowały one na pełnych obrotach, drukując ulotki i afisze. Nareszcie zaczęliśmy wychodzić z podziemia. Nie musieliśmy ubierać się tak jak ludzie z mniejszości etnicznych. Podczas przemieszczeń musieliśmy zachować czujność, choć spotykaliśmy się znacznie rzadziej z przejawem ludzkiej nieufności. – Jesteście z ruchu oporu – mówili zazwyczaj mieszkańcy. W całym regionie na miejscu zbombardowanych domów powstawały nowe chaty. Życie stawało się prawie normalne, chociaż trzeba było przywyknąć do odgłosu przelatujących samolotów. Ale dzięki informacjom, jakie do nas docierały, wiedzieliśmy, że zwycięstwo jest coraz bliżej. Francuzi nareszcie się cofali. Zaczęto zaopatrywać Dien Bien Phu. Magazyny ryżowe musiały być zapełnione. Rozstawiono w nich pułapki na szczury i rozsypano środki trujące szkodniki.

Codziennie otrzymywaliśmy w biurze wiadomości z różnych frontów. Wieczorami komisarz polityczny naszej organizacji robił zebrania, aby omówić sytuację. Na wielkiej mapie miniaturowe czerwone flagi na szpilkach wskazywały miejsca akcji bojowych, a małe karteczki zawierały informacje, ilu Francuzów zginęło. Atmosfera stawała się naelektryzowana. Nocą i dniem przechodzili w pobliżu ochotnicy, prowadząc rowery obciążone ładunkami ryżu dla frontu. Każdy region musiał dostarczyć określoną ilość ziarna. Wszyscy chłopi między osiemnastym a czterdziestym rokiem życia, ci, którzy nie byli na froncie, musieli pracować jako nosiciele. Zastanawiałam się, w jakiej mierze są oni ochotnikami. Ale kiedy nas pozdrawiali, przechodząc, widziałam na ich twarzach entuzjazm.

W magazynach ryżu setki osób spiesznie napełniały koszyki. Czy to pieszo, czy na rowerze, przemarsz był trudny i niebezpieczny. Kobiety niosły na plecach po dwadzieścia kilogramów ziarna i składały je w magazynach przyfrontowych. Wszyscy uwijali się jak mrówki. Sto kilo ryżu oraz porcja soli, łącznie dwieście pięćdziesiąt kilo – tyle mogły unieść rowery, przeważnie pochodzenia francuskiego: rowery „Manufacture de Saint-Etienne", wzmocnione dwoma solidnymi drążkami, z oponami owiniętymi szmatami albo słomą pozwalały przemierzyć setki kilometrów.

W ciągu kilku miesięcy atmosfera uległa dalszej poprawie. Skończył się ustawiczny lęk przed bombardowaniami i działaniem zdrajców. Panowało ogólne wrzenie. Artyści, muzycy, pisarze, dziennikarze – wszyscy chcieli iść na front, aby podtrzymać ducha walczących. Nocą przerzucano przez rzeki ruchome mosty. W dzień je zwijano, żeby ich nie wytropiły samoloty. Naprawiano drogi, by mogły nimi kursować pochodzące z Chin ciężarówki, które transportowały broń i amunicję. Pewnego ranka, kiedy jechałam rowerem, minęła mnie ciężarówka – pierwsza, jaką widziałam od dziewięciu lat. Zapach benzyny, który wciągnęłam do płuc, wydał mi się równie pociągający jak aromat perfum.

Ochotnicy przychodzili ze wszystkich okolic kraju, różnie ubrani. W drodze często śpiewali. Zdarzały się nieoczekiwane, wzruszające spotkania: Ojciec, od początku działający w ruchu oporu, nagle odnalazł syna, osiemnastolatka – teraz żołnierza – którego nie widział od dawna. Inny, który poszedł na wojnę trzy dni po ślubie – spotkał swoją żonę na skrzyżowaniu dróg; pracowała jako nosicielka w służbie transportowej. Spotykali się niespodziewanie twarzą w twarz przyjaciele, którzy niegdyś razem uczęszczali do szkoły. Pozbawieni wiadomości o swoich bliskich nagle się dowiadywali, co się z nimi dzieje. Po powrocie z Chin przyjechał mój mąż, aby spędzić ze mną wieczór i noc. Następnego ranka ruszył do Dien Bien Phu, gdzie dowodził batalionem artylerii. Zawsze powściągliwy i opanowany, z trudem ukrywał podniecenie. Dla niego również było to inne życie, które się zaczynało na nowo, jak przebudzenie po długim śnie.

Bardzo się o niego bałam, tym bardziej że wkrótce stwierdziłam, iż znów jestem w ciąży. Oczekiwałam drugiego dziecka. Każdego wieczoru przed zaśnięciem powtarzałam sobie:

– Abyśmy się wkrótce odnaleźli wszyscy cali i zdrowi. Abyśmy się wszyscy wkrótce odnaleźli...

Z jednej strony ogólny entuzjazm, z drugiej zaś – osobiste niepokoje każdego z nas. Wszystkie moje towarzyszki, które miały mężów żołnierzy, drżały o nich tak samo jak ja o swojego. Mimo że byliśmy przekonani o zwycięstwie, siły obu walczących stron wydawały nam się bardzo nierówne. Jak gdyby koniki polne atakowały słonia. Nie wiadomo dlaczego opóźniano wiadomości o śmierci poległych. Niektóre kobiety nie miały żadnej wiadomości dziewięć lat, i nieoczekiwanie ich mężowie wracali w dziesiątym roku. Hoang przybył jedyny raz z frontu z dwoma żołnierzami. Tego wieczoru wszyscy zebrali się wokół niego, aby wysłuchać najnowszych wiadomości. Opowiedział, że generał Giap rozkazał wciągnąć ciężkie działa artyleryjskie na okoliczne wzgórza, aby zablokować wyjścia z doliny. Nasz synek, dumny i szczęśliwy, stał u boku ojca. Ja również byłam dumna z męża. Nazajutrz Hoang powracał do Dien Bien Phu, wciąż straszliwie zmęczony, a zarazem szczęśliwy z powodu perspektywy następnego ojcostwa. Natomiast mnie skrytykował, usłyszawszy o sporach ze szwagierką. To mnie tak rozgniewało, że przez chwilę myślałam nawet o rozwodzie. Ale natychmiast sobie wyperswadowałam, że przecież on walczy pod Dien Bien Phu, że wraca prosto na front i nie potrafi niczego innego zrozumieć, co nie wiąże się z życiem żołnierskim i sprawami wojny.

„Wszyscy pracujemy dla Dien Bien Phu" – taki slogan powtarzano coraz częściej, w miarę jak zbliżała się ostateczna bitwa. W naszym instytucie także nie mówiono o niczym innym. Otrzymywaliśmy tylko osiem kilo ryżu na miesiąc, zamiast przysługujących nam trzynastu; pięć kilogramów przeznaczaliśmy dla Dien Bien Phu. Każdego dnia radioodbiornik zawieszony na zewnątrz przekazywał informacje o sytuacji na froncie. Wiedziałam, że mój mąż dowodzi jednostką artyleryjską na wzgórzu Geneviève, i byłam o niego bardzo niespokojna. W razie zwycięstwa, zapewniali nasi przywódcy, cały kraj będzie wolny. Po dziewięciu latach wojny. Nareszcie!

Pamiętam dokładnie moment, kiedy dowiedziałam się o zwycięstwie, 7 maja 1954. Byłam w drukarni i rozmawiałam z którymś robotnikiem. Nagle rozległy się przeraźliwe krzyki. Spiker w radioodbiorniku wołał na całe gardło:

– Stało się! Zwycięstwo! – Wybiegliśmy na zewnątrz.

– Zwyciężyliśmy pod Dien Bien Phu! – powtarzali ludzie, płacząc z radości. Tragarze porzucali rowery z ładunkami ryżu, aby wysłuchać komunikatów. Był to niewiarygodny widok! Jednym z naszych pierwszych zadań, kiedy już ochłonęliśmy, było wyprawienie w drogę nosicieli.

Zaraz potem musiałam dokończyć pracę nad naszą gazetą. Złożony wielkimi literami tytuł głosił: „Zwycięstwo pod Dien Bien Phu! Pokój powrócił! Niech żyje armia wietnamska!" Opublikowaliśmy dwa numery specjalne, w każdym zamieściliśmy artykuł przedstawiciela ministerstwa, który nawoływał: „Pozostańcie czujni!" Teksty owe mogłabym śmiało rzucić do ognia. Dla nas, którzy w ciągu dziewięciu lat nie przestawaliśmy być czujni, nie był przekonujący ten rodzaj argumentów.

Nikt nie dał się oszukać. – Zawsze ta sama piosenka – mówili ludzie. To była tak ogromna ulga: znaleźć się w warunkach pokoju i nie czuć strachu przed samolotami, że nie mogliśmy znieść najmniejszego zatruwania naszej radości. Pod koniec roku 1954 mój synek bawił się z dziećmi. Przeleciał nad nami samolot: dzieciaki obronnym ruchem zarzuciły ramiona na głowy. Nie mogły pojąć, że samolot leciał w celach pokojowych.

Po Dien Bien Phu postanowiono, że nasza organizacja powinna wrócić do Hanoi. Ministerstwo Finansów sporządziło listę, aby określić, kto i kiedy wraca: najpierw mężczyźni bez rodzin; kobiety z dziećmi na ostatku. Prawie trzy miesiące po zwycięstwie, 28 lipca 1954, urodziłam drugiego syna, Phuong, co znaczy tyle co „Kierunek"*. Wolałabym córeczkę, ale chłopczyk był uroczy. Moja druga ciąża przebiegła znacznie lepiej niż pierwsza. Czułam się doskonale aż do porodu. Tym razem rodziłam niedaleko Tuyen Quang, w prowizorycznym szpitalu, ale w warunkach prawie normalnych. Po porodzie odnalazłam starszego synka, którego powierzyłam sąsiadce należącej do jednej z mniejszości etnicznych. Pozostawało mi teraz oczekiwanie na przybycie męża. Większość ludzi, z którymi pracowałam, już odeszła. Domy opustoszały. Cała okolica zrobiła się pusta i ponura. Teraz każdy troszczył się tylko o siebie.

Wracając spod Dien Bien Phu, mój mąż wraz ze swoją dywizją artyleryjską został przegrupowany w pobliże Phu Tho, niedaleko Rzeki Jasnej. Kiedy przybył chińskim dżipem razem ze swoimi ordynansami, żeby nas zabrać, miałam czas, aby umieścić dzieci w samochodzie, pozbierać i zapakować kilka naczyń kuchennych, parę sztuk odzieży oraz koszyk z kilkoma kurami.

W Phu Tho mogłam odpocząć kilka tygodni.

Wieś znajdowała się na wzgórzach zwanych Go Gai, pokrytych polami herbaty. W tym czasie drzewka herbaciane kwitły, roztaczając delikatny, subtelny aromat. Wieczory spędzaliśmy z mężem na rozmowach o przy-

---

* Imię matki i syna wbrew pozorom nie jest identyczne. Xuan Phuong ma znaczek diakrytyczny nad literą „o", co nadaje słowu „phuong" znaczenie „feniks". Imię jej syna znaczy dosłownie „kierunek".

szłości. Sądziłam, że teraz, w czasie pokoju, nadal będę mogła pracować w Ministerstwie Finansów; Hoang pozostanie w wojsku jako oficer, ale będzie częściej wracał do domu, a może nawet z nami zamieszka. Wyobrażałam sobie życie bez nadmiaru trudności, sądziłam też, że będę mogła należycie wychować dzieci. Niemniej oboje z mężem mieliśmy wyobrażenia o przyszłości dosyć mgliste. Jak można było sobie wyobrazić to, co nadejdzie po dziewięciu latach walki spędzonych w dżungli? Najważniejsze, że przeżyliśmy i że wrócił pokój.

Hoang jest człowiekiem poważnym. Przypuszczam, że bardziej wierzył w naszą walkę niż ja. I pomimo swoich korzeni arystokratycznych pozostał w duchu wojskowym, powtarzając każdemu, kto chciał go słuchać:

– Chcę być żołnierzem aż po kres moich dni.

Niestety, po kilku tygodniach jego dywizja musiała się udać na inne miejsce postoju. Znów zostałam sama. Prędko powzięłam decyzję. Nie pytając nikogo, postanowiłam wyruszyć do Hanoi o własnych siłach. Miałam przed sobą dwieście kilometrów do przebycia na piechotę z sześcioletnim chłopczykiem i trzymiesięcznym niemowlęciem. Wcale mnie to jednak nie przerażało.

Szybko przygotowałam bagaże: kilka par spodni i już podartych bluzek; to, co potrzebne jest dzieciom; rondel. Przed pójściem spać zrobiłam kilka ciastek z mąki maniokowej i z jajek od moich kur. Chłopcy spali spokojnie. Zdrzemnęłam się obok nich, zasłuchana w szmery nocy.

O świcie byłam gotowa. Umieściłam na ramionach drążek bambusowy, na jednym jego końcu zawiesiłam koszyk z kurami i rondel, na drugim umieściłam ubrania i mojego synka w koszu. Niemowlę niosłam na biodrze. Ruszyliśmy w drogę. Starszy synek zwrócił się do mnie:

– Nie wracamy do naszego domku?

– Nie, kochanie, idziemy gdzie indziej. W takie miejsce, gdzie będzie dużo świateł.

– Ja chcę tu zostać!

– To niemożliwe, widzisz, nie ma już tutaj nikogo.

Mały zaczął płakać.

Aby znaleźć drogę prowadzącą do Hanoi, należało iść ścieżkami, które już znałam. Ale z takim obciążeniem nie mogłam iść szybko. Gdy poczułam zawrót głowy, zatrzymywałam się, aby wypocząć. Starszy synek, Phuoc, zjadł trochę ciasta, podczas gdy ja karmiłam piersią małego. W pobliżu płynął strumyk, była więc woda. Nie chciałam na razie nic jeść, bo nie wiedziałam, kiedy zdobędę następne pożywienie.

W lesie znalazłam jadalne korzenie, które ugotowałam w rondlu razem z pędami młodych bambusów. To było pożywienie na dalszą drogę. Po całym dniu marszu ciągle byliśmy w lesie. Gałęzie drzew posłużyły nam za schron podczas nocy. Lianami przywiązałam dzieci, żeby nie spadły na ziemię. Mimo zmęczenia nie mogłam zasnąć. Między drzewami widziałam kawałek nieba usianego mnóstwem gwiazd. Czy to wszystko kiedyś się skończy? O świcie zrobiło się bardzo zimno. Byłam już wyczerpana.

Kilka kilometrów dalej wyszłam z lasu na drogę. Po jej obu stronach były domy. Na pewno znajdę tu jakąś gospodę. Żeby skrócić czas poszukiwania, poprosiłam starszego synka, żeby czekał na mnie z koszykiem, a sama pośpieszyłam drogą, niosąc małego. Znalazłam gospodę. Widząc moje zmęczenie, para właścicieli zgodziła się przyjąć mnie na noc. Zostawiłam im niemowlę i wróciłam po starszego synka i kury. Na drugi dzień powtórzyłam ten sam manewr i tak postępowałam przez następne dni. Właściciele gospód dawali nam ryż, pozwalali się umyć, wskazywali miejsce, gdzie można się było przespać. Czegóż więcej można było żądać? Widząc mnie, każdy zdawał sobie sprawę, że jestem z ruchu oporu. Niektórzy czasem obawiali się ludzi uczestniczących w walce, ale ja w nikim nie budziłam strachu: wyglądałam jak wieśniaczka, wychudzona, w łachmanach, z dwojgiem dzieci, bezbronna i bez pieniędzy. Pewna starsza kobieta użaliła się nade mną i zaproponowała, że zaadoptuje mojego młodszego synka. Oczywiście podziękowałam i odmówiłam.

Kiedy po kilku dniach znalazłam się na głównej drodze prowadzącej do Hanoi, miałam nogi we krwi. Obok drogi zobaczyłam świątynię. Uklękłam: – Pomóż mi, Oświecony, już nie mogę dłużej! – Niemowlę spało w moich ramionach, starszy synek był u kresu sił, tak jak ja. Półprzytomna, weszłam z dziećmi do świątyni, położyłam się na podłodze i zapadłam w głęboki sen. Nie wiem, jak długo spałam. Nagle, jakby jeszcze przez sen, usłyszałam czyjeś słowa wymawiane ze śpiewnym akcentem, jakim mówią w Hanoi: – Widzicie tę biedną dziewczynę z dwojgiem dzieci? – Otwarłam oczy. Nade mną pochylało się kilka kobiet w eleganckich *ao dai*; na głowach miały turbany, każda nosiła biżuterię. Jedna z nich, która podeszła najbliżej, pachniała perfumami. – Dlaczego śpisz tutaj? – Nie byłam zdolna do odpowiedzi, zaczęłam szlochać. Inna z kobiet, ze wspaniałą fryzurą, chciała mi dać trochę pieniędzy. Odmówiłam: – Nie, dziękuję. Nie chcę nic. Należę do ruchu oporu i wracam do Hanoi. – Kobiety mnie otoczyły, aby wysłuchać mojej historii. Były to właścicielki sklepów z tkaninami w Hanoi. Korzystając z tego, że nastał pokój, wspólnie wynajęły duży samochód, aby przybyć do tej świątyni z podziękowaniami dla Buddy i z ofiarami, takimi jak: owoce, ciastka ryżowe i inne słodycze. Phuoc jadł bez opamiętania. Ja również się pożywiłam; zawdzięczałam to Buddzie. Dowiedziawszy się, że pracuję w Ministerstwie Finansów, kobieta, która chciała mi dać pieniądze, zaoferowała mi miejsce w samochodzie. Kiedy jej wspomniałam, że pochodzę z Dalat, przyjrzała mi się uważnie.

– Znałam pana Can, dyrektora szkół w Dalat – powiedziała.

– To mój ojciec!

W chwilę potem zdecydowano, że zamieszkamy u niej. W samochodzie było ciasno. Ale mimo hałasu silnika zasnęliśmy natychmiast – moi chłopcy i ja.

Ktoś potrząsnął mnie za ramię i obudził. Byliśmy na miejscu. Umieszczono nas w obszernym pokoju pełnym światła, z prawdziwym łóżkiem, z białymi prześcieradłami i z łazienką obok. Bez namysłu położyłam dzieci na łóżku i napełniłam wannę wodą.

Długo myłam się pachnącym mydłem. Kiedy wyszłam z łazienki, poczułam się lżejsza i młodsza. Podczas obiadu nasza gospodyni, pani Tung Hien, opowiedziała, że zaopatrywała się w tkaniny we Francji i że ze wszystkich stron Indochin przybywali klienci do jej sklepu. Na stole było co najmniej dziesięć potraw. Dookoła krzątali się służący gotowi na każde skinienie. Całkiem jak w dawnych czasach. Mój starszy synek, który nigdy wcześniej nie jadł takich specjałów, zawołał: – Niech żyje wieprzowina!

Nazajutrz nasza opiekunka przyniosła mi całą stertę ubrań. Musiałam wyperswadować jej zamiar sprowadzenia krawcowej dla mnie. Podczas pierwszych dni przebywałam w jej domu, nic nie robiąc.

– Możecie tu zostać tak długo, jak chcesz – powiedziała mi gospodyni. – Postawimy na stole dwie czarki więcej, położymy dwie pary pałeczek, i to wszystko.

Jej pracownicy – było ich około dziesięciu – przychodzili na posiłki wraz z rodzinami. Miała chorego męża, którego nigdy nikt nie widział, i czworo dzieci – dwóch synów i dwie córki; jedna z nich była chora na mongolizm. Rozmawiałyśmy otwarcie i szczerze. Zapewniła mnie, że przygarniając nas, poszła za głosem serca, bo wierzy, że każdy dobry uczynek bogowie wynagrodzą, może uzdrowią jej córkę. Nie była to kobieta wykształcona, mówiła słabo po francusku, ale uczynnością i dobrocią przypominała mi moją matkę.

– Czy sądzisz, że komuniści znacjonalizują mój sklep? – pytała mnie często. Ta ewentualność wydawała mi się niewiarygodna. Większość jej przyjaciółek wyjechała. Tuż po zwycięstwie rząd ogłosił, że kto chce udać się na południe kraju, może skorzystać z tej możliwości przez trzysta dni i wyjechać z całym swoim dobytkiem. Pani Tung Hien wolała zostać, głównie ze względu na chorą córkę. – Phuong, bardzo proszę, dowiedz się – nalegała – czy odbiorą mi sklep. Czy będę musiała iść jako służąca u kadrowców?

– Ależ skąd! Nigdy w życiu! – zapewniłam. Jak mogłabym przypuścić, że nadejdzie to, co miało nadejść?!

W Hanoi wszystko było dla mnie nowe. Po dziewięciu latach życia w górach, po wszystkich przygodach, kiedy pierwszego wieczoru poszłam na spacer z dziećmi, czułam się zupełnie obco. Elektryczność wydawała mi się czymś magicznym. Z niedowierzaniem patrzyłam na sklepy pełne produktów spożywczych. Dla ludzi, którzy nigdy nie żyli w mieście, przystosowanie się do tej egzystencji jest niesłychanie trudne. Bardzo trudne także dla nas, których stale przestrzegano przed zagrożeniami ze strony kapitalizmu: – Uważajcie na niebezpieczeństwo w opakowaniach cukru! – Niebezpieczeństwo w opakowaniach cukru – to miało uosabiać fałszywe atrakcje wielkiego miasta. Nic dziwnego, że niełatwo było o solidarność między ludźmi, którzy wracali z ruchu oporu, a mieszkańcami miasta, którzy go nigdy nie opuścili. Nie było wzajemnego zrozumienia. Mieszkańcy miasta obawiali się „dzikich", którzy zeszli z gór i dżungli. A z kolei przybyszów z gór długo paraliżował strach przed zjedzeniem cukru wziętego z niebezpiecznego opakowania...

Podczas pierwszych lat pokoju żyliśmy oddzielnie. Ludzie tacy jak my, mający za sobą ruch oporu, chodzili skromnie ubrani, w krótkich bluzach i zwykłych spodniach, w „sandałach Ho Chi Minha" z opon samochodowych albo drewniakach, które klekotały na chodnikach. Stałe mieszkanki Hanoi nadal nosiły *ao dai* z jedwabiu lub aksamitu.

Postanowiłam zgłosić się do Ministerstwa Finansów, które mieściło się w ogromnym budynku sąsiadującym z obecnym Muzeum Rewolucyjnym. Cały personel ministerstwa już wrócił. Dla mnie zarezerwowano nawet mieszkanie. Pokoje biurowe były ogromne, zachowało się piękne, dawne umeblowanie. W moim pokoju stał stół z orzechowego drzewa i szafa w stylu lat trzydziestych na dokumenty. Natomiast mieszkaniem, które mi przydzielono w dawnym magazynie opium, podzielonym na pokoje i położonym blisko ministerstwa, byłam przerażona.

Czternaście metrów kwadratowych, miniaturowe okienko; w pokoju trudno było oddychać.

W ministerstwie panowała napięta atmosfera. Były dwa rodzaje pracowników: ci, którzy jak my powrócili z dżungli, oraz inni, specjaliści od spraw finansowych, którzy woleli zostać na Północy, wierząc, że ich umiejętności i kwalifikacje będą potrzebne administracji Viet Minhu. Oni jednak byli traktowani odmiennie niż my i mieli mniejsze zarobki. Stosunkowo szybko większość ich opuściła ministerstwo.

Zgodnie z decyzją szefa stałam się odpowiedzialna za departament zajmujący się dokumentami osób nieobecnych, inaczej mówiąc – tych, którzy opuścili Północ, aby wyjechać do Sajgonu, albo dokumentami ludzi, których życiorysy nie były „czyste". Należało szukać początków ich biografii. W moim wydziale pracowało pięć osób, które zajmowały się dokumentacją. Musieliśmy stwierdzić, czy ci, którzy znikli, definitywnie wyjechali, czy nie, i ewentualnie wezwać ich, żeby zgłosili się do pracy. Oficjalnie departament ten nazywał się biurem sprawdzania personelu.

Wielkim świętem w Hanoi w roku 1955 był powrót żołnierzy z wojny. Ludzie wylegli na ulice: mężczyźni odświętnie ubrani, kobiety w barwnych sukniach, młode dziewczyny w białych. Wszędzie pełno kwiatów. Muzyka grająca na cześć bohaterów. Łzy na twarzach. Mam fotografię męża podczas tej defilady; przejeżdżał, stojąc w dżipie, oklaskiwany przez mieszkańców. Mój synek wśliznął się do pierwszego szeregu widzów, ale Hoang przejechał wyprostowany, nie dając synowi najmniejszego znaku, że go widzi. Dopiero pod koniec dnia mogliśmy się zobaczyć. Mieszkał w koszarach i stanowczo odmówił przyjścia do pani Tung Hien.

– Wciąż siedzisz u tej burżujki? Nie powinnaś tam pozostać dłużej! Musisz przenieść się do mieszkania, które przydzieliło ci ministerstwo – zażądał.

– W tym mieszkaniu nie ma powietrza – zaprotestowałam. – Nie można oddychać. Jest ciemne. Nie nadaje się dla dzieci. Jest niezdrowe!

Hoang pozostał niewzruszony:

– Phuong, dlaczego chcesz robić tak jak wszyscy? Nie idź tą drogą!

To miało znaczyć, że nie tylko usiłuję odróżniać się od innych, ale – co jest poważniejsze – że podlegam wpływom klasy burżuazyjnej.

– Nie jest tak, jak myślisz – powtarzałam bezskutecznie. – To są po prostu zwykli ludzie, którzy przypominają moich rodziców. Chciałabym, żebyś ich spotkał chociaż raz, żebyś mógł sobie wyrobić o nich opinię! Nic nie pomogło.

110

W ministerstwie kilkakrotnie dawano mi do zrozumienia, że powinnam opuścić mieszkanie pani Tung Hien. Ton tych sugestii był coraz bardziej natarczywy. Nie chciałam narażać się na to, żeby mnie zmuszono do przeprowadzki, obawiałam się zresztą, że sprawię przykrość mojej dobrodziejce. Powiedziałam jej tylko, że musimy się przenieść. Jeszcze raz przedtem wróciłam do pokoju, który przeznaczono dla nas w tym ogromnym budynku obok Ministerstwa Finansów. Izbę trzeba było oświetlać cały dzień lampą naftową. Ze ściśniętym sercem pakowałam swoje rzeczy. Dzieci płakały. Pani Tung Hien nie mogła zrozumieć, dlaczego nie mam wyboru. Jeden z jej służących zaniósł nasze bagaże do nowego mieszkania i szybko się oddalił. Zostałam sama z dwojgiem dzieci w ciasnej i dusznej izbie. Wkrótce u wejścia pojawiły się twarze ciekawych. To byli sąsiedzi pragnący zawrzeć ze mną znajomość. Kiedy otwarłam walizy, wszystkie ciuchy wydały mi się zbyteczne. Wolałam rozdać je innym, a oni skwapliwie skorzystali z okazji. Zostawiłam sobie dwa ubrania. To musiało wystarczyć.

Odtąd nasze życie rodzinne, łącznie z gotowaniem, toczyło się w tym kątku albo na podwórzu przy brzegu rowu, którym spływały ścieki. Nie mieliśmy mebli. Dwa worki jutowe położone na ziemi zastępowały łóżko. Kiedy mój trzymiesięczny synek zmoczył pieluszki, nie było gdzie ich wysuszyć.

Węgiel używany do gotowania wydzielał trujący czad, skonstruowałam więc małą kuchenkę na podwórzu, używając do tego papieru smołowanego i dwóch bambusów. Musiałam jednak uważać, aby dzieci nie było w pobliżu.

Dzień rozpoczynał się o godzinie piątej rykiem głośników ulicznych, które przekazywały najnowsze informacje. Na trzysta mieszkańców przypadał tylko jeden kran. Woda kapała z niego kropla po kropli, bo rury były stale zatkane. Pod rządami Francuzów Hanoi miało dwadzieścia tysięcy mieszkańców, natomiast obecnie liczyło ich pięćset tysięcy. A cała infrastruktura była w fatalnym stanie. Co dzień należało się spieszyć, aby nałapać wody do wiadra. Kolejka oczekujących do ubikacji zawsze była długa. Nieraz widziało się mężczyzn biegnących do WC w kalesonach. Kobiety rozpalały ogień w kuchenkach. Kiedy dzieci się budziły, ze wszystkich stron słychać było krzyk i płacz. Wewnątrz budynek był podzielony przegrodami z prętów bambusa. Miało się wrażenie, że jedni mieszkają u drugich. Nikt nie miał życia prywatnego. Do pilnowania porządku stworzono radę administracji budynku, składającą się z emerytowanego pracownika Ministerstwa Spraw Zagranicznych i czterech mężczyzn, z których dwóch miało zajmować się naprawami zepsutych urządzeń. Do komitetu należała kobieta, której jedynym zajęciem było szpiegowanie mieszkańców. Budynek miał formę litery U i liczył pięćdziesiąt pokoi takich jak mój. Każdego dnia przedstawicielka komitetu kontrolowała kilka pomieszczeń. – Co jedliście dzisiaj? – pytała, kiedy przychodziła do mnie. Nie czekając na odpowiedź, podnosiła pokrywę, która chroniła potrawy przed muchami. Pewnego dnia, kiedy z wielkim trudem kupiłam mięso bez kartek, zauważyła natychmiast, że jest go więcej niż sto gramów urzędowego przydziału. Stało się to przedmiotem donosu złożonego w administracji: „Dziś Phuong jadła więcej mięsa niż w inne dni". Nic nie umykało uwagi tej kobiety. Jakby dla rekompensaty mieliśmy wspaniałe opiekunki dzieci. Jedną z nich była moja sąsiadka, dzięki czemu uniknęłam wielu kłopotów. Karmiłam jeszcze piersią małego, miałam więc prawo do piętnastominutowej przerwy co trzy godziny. Moje biuro znajdowało się niedaleko; to był rzeczywiście moment odprężenia, kiedy spotykałam się z innymi kobietami, które też przychodziły karmić swoje dzieci. Kilka razy mój mąż opuszczał koszary i mieszkał z nami. Ale to nie trwało długo; dzieci płakały, wszędzie suszyła się bielizna, w izbie było duszno. Wyjeżdżał szybko i zostawiał mnie samą z dziećmi. Od czasu do czasu odwiedzałam panią Tung Hien, zawsze potajemnie. Gdyby wykryto, że odwiedzam kogokolwiek z klasy burżuazyjnej, miałabym wiele przykrości.

Oprócz pracy biurowej byłam zobowiązana do czuwania nad zdrowiem mieszkańców naszego budynku. Choć nie skończyłam studiów medycznych, zebrałam wiele doświadczeń podczas lat spędzonych w dżungli. Na skutek tego między biurem a domem byłam bez przerwy zajęta. Dzięki przekładom z francuskiego, które mi powierzano, zaczęłam po trosze zwiększać swoje dochody, co nieco poprawiało naszą egzystencję. Odnalazłam kilkoro moich dawnych przyjaciół szkolnych, którzy stali się teraz artystami albo pracowali w innych ministerstwach. Nasza grupa odżegnywała się od polityki. Niektórzy zajmowali stanowiska dość ważne, chociaż nie byli komunistami. Ale droga awansu zawodowego była przed nimi zamknięta. Nikt nikogo nie zmuszał, żeby zapisać się do partii, jednak partia nie rezygnowała nigdy z tych, którzy mogliby być jej członkami. Mieliśmy zawsze w pobliżu komunistę, który nas nadzorował, i nawet tego nie ukrywał. W ministerstwie partia co tydzień organizowała zebranie, z którego my, zbłąkane owieczki, oczywiście byliśmy wykluczeni.

W gronie przyjaciół często rozmawialiśmy o sztuce. Jeden z malarzy z naszego kręgu zaproponował pewnego dnia, abyśmy go odwiedzili, zachowując dyskrecję. Kiedy drzwi się za nami zamknęły, wydobył z ukrycia sporo obrazów. Były to akty kobiece, formalnie zakazane. Jeśliby je wykryto, artysta byłby uznany za dekadenta i postawiony przed sądem. Nierzadko spotykaliśmy się w niedziele na brzegu Małego Jeziora. Każdy przyprowadzał swoje dzieci. Spacerowaliśmy, jedząc lody. Podczas którejś przechadzki dowiedziałam się, że są prowadzone prace nad przekładem z francuskiego encyklopedii dzieł klasycznych literatury światowej. Powierzono mi opracowanie niektórych haseł do tej encyklopedii na literę „D". Praca była płatna. Ale z zarobku, który mi się należał, sześćdziesiąt pięć procent zabrał człowiek, który mi tę pracę zlecił, a mnie przypadła reszta – trzydzieści pięć procent. Oczywiście nie mogłam się sprzeciwić. Wieczorami, po wszystkich zajęciach domowych, po praniu i po wizytach u chorych w naszym budynku, pisałam tekst do encyklopedii na kiepskim papierze fioletowym atramentem. Młodszy synek spał wtedy na moich kolanach. W tym czasie starszy, siedmioletni, kleił koperty, które nam dawano z poczty. Były to koperty odpowiednio przycięte, należało je tylko zlepić. Za tysiąc sklejonych kopert dostawało się jeden *dong*. Często budziłam się w środku nocy z głową na papierach; synowie spokojnie spali: jeden u mnie na kolanach, a drugi z nosem utkwionym w kopertach.

Wszyscy ludzie, których znałam, żyli w podobnych warunkach. Pewne małżeństwo artystów, moi przyjaciele, wpadło na pomysł spożytkowania negatywów filmów, znalezionych w starym studiu francuskim. Robili z nich pocztówki. Inni znajomi, sprawniejsi fizycznie, zarabiali jako rikszarze, ale nielegalnie, bo byłoby to źle widziane. Jeszcze inni, którzy mieli odrobinę zdolności, haftowali ozdoby do ubiorów albo wykonywali trykotaże dla sklepów.

Hanoi stało się smutne. Kobiety nosiły czarne spodnie. Żaden inny kolor nie ożywiał ulic. Zresztą i tak nie było wyboru, tym bardziej że w tym czasie pojawiły się kartki na materiały włókiennicze. Jedna kartka na tkaniny i jedna kartka na żywność dla każdej osoby, również dla dzieci. Dla mojej rodziny miałam prawo do pięciu metrów tkanin rocznie; do tego dochodził przywilej specjalny dla uczestniczki ruchu oporu – dodatkowo dwa metry czarnego bawełnianego perkalu na spodnie. Mając jednak tylko jeden skromny zarobek na trzy osoby, nie mogłam sobie pozwolić nawet na wykupienie tkaniny, do której miałam prawo. Wolałam sprzedać kupon komuś bogatszemu, żeby mieć więcej pieniędzy na nasze potrzeby.

Po powrocie z ruchu oporu zostałam szczodrze udekorowana; otrzymałam Medal Ruchu Oporu, medal za pracę i inne odznaczenia. Ale to wszystko nic nie zmieniło w codziennym życiu. Dwanaście kilo ryżu, trzysta gramów mięsa, jarzyny, pół kilo cukru dostawaliśmy na miesiąc. Moje dzieci były zawsze głodne. Mój mąż przeważnie był nieobecny. Kiedy przyjeżdżał, jego żołd oficerski nie starczał nawet na jego wyżywienie. W ministerstwie dwa razy w tygodniu mieliśmy zebrania polityczne, na których omawiano przede wszystkim walkę klas. Stopniowo zdawałam sobie sprawę, że my, bezpartyjni, tworzymy rzeczywiście „boczną klasę". Dawniej w ruchu oporu wszyscy prowadziliśmy takie samo życie. Mieliśmy te same radości, te same smutki. Teraz najważniejsze posterunki, najważniejsze zajęcia i obowiązki były zarezerwowane dla członków partii. W konsekwencji wiele osób chciało za wszelką cenę zapisać się do partii tylko po to, aby objąć wyższe stanowisko. Całkiem inaczej uczył Ho Chi Minh: przynależność do partii nie oznacza zysków osobistych, lecz troskę o dobro publiczne. Odmiennie było w rzeczywistości, zwłaszcza w instytucjach takich jak ta, gdzie pracowałam, albo na innych kluczowych stanowiskach, gdzie musieli być tylko członkowie partii. W dodatku zostali oni wyznaczeni, żeby nas reedukować, nas – niekomunistów. Buntowałam się. Otaczali nas „opiekunowie", którzy ustawicznie nad tym czuwali, by wykorzenić z nas idee burżuazyjne. W biurze zawsze ktoś pojawiał się w czasie, gdy z kimś rozmawiałam, i podejrzliwie pytał: – Coś ty powiedziała teraz, Phuong? – W życiu codziennym każdy pretekst był dobry, by nie szczędzić nam uwag. Mój syn miał na sobie nową koszulkę, którą uszyłam mu z materiału otrzymanego od pani Tung Hien. Natychmiast dociekliwie pytano: – Gdzie znalazłaś ten materiał? – Na porządku dziennym zdarzały się scenki tego rodzaju. Nocą nieraz nagle się budziłam w poczuciu, że śni mi się coś złego. Atmosfera ustawicznej nieufności stawała się nie do wytrzymania, nie licząc innych przykrości i wyrzeczeń. Dwa lata z rzędu moje dzieci chorowały. Nie miałam nawet za co je wyżywić. Doszło do tego, że ścięłam i sprzedałam włosy. Spoglądając w lustro u kupca, który je nabył, stwierdziłam, że się zmieniłam, postarzałam. Starszy syn rozpłakał się, kiedy mnie zobaczył. – Daj spokój, nie płacz – pocieszałam go. – Tak będzie praktyczniej.

Nigdy nie myślałam, że okres pokoju stanie się tak trudny do życia. Dawniej chodziliśmy w łachmanach i to nam nie przeszkadzało. Tu, na ulicach Hanoi, należało troszczyć się o swój wygląd. Moi synowie w szkole musieli mieć przyzwoite ubrania, sandały, zeszyty. A na to wszystko potrzebne były pieniądze.

Jedyną przyjemnością i rozrywką, tak jak w dżungli, było kino w sobotnie wieczory. Wyświetlano filmy animowane dla dzieci oraz fabularne rosyjskie i chińskie, których treść tłumaczono. Co tydzień powtarzał się ten sam zwyczaj. Kupowałam bilety zawczasu, żeby mieć zapewnione miejsce. Przywdziewaliśmy najlepsze ubrania i szliśmy do kina. Nikt z nas nie myślał o codziennych przykrościach. Przed kinem zawsze stał sprzedawca napojów chłodzących. Szklanka oranżady na nas troje – to było wszystko, na co mogłam sobie pozwolić. Dzieci oznaczały na szklance: – Ty pijesz dotąd, a potem ty dotąd. – Reszta była dla mnie. Kiedy najmłodszy zaczynał, upijał trochę więcej niż my oboje, ale wobec perspektywy obejrzenia filmu nikt z nikim się nie kłócił.

W Bat Trang, dwanaście kilometrów od Hanoi, od XVI wieku produkowano tradycyjną ceramikę. W 1954 roku rząd wietnamski ogłosił, że czarki i inne naczynia kuchenne to przedmioty dla burżuazji. O wiele pożyteczniejsze dla narodu będą wyroby przemysłowe. Z dnia na dzień przestawiono się na produkcję izolatorów do linii elektrycznych. I prawie niemożliwe stało się kupienie naczyń stołowych. Za przekład artykułu zamówiony przez Ministerstwo Spraw Zagranicznych otrzymałam trochę pieniędzy i postanowiłam kupić miseczki dla całej rodziny. Poszliśmy do państwowego sklepu z mężem i dziećmi. Sprzedawczyni podsunęła mi komplet miseczek owiniętych wikliną. Na dwanaście cztery były wyszczerbione.

– Czy mogę otworzyć resztę pakietu, żeby sprawdzić, w jakim stanie są pozostałe naczynia?

– Jeszcze czego! Wybierać się zachciało! – wrzasnęła sprzedawczyni. – Bierzesz to, co jest, albo już cię tu nie ma! – I wypędziła nas ze sklepu, krzycząc: – Następny!

Mąż milczał, ponieważ nigdy nie odważył się krytykować rozporządzeń rządu. Ja dałam sobie spokój, zresztą zanim zdążyłam cokolwiek powiedzieć, sprzedawczyni głośno zapowiedziała:

– Tylko mi tu nie wracajcie, bo nic wam nie sprzedam!

Stwierdziwszy, że dyskutować nie ma sensu, zamiast wydać pieniądze na miseczki, poszliśmy do starej restauracji francuskiej „Bodega".

Co stało się z naszym krajem?

W roku 1955 zaczęły się przygotowania do przeprowadzenia reformy rolnej. W Ministerstwie Finansów tłumaczono nam, że nie należy pielęgnować w sobie mieszczańskich nawyków, że powinniśmy zachowywać się jak ludzie ze wsi. Aby tak się stało, najlepiej będzie popracować z wieśniakami. Ten ruch nazwano „Trzy Razem": razem pracować, razem mieszkać i razem żyć. Nie chodziło w tym wypadku o pracę poza miastem, przynajmniej na razie. Na miejscu wielkiego jeziora, położonego w południowej części Hanoi, postanowiono stworzyć „Park Zjednoczenia". Każdego tygodnia, razem z siedmioma pracownikami mojego wydziału w ministerstwie, poświęcaliśmy na ten cel dwa dni.

Kiedy przybywaliśmy nad jezioro, organizatorzy przydzielali nam motyki, łopaty i wiadra. Wiadra napełnialiśmy ziemią, którą wrzucano do jeziora. Tymczasem głośniki rozwieszone wokół ryczały: „Ekipa A wykopała tyle a tyle metrów kwadratowych ziemi. Każdy powinien iść za jej przykładem!" albo: „Jednostka C pracowała dzisiaj bardzo źle, nie wykonała nawet połowy normy!" Wtedy jednostkę C proszono o przyspieszenie pracy nad wykonaniem przewidzianego zadania. Między wrzaskliwymi komunikatami z głośników rozbrzmiewały piosenki sławiące wartość pracy fizycznej. W tych dniach nasze biuro było zamknięte.

Gdy jezioro zamieniło się w park, zabrano się do tworzenia innego jeziora w zachodniej części Hanoi. Codziennie odpowiedzialni za pracę przesyłali do Ministerstwa Finansów raport, w którym zawiadamiali, że taka a taka ekipa nie osiągnęła normy i tym samym nie szanuje pracy fizycznej. To był bardzo poważny zarzut. Każdy więc starał się za wszelką cenę osiągnąć przewidzianą normę.

I ciągnęło się to latami. Dwa wielkie jeziora przeobrażono w parki, inne jezioro stworzono od początku. Wszystko jedno, czy się było lekarzem, inżynierem, robotnikiem czy uczniem, należało podporządkować się tym zarządzeniom, które coraz bardziej przypominały roboty przymusowe.

Nasze dni były regulowane jak w wojsku. Wymarsz o godzinie szóstej rano szeregami sprzed ministerstwa – przedtem powierzałam moje dzieci sąsiadkom. Praca od siódmej do jedenastej. Posiłek dostarczany na miejsce zawsze był taki sam: ryż z sezamem i trochę mięsa lub ryby oraz herbata. Pół godziny odpoczynku; kładliśmy się na ziemi, gdzie kto mógł. Potem dalsza praca do godziny piątej. I wreszcie powrót do domu.

Ale na tym się jeszcze nie skończyło. Po pracach w mieście nastąpiła wersja „Trzy Razem" na wsi: była to wspólna praca z wieśniakami, jedzenie z nimi i spanie w ich domach. Znów powierzyłam dzieci przyjaciółkom sąsiadkom i udałam się do pewnej wioski, aby pomagać w żniwach. Była to dla mnie wielka premiera. Większość nas nigdy nie mieszkała na wsi.

Kiedy dotarłam do domu, który mi wskazano, miałam wrażenie, że wchodzę do tunelu. Było duszno i ciemno; jedyna lampka naftowa nie mogła oświetlić całego wnętrza. Izdebki były bardzo małe. A wprost miniaturowe były pomieszczenia dla kobiet; przez wąską szparę wpadała do izby odrobina światła, a maty leżały bezpośrednio na ziemi.

Dla chłopów przybycie mieszczuchów stało się nie lada gratką, ponieważ byliśmy darmową siłą roboczą. Swoje kartki na ryż – dwieście gramów dziennie – oddaliśmy gospodarzom, aby mieli nas czym żywić.

Rano pobudka o godzinie czwartej. Miseczka ryżu – i ruszaliśmy na pola razem z chłopami. Po wschodzie słońca temperatura szybko rosła do trzydziestu pięciu – trzydziestu siedmiu stopni. Woda na ryżowiskach błyskawicznie się nagrzewała i parowała, utrudniając pracę. Chłopi wielokrotnie pokazywali mi, jak się ścina ryż, ja jednak byłam do tego szczególnie niezdolna.

Każdy musiał zebrać do południa ryż z powierzchni około stu metrów kwadratowych. Widziałam, że niektórzy moi koledzy dają sobie radę. Mnie na to potrzeba by było trzech dni. Wieśniaczka, u której mieszkałam, patrzyła na mnie ze zdumieniem i niedowierzaniem: – Nigdy tego nie robiłaś? – Nie, nigdy tego nie robiłam, ale jeżeli masz ubrania do przeróbki, możesz mi je dać, chętnie się tym zajmę. – Zaproponowałam jej także uszycie spodni i bluzek dla całej rodziny. Tym sposobem bez kłopotu odrobiłam swoją część. Potem jednak należało ścięty ryż załadować na barkę i ciągnąć ją kanałem wodnym do oznaczonego miejsca. Kiedy wyszłam z wody, na nogach miałam pełno pijawek. Zaczęłam doceniać pracę chłopów. Około godziny piątej po południu przerywano robotę i szło się łowić ryby w licznych rozlewiskach. Nie umiałam tego robić, przydzielono mnie więc do czyszczenia ryb i ślimaków, które wyławiali inni. Jedna z wieśniaczek wrzucała to wszystko do wielkiego garnka osadzonego w ziemi, wsypywała sól, garnek otaczała trocinami i słomą, po czym podkładała ogień. W ciągu trzech godzin powstawała smaczna potrawa rybna, którą spożywało się razem z ryżem. Jeszcze dziś ten smak mam w ustach. Po skończonym posiłku, jeśli ktoś miał dosyć sił i odwagi, mógł się umyć w rozlewisku, które służyło też do prania i do płukania ryżu; kąpały się w nim również bawoły. Pierwszego dnia nie mogłam zdobyć się na wejście do tej wody, ale obrastałam brudem i ciało zaczynało mnie swędzić. Trzeciego dnia zanurzyłam się w wodę tak jak inni. Nie można się dziwić, że tak wiele jest przypadków dyzenterii i zapaleń spojówek – chorób, które nękają chłopów.

Mimo wszystko wieczory były przyjemne. Jedliśmy przy blasku księżyca na wielkiej macie rozpostartej pośrodku podwórza. Niektóre rodziny przynosiły lampy naftowe, żeby trochę rozjaśnić mrok, ale większość wolała oszczędzać naftę.

Po kilku dniach chłopi zaczynali rozmawiać z nami o swoim życiu. Pytali, jak mogliby poprawić swą egzystencję. Dzięki tym rozmowom zdaliśmy sobie sprawę, co znaczy nasza obecność w wiosce, a zwłaszcza nasze kartki na ryż. Okres przed żniwami jest dla chłopów szczególnie ciężki, gdyż „czas nowego ryżu jeszcze nie nadszedł, a ryż z zapasów jest już zjedzony". Kiedy brakuje ryżu, za pożywienie służy suszony maniok, ale ma on mniejsze wartości odżywcze.

Bardzo szybko nawiązaliśmy z wieśniakami prawie przyjacielskie stosunki. Ale nie zmniejszyło to mojej tęsknoty za dziećmi. Wiedziałam, że są pod opieką, lecz brakowało mi wiadomości od nich. Nie było poczty ani telefonu. Serce mi się ściskało, kiedy widziałam matkę, która trzymała w ramionach swoje maleństwo. Liczyłam dni do końca pracy na wsi.

Próbowaliśmy uczyć chłopów. Jednak po dniu ciężkiej pracy przeważnie byli oni tak zmęczeni, że zasypiali podczas lekcji. Musieliśmy się zadowolić uczeniem dzieci piosenek. Ho Chi Minh powiedział, że trzeba wygrać trzy wojny: wojnę z głodem, wojnę z najeźdźcą i wojnę z analfabetyzmem. Między rokiem 1954 a 1955 istniała wielka akcja przeciwko analfabetyzmowi. Żeby zlikwidować analfabetyzm na wsiach, stosowano nieraz metody wręcz poniżające. Na przykład u wejścia na targowisko stawiano bramę z poprzecznym drągiem zagradzającym przejście. Kiedy przychodziła wieśniaczka, polecano jej czytać kilka haseł wypisanych na drągu. Jeśli nie potrafiła, kazano jej czołgać się pod drągiem, aby mogła wejść na targowisko.

Powróciwszy do Hanoi, zetknęłam się na nowo z trudnościami życia codziennego. Gorzej niż przedtem znosiłam propagandę, którą atakowano nasze uszy zwłaszcza w biurze. W radiu w kółko powtarzano: – Chłopi są zadowoleni, ryżu przybyło. – Mieszkańcy miasta nie wiedzą, jakim nieludzkim wysiłkiem uzyskuje się plon ryżowy i jak mało mówią o rzeczywistości słowa wypowiadane w radiu. A sytuacja mieszkańców miast wcale nie jest do pozazdroszczenia. Dwanaście kilo ryżu na rodzinę miesięcznie plus pół litra słonawego sosu o dość osobliwym smaku – sos ten przypomina tradycyjny *nuoc mam*, ale nie jest tym sosem – kilo ryb zamrożonych, dostarczanych z Haifongu w bryłach lodu, które fatalnie rozcinał motyką sprzedawca: w bloku lodu były ryby bez głów lub głowy bez ryb, zawsze to jednak lepsze niż nic. Ponadto dwieście gramów mięsa i dwa kawałki sera sojowego. Spróbujcie ten skromny przydział podzielić na miesiąc, zwłaszcza że nie zawsze starczało pieniędzy na wykupienie wszystkich produktów. Jedynym sposobem, żeby dać sobie z tym radę, było stopniowe realizowanie przydziału. Jeśli sprzedawczyni w sklepie była życzliwa, potrafiła dorzucić do urzędowych dwustu gramów mięsa skrawek tłuszczu, a czasem nawet mały kotlecik. W domu topiłam tłuszcz, żeby mieć rezerwę. Mięso siekałam, dodawałam sól i przyprawy, między innymi kwasek cytrynowy, i stawiałam na ogniu, żeby ugotowane mogło starczyć na dwa tygodnie. Codziennie kupowałam jarzyny na zupę, do której dorzucałam łyżkę przyrządzonego mięsa, co dodawało jej nieco smaku. W ciągu piętnastu dni, kiedy zabrakło przydziałowego mięsa, kupowałam kilo ryby w postaci bryły lodowej. Rozpuszczałam lód ciepłą wodą, wyciągałam kawałki ryb, jak najdrobniej siekałam je nożem, nie miałam bowiem tasaka, po czym taki „rybny pasztet" smażyłam. Część ryb gotowałam w mocno osolonej wodzie, dzięki czemu mogłam przechować je przez kilka dni. Kiedy skończyły się ryby, przychodziła kolej na przydziałowy ser sojowy. Osmażałam go w resztkach tłuszczu mięsnego i taką potrawę spożywaliśmy przez trzy do czterech dni. W ten sposób zużywaliśmy zaopatrzenie przeznaczone na miesiąc.

Często trzeba było stać w kolejce, żeby wykupić przydziałowy ryż. Zazwyczaj pochodził on jeszcze z okresu wojny i do tej pory zachował się w magazynach. Mój szwagier, który został mianowany wiceministrem zaopatrzenia w ryż i produkty rolnicze, postanowił, że ryż i jarzyny będą dostarczane do każdego domu, by mieszkańcy nie musieli marnować czasu na chodzenie do sklepów. Sprzedawczynie przychodziły więc do naszego bloku, dostarczając nam przydziałowy ryż, słodkie pataty, maniok i rodzaj żółtego makaronu o gorzkawym smaku; był to makaron importowany z krajów socjalistycznych.

Za każdym razem, kiedy była dostawa makaronu lub ryżu, wówczas – nawet jeżeli trwało bardzo ważne zebranie, na którym omawialiśmy projekty zadań ogólnokrajowych – na sygnał: „ryż i makaron nadeszły" wszyscy opuszczali swoje biurka i biegli z workami tam, gdzie odbywała się sprzedaż. Od dobrego humoru sprzedawczyni zależało, czy dostaniemy smaczny, biały makaron, czy też przeterminowany i gorzki. Dzieci

uwijały się dookoła z miotłami, żeby zgarnąć najmniejsze okruchy i odpadki makaronu. Wszystkie te problemy zaopatrzeniowe niesłychanie
utrudniały nam życie.

Rano o godzinie ósmej po przybyciu do biura czytaliśmy w niewielkich grupach i komentowaliśmy dziennik partii „Nhan Dan", czyli
„Lud". Ale większość pracowników, wśród nich ja, nie słuchała tych
dyskusji. Myśleliśmy raczej, jak zdobyć jarzyny lub mięso. Jedynym
pożytkiem tych porannych lektur były informacje, co nowego przygotowuje dla nas partia.

O godzinie dziesiątej trzydzieści opuszczaliśmy biuro, aby kupić jarzyny, gdyż godzinę później na targu nie było już nic. Potem szliśmy do
domu, aby ugotować posiłek dla rodziny. Następnie wracaliśmy do pracy
aż do godziny piątej. Wtedy odbierałam dzieci ze żłobka i z przedszkola,
myłam chłopców i szykowałam kolację możliwie jak najszybciej, aby
oszczędzić na świetle elektrycznym. O godzinie ósmej trzydzieści chłopcy byli już w łóżkach. Mogłam wtedy zabrać się do pracy nad tłumaczeniami.

W tym czasie, gdy zapoznawaliśmy się z zaletami pracy fizycznej, na
szeroką skalę przeprowadzano nacjonalizację przedsiębiorstw prywatnych. Odbywało się to w sposób następujący: Rankiem upatrzeni ludzie
otrzymywali urzędowe pismo wzywające ich do stawienia się w komitecie
dzielnicowym. Tam czekali na nich robotnicy; byli to najczęściej mecha-
nicy naprawiający rowery, przeważnie niepiśmienni, natomiast niesłychanie podekscytowani zadaniem, jakie im powierzono. Oświadczali przyby-
szowi, że jego firma od tej chwili jest znacjonalizowana. – Już dość
czerpaliście zysków z waszego przedsiębiorstwa! Teraz nadszedł czas,
żeby skorzystali z niego ludzie pracy. My uczestniczyliśmy w ruchu oporu, wy nie. Rozumiemy się? Akceptujecie naszą decyzję? – Ci, którzy się
na nią nie zgadzali, mieli tylko jedno wyjście: wyjechać na południe Wietnamu, wykorzystując trwające jeszcze słynne „trzysta dni".

Trzy czwarte ludności Hanoi postanowiło opuścić miasto. Z dnia na
dzień opustoszały sklepiki, małe fabryczki, warsztaty, drukarnie, które
od tej chwili zarządzane były przez kadrowców niemających najmniejszego doświadczenia ani żadnych kwalifikacji, ale uznanych za godnych
zaufania, ponieważ należeli do klasy robotniczej. Pani Tung Hien została zmuszona do zamieszkania w jednym pokoju. Inne pokoje w jej
własnym domu zostały oddane biedakom z okolicy. Można sobie wyobrazić, jaką udręką był dla niej widok przemiany zadbanego domu

w brudną norę. Po inwentaryzacji towarów została zatrudniona w swoim sklepie jako sprzedawczyni pod kierownictwem funkcjonariusza służby handlowej rządu. Starałam się możliwie często przechodzić w pobliżu jej dawnego sklepu, wstępowałam tam, pytałam o cenę materiałów, jakbym zamierzała coś kupić. W rzeczywistości chciałam ukradkiem uścisnąć rękę pani Tung Hien, żeby wiedziała, iż o niej myślę. W zwyczajnej bluzce i spodniach, blada, wychudzona nie przypominała kobiety, którą przedtem znałam.

W tym samym czasie matka mojego męża, wykorzystując możliwości, jakie dawało „trzysta dni", przybyła z Hue do Hanoi, aby nas odwiedzić. Rzecz niewiarygodna: mimo arystokratycznego pochodzenia moja teściowa – Dang Thi Ngoc Do – otrzymała pozwolenie na podróż pociągiem i na spotkanie z rodziną. Jedna z sióstr męża mieszkała w Hanoi. Pewnego ranka jej siedmioletnia córeczka przyniosła mi liścik od matki z następującą wiadomością: „Starsza Siostro, nasza matka przyjeżdża jutro. Musisz należycie przygotować wasze mieszkanie na wypadek, gdyby chciała złożyć wam wizytę". Jak miałam przygotować się godnie na przyjęcie matki mojego męża, jeśli nigdy nie zostałam jej przedstawiona? Zresztą według naszych zwyczajów powinna była o swoim przyjeździe uprzedzić najstarszego syna, czyli mojego męża, zanim dała znać córce.

Po przybyciu do Hanoi teściowa zamieszkała w wielkim domu swojego zięcia i córki, niedaleko mnie. Pewnego wieczoru ujrzałam w drzwiach damę ubraną w *ao dai* z jedwabnego weluru, ze złotymi kolczykami w uszach. Wkroczyła jak królowa w towarzystwie szwagierki i rozejrzała się po izbie z pogardą.

– *O, là là*, co to za chlewik! Dlaczego nie mieszkasz w przyzwoitym domu jak moja córka? Gdzie jest twój mąż? Dlaczego nie mieszkacie razem? – Nie miałam ani chwili na zaprotestowanie, gdyż moja szwagierka zarządziła:

– Natychmiast poszukaj swojego męża!

Hoang znajdował się wówczas w Son Tay, około czterdziestu kilometrów od Hanoi, gdzie w szkole wojskowej był wykładowcą. Nie miałam wyboru. Nazajutrz o świcie, powierzywszy dzieci opiece sąsiadki, pojechałam rowerem do Son Tay. Tam musiałam czekać do wieczora, aż mąż wróci z ćwiczeń.

– Przyjechała twoja matka. Musisz natychmiast się z nią zobaczyć!

Nie wiem, czy feudalne pochodzenie jego matki sprawiło, że przepustkę otrzymał dopiero po dwóch dniach. Pamiętam jego spotkanie z matką.

121

Stał naprzeciwko niej nieruchomo, onieśmielony i zażenowany Nie rozumiałam dlaczego. Jeśliby to była moja matka, byłabym tak bardzo szczęśliwa, że mogę ją uściskać! Czyżby to był znowu rezultat walki klasowej? Po dziesięciu latach rozłąki ledwie odważył się rozmawiać z tą damą, jak z cudzoziemką o manierach arystokratycznych.

W czasie tej wizyty moja szwagierka mogła się przekonać, że nie jestem już młodą kobietą, wykonującą bez oporu jej polecenia. Postanowiła, że co wieczór mam zostawić dzieci w domu, a sama przyjść do niej i zajmować się teściową, między innymi robić jej masaże. Takie oto zadanie przypadało mi w udziale jako synowej. Wyraziłam energiczny sprzeciw.

– Nie mogę, nie mam nikogo do pilnowania moich dzieci! – Ciekawe, że w tym wypadku szwagierka nie nalegała.

Kilka dni później teściowa ponownie złożyła mi wizytę.

– Postanowiłam zabrać mojego wnuka do Hue – oznajmiła na wstępie. – Tam będzie żył w znacznie lepszych warunkach.

Zaprotestowałam z oburzeniem.

– Pani nie ma prawa!

– Dlaczego nie mam prawa?

– Może pani robić wszystko, co pani chce, z dziećmi swojej córki, ale nie z moimi.

– Jesteś komunistką! – krzyknęła teściowa.

– Nie, po pierwsze nie jestem komunistką, po drugie to nie ma nic wspólnego z moim synem. – Na te słowa matka męża wycofała się z miną wielce obrażoną.

W niedzielę poszliśmy do restauracji. Moja teściowa zaprosiła nas na śniadanie we francuskim luksusowym lokalu, położonym blisko Małego Jeziora. W stolicy działało jeszcze kilka takich lokali, które nazywano przeszłością drobnoburżuazyjną. Z tej okazji włożyłam liliową sukienkę, którą przywiózł mi z zagranicy jeden z moich przyjaciół ze Związku Pisarzy. Po latach spędzonych w spodniach sukienka wydawała mi się śmieszna. Moi chłopcy byli bardzo ładnie ubrani dzięki materiałom, które otrzymałam niegdyś od pani Tung Hien. Rozszerzonymi ze zdziwienia oczami patrzyli na stół pełen przysmaków. Potrawy chińskie, których dotychczas nie znali, na przykład gołąbki powleczone lakierem albo makarony sauté z owocami morza – wprawiły ich w zachwyt. Po posiłku udaliśmy się do zakładu fotograficznego, aby uwiecznić to rodzinne spotkanie. Potem mąż dał mi do zrozumienia, że najlepiej będzie, jeśli sama z dziećmi wrócę do domu. Chciał o przyszłości porozmawiać ze swoją matką w domu siostry.

Kiedy nieco później po południu wszyscy wrócili, mąż był bardzo milczący. Widząc, że niewiele wskóra, teściowa chciała przynajmniej dać mi pieniądze i dwie złote obrączki, żebym lepiej żywiła dzieci. Odmówiłam przyjęcia pieniędzy i upominków, które usiłowała mi potajemnie wręczyć. To było zbyt poniżające. Mąż mój, widząc, że się uspokoiłam, zaproponował, żebyśmy za kilka dni zaprosili matkę na posiłek u nas w domu.

Żeby ta uroczystość wypadła należycie, liliową sukienkę wymieniłam na targu na ryby i jarzyny. Oczywiście nie wchodziło w grę ugoszczenie całej rodziny męża na czternastu metrach kwadratowych, gdzie funkcję krzeseł pełniły taborety ze skrzynek. Teściowa była bardzo niezadowolona. Mąż nie odzywał się ani słowem. Widziałam, że jest rozdarty między powinnościami syna a obowiązkami męża i ojca rodziny. Teściowa wzięła miseczkę, którą syn napełnił jedzeniem, z taką miną, jakby chciała powiedzieć: „Przez litość dla ciebie jem to, co mi podajesz". Potem wstała i wyszła w towarzystwie syna. Jej odejście chłopcy przyjęli z ulgą; od razu rzucili się do stołu, zachwyceni ucztą. Nigdy więcej nie widziałam teściowej. Dowiedziałam się, że na zaproszenie Ministerstwa Spraw Wewnętrznych zwiedzała północny Wietnam, podróżując pociągiem w towarzystwie dwóch osób. Potem wróciła do Hanoi przed ostatecznym wyjazdem do Hue. Podczas jej pobytu nie udało mi się otrzymać żadnej wiadomości o moich krewnych z Hue. Rodzina męża nie chciała utrzymywać żadnych stosunków z rodziną mojego ojca, który choć był urzędnikiem wysokiej rangi, zdaniem teściowej zanadto się zeuropeizował.

Trzysta dni, podczas których granica między Północą a Południem pozostawała otwarta, to okres bardzo osobliwy. Spośród moich towarzyszy z ruchu oporu tylko niewielu zdecydowało się na wyjazd. Ci, którzy zamierzali opuścić Hanoi, postępowali niezwykle dyskretnie, żeby policja się o tym nie dowiedziała. Były spotkania pożegnalne, bardzo wzruszające, połączone z wymianą drobnych upominków. Wyjeżdżali przede wszystkim katolicy. Przed opuszczeniem miasta za bezcen sprzedawali meble i wyposażenie domów. Przed niektórymi budynkami piętrzyły się sterty cennych przedmiotów. Widok był smutny. Oglądaliśmy wiele pięknych rzeczy, ale brakowało nam pieniędzy, żeby cokolwiek kupić. Między Hanoi a Hajfongiem – był to port, z którego odpływali wyjeżdżający – tworzyły się nieskończenie długie karawany samochodów i wyładowanych riksz. Na pobocza drogi wyrzucano różnego rodzaju przedmioty, zbyt ciężkie albo zbyt duże, aby je zabrać. Opuszczone domy w mieście rząd natychmiast zajmował. Teoretycznie przez dwa lata po zjednoczeniu można było powrócić i odzyskać swoją własność. W rzeczywistości wkrótce po odjeździe właścicieli ich domy zostały zajęte przez liczne rodziny; najpiękniejsze budynki przydzielano wysokim funkcjonariuszom.

W ciągu tych trzystu dni można było kupować kartki pocztowe, aby je wysłać do rodziny na Południu. Większość ludzi wolała się jednak od tego powstrzymać, aby nie ryzykować podejrzeń o szpiegostwo. Toteż szybko te kartki zniknęły z obiegu. W niedługim czasie nastąpiło całkowite zerwanie więzi między Północą a Południem. Nie miałam żadnej wiadomości o mojej rodzinie na Południu aż do roku 1958. Wtedy My Dung, inna siostra mojego męża, poślubiła Francuza, doradcę króla Kambodży Sihanouka. Mogły więc kursować listy z Sajgonu do Phnom Penh i z Phnom Penh do Hanoi. Ale przez dziesięć lat otrzymałam tylko dwa lub trzy takie listy. Mój szwagier ograniczał się do słów: „Są informacje od Twojej rodziny". Nie było pożądane rozgłaszanie wiadomości o moich kontaktach. Gdyby Amerykanie dowiedzieli się, że moi rodzice mają córkę na Północy, niewątpliwie ściągnęłoby to na nich wiele przykrości. I odwrotnie – jeśliby ktokolwiek wiedział, że utrzymuję kontakty z rodziną na południu Wietnamu, mogłoby to być dla mnie bardzo niebezpieczne.

Reforma rolna

W roku 1955 rozpoczął się nowy etap reformy rolnej; celem jego, według partii, było przekazanie ziemi chłopom, czyli miał się dokonać akt sprawiedliwości społecznej.

Po znacjonalizowaniu miast zabrano się do obszarników. Należąc do tak zwanej klasy niepewnej, czyli inteligencji, zostałam skierowana do jednej z pierwszych ekip, które miały realizować reformę. Wyznaczono mi wioskę odległą o sto dwadzieścia kilometrów od Hanoi. Miałam tam pracować z pięcioma lekarzami: dwaj z nich uczyli się medycyny tak jak ja w dżungli, a trzej – to wykwalifikowani lekarze wojskowi, kształceni w czasach Francuzów. Każdy udawał się do tej wsi na własną rękę. Nie pamiętam, czy dotarłam tam pieszo, czy na rowerze. Kiedy przybyłam, doznałam wrażenia, jakbym się znalazła w martwej okolicy. Żaden pies nie szczekał, nigdzie nie zapiał kogut. Chłopi nie ośmielali się na nas spoglądać. Mieliśmy się zebrać w miejscowej pagodzie. Wieczorem byliśmy już w komplecie.

Szefem naszej grupy został okulista, jeden z dwóch lekarzy, którzy uczestniczyli w ruchu oporu. Noc spędziliśmy w pagodzie. Rankiem zgłosiliśmy się do miejscowej *doi*, czyli przedstawicielstwa władzy kierującej działalnością grupy, która realizowała reformę rolną. Jak to będzie? Nie ośmielaliśmy się o tym rozmawiać nawet między sobą. W domu jednego z wieśniaków, na wspaniałym łożu z drzewa tekowego, bez wątpienia pochodzącym z siedziby jakiejś bogatej rodziny, królowała ogromnego wzrostu kobieta. Mówiła po wietnamsku w sposób trudny do zrozumienia, a jej akcent zdradzał, że pochodzi z jakiejś mniejszości etnicznej. Kiedy się uśmiechnęła, zobaczyliśmy, że ma wszystkie zęby złote.

– Przyjechałam z Cao Beang, należę do mniejszości tay – wyjaśniła. –

Wyznaczono mnie na szefa grupy, która będzie wprowadzała reformę rolną. W każdej wiosce są obszarnicy, którzy od dawna wyzyskiwali chłopów. To nie może trwać dłużej!

Jak się okazało, jej zadaniem było znalezienie we wsi trzech lub czterech obszarników. To nie było łatwe, ponieważ nikt tu nie znał żadnego obszarnika. Sposób działania okazał się jednak prosty: trzeba było wypatrzyć najuboższe chaty, znaleźć najbiedniejszych wieśniaków, tych, których pospolicie nazywano korzeniami, i polecić im, by pomogli w wytropieniu bogaczy. Tymczasem w tak bardzo biednej wsi w ogóle nie było bogaczy. Najwyraźniej nasza rozmówczyni nie mogła wykonać powierzonego jej zadania.

– Jesteście przecież inteligentami – powiedziała. – W przeszłości mieliście dobre, wygodne życie, podczas gdy my byliśmy wyzyskiwani. Pozwolimy wam zrozumieć, co to jest reforma rolna i dlaczego należy bez litości likwidować obszarników. – Mówiąc, coraz bardziej się podniecała, podnosiła głos aż do krzyku, strofując nas, jakbyśmy byli jej służącymi. Sterroryzowani, zebraliśmy się w kącie izby, obawiając się, że choćby jedno słowo protestu z naszej strony narazi nas na więzienie albo egzekucję.

Gdy szefowa grupy zakończyła swoje wywody, zaprowadzono nas do jednego z najuboższych domów w wiosce. Należał on do pijaka, w dodatku niesamowitego brudasa. Po uprzątnięciu miejsca do spania w tej norze zaczęliśmy się zastanawiać, co będziemy jeść. Chłop, do którego należała chata, nie miał nic. I myśmy nic nie mieli. Jeden z nas poświęcił się i poszedł odszukać przedstawicielkę władz; zgodziła się przydzielić nam po dwieście gramów ryżu na osobę. Chłop nas obserwował, gdy gotowaliśmy jedzenie. Napełniliśmy również jego miskę. Wtedy usiadł obok i jadł razem z nami, nie odzywając się ani słowem.

O świcie następnego dnia przedstawicielka władz zarządziła apel. Było nas razem dwadzieścioro dwoje. Podzielono nas na kilka mniejszych grup. Każda grupa musiała znaleźć bogatą rodzinę. To był rozkaz. Na szczęście nasz pijak był absolutnie niezdolny do wskazania nam kogokolwiek. Ale inne grupy znalazły jeden czy dwa rzekomo bogatsze domy i mogły przedłożyć raport: „Znaleźliśmy dom pana X, który ma tyle a tyle hektarów ziemi; znaleźliśmy także dom pana Y i pana Z". Potem szef grupy zdał sprawozdanie zwierzchnictwu, czyli radzie reformy rolnej na szczeblu powiatu. Rada osądzała, którego z obszarników należy zaatakować. Powoli zaczęliśmy rozumieć, o co chodzi.

Po trzecim dniu nie mogłam w nocy zasnąć. Rankiem byłam w stanie krańcowego wyczerpania fizycznego i psychicznego; ogarniał mnie wstyd, że uczestniczę w tak absurdalnej sprawie. Zarazem miałam świadomość, że czeka nas coś jeszcze gorszego. O świcie mieszkańców wsi zgromadzono na wielkim dziedzińcu przed pagodą. Przedstawicielka władz stała wyprostowana pośrodku, a my wokół niej. Wieśniacy rozsiedli się na ziemi. Nagle pojawili się dwaj młodzi chłopcy z bronią, prowadząc na powrozie dwóch mężczyzn ze związanymi rękami. Przedstawicielka władz krzyknęła: – Precz z wyzyskiwaczami! – Chłopi odpowiedzieli chórem: – Precz, precz! – Dała nam znak, żebyśmy się przyłączyli do chóru, ponieważ wszyscy patrzyli na nas. Krzyknęliśmy również: – Precz! Precz! – Nieszczęśliwcy, którym towarzyszyły rodziny, musieli się odwrócić twarzą do tłumu. Byli to ludzie już niemłodzi, którzy niczym – ani wyglądem, ani zachowaniem – nie różnili się od innych mieszkańców wsi. Asystowałam pięć lub sześć razy w tak osobliwym procesie i nigdy nie zapomnę przerażonego wzroku oskarżonych. Przedstawicielka władz krzyknęła do jednego z nich:

– Teraz ty opowiedz o zbrodniach, jakie popełniłeś, gdy byłeś obszarnikiem!

– Ale ja nie jestem żadnym obszarnikiem – zaprzeczył mężczyzna.

– Precz! Precz! – wrzasnęła znowu przedstawicielka władzy. Tłum wrzeszczał razem z nią. – To zdrajca, to reakcjonista! Nie chce powiedzieć nam prawdy, jak szpiegował i wyzyskiwał ludzi. Za to, co robił, musi teraz związany stać w największym słonecznym upale!

W tym momencie stało się coś przerażającego. Nieszczęśnik zaczął mówić nie wiadomo co.

– Tak, prowadziłem życie uprzywilejowane! Najmowałem ludzi do pracy, wyzyskiwałem ich. Płaciłem bardzo nędznie!

I oto podniosła się z miejsca młoda wieśniaczka.

– Czy mnie sobie przypominasz? Kiedyś przyszedłeś do mnie i zgwałciłeś!

Mężczyzna nie miał czasu zaprotestować, gdyż natychmiast podniósł się ogólny krzyk: – Reakcjonista, reakcjonista!

Mężczyzna załamał się i szlochając, wyznał:

– To prawda, ja cię zgwałciłem!

– Mnie też zgwałciłeś! – odezwała się inna młoda dziewczyna.

Nie mogłam tego wytrzymać. Zamknęłam oczy. – Patrz na to! – wrzasnęła przedstawicielka władz, która nieustannie nas obserwowała, śledząc nasze reakcje. Chłopi patrzyli na nas wrogo. Gardzili nami, dlatego że byliśmy inteligentami i dlatego że uczestniczyliśmy w realizacji reformy rolnej. Ta reforma miała nas również odmienić. Przedstawicielka władz wołała: – Mamy tu przed sobą pana X, który zgwałcił dwanaście kobiet! – Z kolei wystąpił inny wieśniak, zanosząc się od płaczu: – Pamiętasz ten dzień, kiedy mi powiedziałeś, że nie oddałem ci należnego ryżu? Zmusiłeś mnie, żebym położył się na ziemi, i przycisnąłeś kij do mojej szyi, żebym nie mógł oddychać. Pamiętasz to czy nie? – Już nic więcej nie wiem – odparł oskarżony.

– Ach, więc ty nic więcej sobie nie przypominasz? To najłatwiejsze. Precz! Precz! – Obaj nieszczęśliwcy ostatecznie przyznali się do wszystkiego, co im zarzucano.

Wieczorem podniecenie tłumu osiągnęło punkt kulminacyjny. W pewnej chwili przedstawicielka władz wśród nagle zapadłej ciszy ogłosiła wyrok: – Kara śmierci! – Ludzie znów zaczęli krzyczeć: – Brawo! Brawo!

Ta straszna scena trwała cały dzień i nikt nie ośmielił się odejść choćby na chwilę, tak dalece nienawiść zaślepiła ludzi. Myślałam wtedy o wszystkich organizacjach podziemnych, które podczas wojny pracowały dniem i nocą w tych samych prowincjach, aby oświecać wieśniaków i zachęcić ich do powstania przeciwko Francuzom. Myślałam o tych organizacjach, bez których nigdy nie osiągnęlibyśmy takiej mobilizacji dla frontu. Od czasu ogłoszenia reformy rolnej te same organizacje były uznane za reakcyjne i stopniowo rozwiązywane. Niektórzy członkowie partii komunistycznej, należący niegdyś do tych organizacji, byli oskarżani o przekonania reakcyjne, skrywane pod pozorami poglądów komunistycznych.

Tej nocy nikt z naszej grupy nie zmrużył oka. Nie odważyliśmy się zamienić choćby jednego słowa w obawie, że przedstawicielka władz usłyszy je i oskarży nas o konspirację. Gdy nadszedł dzień, dwaj „osądzeni” mężczyźni na oczach zgromadzonych mieszkańców wsi zostali zabici przez młodych chłopców.

Wkrótce potem w innej wsi, gdzie przedstawicielką władz również była kobieta, musieliśmy asystować przy egzekucji człowieka, który miał nieszczęście przyjechać do wsi, żeby zobaczyć, co się tu dzieje. Tak zwany obszarnik dawno temu przeniósł się do Hanoi, tam mieszkał i zarabiał. W latach panowania Francuzów miał pięć taksówek, które obsługiwały trasę między Bac Ninh a Hanoi. Człowiek stosunkowo zamożny, ale w żadnym wypadku nie obszarnik. Według okrzyków tłumu nie dość, że był bogaty, to jeszcze zgwałcił nie wiadomo ile kobiet. – Reakcjonista!

Reakcjonista! – wrzeszczeli ludzie. Nie miał żadnych szans ucieczki. Kiedy nadszedł moment egzekucji, młodzi chłopcy, którzy mieli wykonać wyrok, chcieli zawiązać mu oczy. Ale skazany odmówił: – Nie, chcę widzieć aż do końca ten nikczemny mord. Jestem pewien, że kiedyś za to odpowiecie! – zawołał. W ostatniej chwili z ust jego padły jeszcze słowa: – To hańba! Precz z komunizmem! – Chłopcy oddali strzały, ale niezręcznie i tylko ranili skazanego. – Gówniarze, łajdaki! Nie umiecie nawet zabijać. Strzelajcie tutaj! – wskazał serce. Tłum nagle się uspokoił i dziwnie wyciszył. Padła nowa seria strzałów. Ale skazany jeszcze żył. Z jego ciała tryskała krew; drapał ziemię palcami. Odwróciłam wzrok. Ktoś krzyknął: – Zostawcie, niech zdycha ten wściekły pies! – Tłum czekał, jak podczas spektaklu, aż do chwili zgonu skazanego. Ten koszmarny widok długo potem prześladował mnie w snach.

Czemu miały służyć lata spędzone w ruchu oporu, lata trudu i wyrzeczeń? Żeby się działo coś tak potwornego? Co się stało z naszymi pięknymi ideałami?

Nazajutrz rankiem o godzinie ósmej musieliśmy asystować przy pogrzebie ofiary. Rodzina rozstrzelanego przywiozła trumnę. Czterech starców na miejscu straceń włożyło ciało zabitego do trumny. Twarz zakryli skrawkiem tkaniny, aby ukryć straszliwy grymas przedśmiertny. Potem zamknięto trumnę. Starcy ją ponieśli, zmieniając się, gdy któryś się zmęczył. Szliśmy za nimi. W pewnej chwili usłyszałam, że jeden z mężczyzn modli się, aby zmarły spoczywał w pokoju. – Towarzyszu, ten człowiek się modli. Powiedział: precz z rządem! – zawołał któryś z uzbrojonych chłopaków. – Ty coś mówiłeś? – spytała przedstawicielka władz. – Nie, towarzyszko, modliłem się za jego duszę. – To znaczy, że się jeszcze nad nim litujesz? – Zatrzymano procesję. Przedstawicielka władz szczekała jak wściekły pies: – Litujesz się? Jeszcze się nad nim litujesz! – Stary człowiek pochylił się w niskim pokłonie. – Proszę o wybaczenie; niosąc zmarłego, zawsze modlimy się za jego duszę. – Następnym razem każę ci uciąć język! – Procesja ruszyła dalej, tym razem w zupełnej ciszy. Po przybyciu na miejsce pogrzebu, na polu należącym do zmarłego, starcy musieli wykopać dół, umieścić w nim trumnę i natychmiast ją zasypać ziemią.

Codziennie głośniki w Hanoi oznajmiały o postępach w reformie rolnej. Wkrótce nikt przed tym nie uciekł. Nawet mój szwagier, wiceminister pochodzący tak jak Ho Chi Minh z wielce patriotycznej prowincji Nghe An, nie uniknął represji. Jego rodzice zostali skazani na śmierć. Ojciec mojego przyjaciela Nama, posiadający piękny dom i kilka hektarów ziemi, był sądzony we wsi jako obszarnik. Uszedł z życiem, oddając wieśniakom dom i wszystko, co się w nim znajdowało, oraz ziemię. Umierał z głodu w nędznej chacie. W tym czasie Nam był w Hanoi. Nie mógł interweniować, aby pomóc ojcu, gdyż za to groziła kara śmierci. Ojciec Vieta, posiadacz dwustu hektarów ryżowisk, został skazany na śmierć i prawdopodobnie rozstrzelany. Przynajmniej umarł szybko, nie konał z głodu. We wsiach mnożyły się denuncjacje. Każdego dnia słyszeliśmy o nowych egzekucjach. Mieliśmy wrażenie, że asystujemy przy jakimś koszmarnym przedsięwzięciu, mającym na celu totalną destrukcję kraju. Nawet dawni patrioci, członkowie ruchu oporu, przywódcy kraju byli oskarżani o poglądy reakcyjne. Rządy objęła nowa ekipa, ludzie ograniczeni i okrutni, którzy ślepo wykonywali rozkazy przesyłane nie wiadomo przez kogo i nie wiadomo skąd.

To szaleństwo trwało dwa lata, aż do chwili kiedy skazano rodziców jednego z najwybitniejszych przywódców Zgromadzenia Narodowego. W tym momencie cały ten ruch wymknął się spod kontroli i to wreszcie zaalarmowało Komitet Centralny. Nie wierzę, żeby w Komitecie nie wiedziano wcześniej o tych okrucieństwach. Ale bardzo długo – zbyt długo – nie chciano zwracać uwagi na alarmy. A straty były już nieodwracalne. Morale ludzi gwałtownie się obniżyło.

Od czasu nacjonalizacji poziom życia znacznie się pogorszył. Najlepsze sklepy zostały zamknięte. W tych, które zostały upaństwowione, jakość towarów była żałosna. Służby zaopatrzeniowe w restauracjach otrzymały zakaz podawania prawdziwej zupy *pho* pod pretekstem, że jest to marnotrawstwo ryżu.

Zupa, którą teraz oferowano w restauracjach i stołówkach, gotowana była na makaronie z na wpół zgniłego ryżu, dodawano do niej odrobinę łykowatego mięsa i niesmaczny bulion. Trzeba było stać w kolejce, żeby ją kupić. Często kobieta, która nalewała taką polewkę, chlustała nią tak, że oblewała kupującego.

Żeby zapobiec kradzieżom łyżek w restauracjach i stołówkach, przebijano w łyżkach dziurki. Trzeba było bardzo szybko jeść zupę, bo wyciekała przez otwory. Pałeczki nigdy nie były myte, a stołów nie uprzątano. Od tego czasu, jeśli się chciało określić coś niedobrego, mówiło się: „To jest tak wstrętne jak zupa państwowa". I tak dobrze, jeśli miało się na nią dość pieniędzy. Drobni wędrowni kupcy nie mieli prawa sprzedaży *pho*. Mogli tylko oferować zupę z makaronem zrobionym z mąki ziemniaczanej. Na szczęście mieszkańcy Hanoi są za bardzo sprytni, żeby zbyt długo dać się oszukiwać.

Stopniowo nauczyliśmy się omijać zarządzenia. Żeby zmylić kontrolę, uliczni kupcy na wierzchu trzymali koszyczek z „urzędowym" makaronem, a pod nim schowaną prawdziwą zupę *pho*, prawie tak samo smaczną jak niegdyś i odrobinę tylko droższą niż urzędowa. Każdy miał swoje sztuczki. – Chciałbym miskę zupy z makaronem z ziemniaczanej mąki – te słowa mówiono głośno w obawie, że mogą być w pobliżu kontrolerzy handlu państwowego. Kupiec rozumiał natychmiast. Należało tylko szybko zjeść „prawdziwą" zupę, żeby przypadkiem nie zauważył jej kontroler. Wtedy bowiem ulicznemu handlarzowi groziłaby konfiskata całego towaru i byłby też narażony na inne przykrości.

Na ulicach pojawiły się wołgi, którymi jeździli ważni działacze partii, dżipy rosyjskie, chińskie albo rumuńskie; bardzo mało było rowerów. W ubiorach dominował kolor wojskowy. Kadrowcy nosili czarne spodnie i białe koszule, wojskowi – mundury khaki, większość ludzi – czarne spodnie i brązowe bluzy. Rzadko spotykało się cudzoziemca. Od czasu do czasu przyjeżdżali Rosjanie i Chińczycy. Obowiązywał nas surowy zakaz prowadzenia jakichkolwiek rozmów z obcokrajowcami.

Wszelkie sprawy trzeba było załatwiać przez dzielnicowy komitet administracyjny, który miał niemal nieograniczone prawa i o wszystkim decydował. Żeby cokolwiek sprzedać, trzeba było zgłosić się do komitetu, pokazać przedmiot, który się chciało sprzedać, i wyjaśnić, dlaczego się to robi. Wtedy komitet wystawiał zaświadczenie, że mieszkaniec takiej a takiej dzielnicy jest uprawniony do sprzedaży takiego a takiego przedmiotu. Jakakolwiek inna transakcja była niemożliwa. Żeby wziąć ślub albo załatwić pogrzeb, też trzeba było stawić się w komitecie administracyjnym dzielnicy. Również wtedy, gdy chciało się opuścić Hanoi choćby na jeden dzień. Zawsze było to doświadczenie bardzo nieprzyjemne, gdyż nasi nowi władcy traktowali naród jak niewolników. Nic ich nie obchodziło, że ktoś walczył przez kilka lat w ruchu oporu. Członkostwo w tym ruchu było przydatne, gdy chciało się zapisać dziecko do szkoły albo gdy trzeba było przedłożyć swój życiorys. Dzieci rodzin burżuazyjnych i zamożnych nie miały prawa wstępu na uniwersytet. Nie mogły też uczęszczać na uniwersytet ludowy, uruchomiony wkrótce po wojnie. Dzieciom urzędników, którzy niegdyś pracowali dla Francuzów, a potem dla Wietnamu, nie pozwalano nawet przystąpić do egzaminów maturalnych. Miały one dostęp jedynie do szkół zawodowych. Jeśli chodzi o języki obce, nie uczono ani francuskiego, ani angielskiego, tylko rosyjskiego, a także chińskiego; wybierało go jednak bardzo niewielu uczniów. Mój starszy syn uczył się chińskiego jako pierwszego języka obcego; jako drugi język wybrał rosyjski. Wysocy funkcjonariusze starali się wysyłać swoje dzieci do Rosji i one zawczasu uczyły się rosyjskiego. Stopniowo powstawała nowa klasa – klasa uprzywilejowanych. Tych ludzi omijały trudności życia codziennego, które dawały się we znaki ludziom takim jak ja. Największe wille, najpiękniejsze domy były zarezerwowane dla członków partii. Im wyżej ktoś się plasował w hierarchii, tym lepiej mieszkał. Ci panowie mieli do dyspozycji samochody służbowe, a kierowcy odwozili ich dzieci do szkół. Prawda, że zarobki działaczy nie były wysokie, ale mieli wiele innych przywilejów, takich jak na przykład prawo zaopatrywania się w specjalnych sklepach po minimalnych cenach. Pewnego wieczoru byłam zaproszona na kolację do jednego z wysokich funkcjonariuszy partyjnych, kontrolujących działalność pisarzy oraz innych inteligentów. Stół był pięknie nakryty, podane potrawy mięsne – znakomite, ryż aromatyczny, najlepszego gatunku. – Wszystko, co tu jemy, nie kosztowało więcej niż dwieście *dongów* – powiedział gospodarz. Wiedziałam, że po cenach czarnorynkowych – bo wykluczone było zakupienie tych produktów w sklepach państwowych – taka kolacja kosztowałaby co najmniej dwa tysiące *dongów*.

W różnych punktach miasta porozwieszano głośniki. Radio nadawało przez cały dzień muzykę i wiadomości. O godzinie piątej rano rozlegały się pierwsze ryki. Gimnastyka. Przy dźwiękach radia ludzie zbierali się i ćwiczyli. To trwało pół godziny. Potem rozbrzmiewał hymn państwowy. Mój starszy syn paradował w granatowych spodniach i białej, uszytej przeze mnie koszulce. Maszerował jednak boso, tak jak większość dzieci. Jego szkoła znajdowała się o sześćset metrów od domu. Drugiego syna powierzałam sąsiadce o godzinie wpół do ósmej, potem szłam do pracy. Odbierałam małego o jedenastej na posiłek i odprowadzałam go później znów do sąsiadki, gdzie pozostawał do piątej.

Nauczyciel wtajemniczał dzieci w tajniki alfabetu i sztukę czytania. Z braku papieru uczniowie najpierw pisali w zeszytach ołówkiem. Kiedy doszli do końca, odwracali zeszyt i pisali od tyłu fioletowym atramentem. Jeśli papier nie był jeszcze zanadto zużyty, ponownie odwracano zeszyt i pisano zadania czerwonym atramentem. Ponieważ brakowało również książek, rodzice ręcznie kopiowali elementarze, a później podręczniki. Bardzo dobrze rozumieli, jak wiele znaczy szkoła i nauka.

W niedzielę dzieci musiały sprzątać ulice. Zamiatały chodniki, zbierały papiery, puste butelki i różne odpadki. Każdy uczeń miał obowiązek zebrać w ciągu niedzieli kilo śmieci. Piętnowano publicznie tych, którym się to nie udało.

Warunki życia bardzo dokuczały moim synom. W naszym mieszkaniu było zawsze ciemno, duszno i wilgotno. Kiedy padał deszcz, ze wszystkich stron przeciekała woda. Władze miejskie nie chciały niczego naprawiać, musieliśmy więc znosić te kłopoty. Udało mi się zdobyć papier smołowany; wdrapałam się na dach, żeby rozpiąć ten papier jak mogłam najszerzej i umocować za pomocą sznurków plecionych z bambusa. Jeden jedyny kran z wodą do picia pośrodku podwórza zawsze był oblegany; stała do niego długa kolejka. Ubikacje były wspólne. Żeby się do nich dostać, musieliśmy czekać, całkiem jak w sklepach na sprzedaż przydziałów. Nie mogłam przyzwyczaić się do tych codziennych, porannych widoków ludzi na wpół przebudzonych, niewyspanych, drżących z zimna.

Naprzeciwko domu znajdował się barak z trzema głośnikami; jeden z nich był zwrócony w kierunku mojego mieszkania. Od godziny piątej rano rozlegały się ryki radia. Nie mogłam znieść tego hałasu. Któregoś ranka udało mi się bambusowym drągiem uszkodzić aparaturę. Zapanował błogi spokój. Nieco później przyszła do mnie sąsiadka i spytała, czy przypadkiem nie wiem, kim jest ten bezczelny reakcjonista, który ośmielił się przerwać głos partii. Na szczęście nikt mnie nie zauważył i wszyscy mieszkańcy byli szczęśliwi, że nastał spokój. Ale szczęście trwało krótko. W trzy dni później, kiedy wieczorem wróciłam do domu, głośnik wznowił swoje ryki. Ktoś go naprawił.

W roku 1956 partia komunistyczna zdobyła się na odwagę przyznania do popełnionych błędów; rozpoczęto działalność pod hasłem: „naprawa wyrządzonych krzywd". Chodziło oczywiście o ekscesy dokonane podczas reformy rolnej. Niebawem miałam powrócić do Bac Ninh z tą samą grupą, która działała tam poprzednio, żeby wynagrodzić straszliwe zło popełnione rok wcześniej.

Trudno wyobrazić sobie, z jaką nienawiścią chłopi odnosili się do nas od pierwszej chwili, kiedy znowu pojawiliśmy się we wsi. – Po co wracacie? Co chcecie robić? Nie sądzicie, że już dość przelano krwi? – Obecnie przedstawicielem władz był nauczyciel ze szkoły średniej w Bac Ninh, człowiek rozsądny i rozumny. Wybrany na nowo komitet ludowy składał się z ludzi o nienagannej opinii.

Tak jak poprzednio przedstawiciel władz zwołał wielkie zebranie. Klasa feudalna była w dalszym ciągu piętnowana, pola ryżowe rozdzielone między chłopów, duże domy oddane w użytkowanie biednym rodzinom. Ale prawie wszyscy obywatele poprzednio fałszywie napiętnowani jako obszarnicy zostali zrehabilitowani. Ci nieszczęśliwcy, „wyrzutki klasowe", mieli od tego czasu prawo powrotu do własnego domu i odzyskania przynajmniej jego części na mieszkanie. Mieli także prawo otrzymania kilku skrawków swoich dawnych ryżowisk, a co najważniejsze – w ich życiorysach od tego czasu figurowała wzmianka „chłopi średniacy", dzięki czemu ich dzieci miały już lepsze perspektywy. Ale wszystko to nie przebiegało bez trudności. Wiele domów, zajętych przez kilka rodzin, było kompletnie zniszczonych i niełatwe okazało się znalezienie pokoju lub izby dla dawnego właściciela. Ci, którzy niegdyś posiadali spory kawał ziemi, otrzymywali teraz mały skrawek, około trzysta metrów kwadratowych. Okropny typ o złotych zębach, kreatura, która działała podczas reformy rolnej, znikł bez śladu wraz ze swoimi krwawymi pomocnikami. Ale groby zmarłych, niesprawiedliwie skazanych, pozostały jako świadkowie tego haniebnego rozdziału naszej historii. Przestała istnieć dawna wieś wietnamska, gdzie ludzie żyli w harmonii i zgodzie. Obecnie chłopi nienawidzili się nawzajem i nie ufali sobie. Po tej misji wróciłam do domu przygnębiona i przerażona. Moje dzieci dodawały mi sił i odwagi, żeby dalej żyć.

Prawie natychmiast potem rozpoczęła się czystka w szeregach oficerów. Mieliśmy już nacjonalizację, potem reformę rolną, teraz celem ataków stała się armia. Było to tym trudniejsze do zrozumienia, że pozbywano się oficerów, dzięki którym wygraliśmy wojnę. Mój mąż, podobnie jak jego przyjaciele, Viet i Zu Duc, nie uniknęli czystki. Zu Duc, pochodzący z rodziny robotniczej, został bardzo szybko usunięty ze służby. Wkrótce bez uprzedzenia mój mąż otrzymał wezwanie do sztabu. – Wykonałeś swoje zadania patriotyczne w armii, pora więc, abyś wrócił do cywila. „Dla dobra ludu" wszyscy oficerowie, wywodzący się z rodzin arystokratycznych, zostali zmuszeni do opuszczenia armii.

Viet przyjął zmianę losu znacznie łatwiej niż mój mąż. Niedawno stracił swojego ojca podczas reformy rolnej. Domyślał się, co go czeka, jeśli nie opuści wojska. Został skierowany do Ministerstwa Rybołówstwa, gdzie się niebawem wyróżnił, budując zakłady chłodnicze wzdłuż wietnamskich wybrzeży.

Kiedy Hoang przybył do nas po wizycie w sztabie, nie odezwał się ani słowem. Wyglądał jak lunatyk. W południe nie chciał nic jeść, tylko się położył. A kiedy wróciłam z pracy, wciąż leżał bez ruchu. Chłopcy niepokoili się o ojca, ale nie śmieli go o nic pytać. Dopiero późnym wieczorem, kiedy nalegałam, żeby powiedział, co się stało, odparł krótko:

– Jestem zdemobilizowany. Przydzielono mnie do instytutu politechnicznego w Hanoi.

Poczułam ulgę. Po tylu długich latach rozłąki nareszcie będziemy razem!

– No, to dobrze, prawda?

– Dlaczego dobrze? Nie potrafię sobie wyobrazić powrotu do życia cywilnego! W wojsku jest wszystko proste i zrozumiałe; czułem się dobrze wśród moich kolegów...

Siedząc na brzegu łóżka, patrzyłam na męża i milczałam. Mnie również ciężko było powrócić do życia cywilnego, do małostkowości ludzkiej, której nie było w ruchu oporu. Ostatecznie jednak do nowego życia zdołałam się zaadaptować. Nie pozostawało mi nic innego. Byłam pewna, że Hoang w instytucie politechnicznym znajdzie się na właściwym miejscu, że zaprzyjaźni się z innymi profesorami, że będzie mógł pisać książki i otrzymywać za nie wynagrodzenie. Ale w pierwszym okresie po opuszczeniu armii czuł się bardzo źle. I nie był już tym samym człowiekiem co dawniej. Mimo że nigdy o tym nie mówiliśmy, jestem pewna, że czasem myślał o samobójstwie.

W każdym razie bezcelowe były jakiekolwiek lamenty i narzekania. Nie on jedyny znalazł się w takiej sytuacji. Unikaliśmy wspomnień o przeszłości. Rozmawialiśmy głównie o sposobach i środkach przeżycia tego ciężkiego okresu, podczas którego wszystkiego nam brakowało. Najważniejszą sprawą było wyżywienie dzieci. Wielokrotnie nam powtarzano, że imperializm jest głównym źródłem naszych braków i wszelkiego zła, jakie się u nas działo. Ale wojna się skończyła, a my nadal musieliśmy zaciskać pasa: pozostawała bowiem sprawa wyzwolenia Południa.

Pod koniec roku 1956 Ministerstwo Finansów, wiedząc, że pracowałam w szpitalu, zaproponowało mi podjęcie studiów. Istniała wówczas szkoła specjalna przeznaczona dla kadrowców, którzy studiowali medycynę podczas wojny. Ale najpierw trzeba było zdać maturę wietnamską; w tym celu musiałam uczęszczać na kursy wieczorowe w szkołach średnich po zakończeniu codziennych zajęć. Ludzie, którzy wrócili z frontu, mogli nadrobić stracony czas. I tak oto stałam się uczennicą pilnie studiującą matematykę, historię, geografię. Najtrudniej mi było przyswoić sobie w języku wietnamskim wiele pojęć i słów, które znałam w języku francu-

135

skim. Ostatecznie jednak zdałam maturę bez większych trudności. Przygotowując się do konkursowego egzaminu na medycynę, stwierdziłam, że znowu jestem w ciąży.

Był to wielki problem: studiowanie, kiedy ma się troje dzieci. Po długich dyskusjach z mężem postanowiliśmy posłać najstarszego syna, wtedy ośmiolatka, do szkoły dla dzieci z południowego Wietnamu. Znajdowała się ona w Chong My, około czterdziestu kilometrów na północ od Hanoi. Przy szkole był internat. Rząd stworzył ją z myślą o dzieciach kadrowców, którzy działali w konspiracji na Południu, podczas gdy ich dzieci znalazły schronienie na Północy. Oboje z mężem pochodziliśmy z Południa, otrzymaliśmy więc przywilej umieszczenia naszego syna w tej właśnie szkole. Kiedy mu oznajmiliśmy, że będzie tam mieszkał i uczył się, z obawą myślałam, jak przyjmie tę wiadomość. Ale on spokojnie odpowiedział: – Bardzo dobrze, chętnie tam pojadę. – To nie on, ale ja miałam wtedy łzy w oczach.

Wyruszyliśmy oboje do szkoły; małego wiozłam na rowerze. Dyrektor szkoły pokazał nam domki mieszkalne, sypialnie z łóżkami bambusowymi i baraki, które służyły za klasy szkolne. Mojego synka od razu otoczyły dzieci. Było ich około pięćdziesięciorga. Wszystkie jednakowo ubrane, w niebieskich spodniach i białych koszulkach; widać było, że są ze sobą zżyte. Ciężko przeżywałam rozstanie z synkiem. Ale mogłam odwiedzać go co miesiąc i za każdym razem stwierdzałam, że jest mu w szkole dobrze. Uczył się doskonale, opanowywał sztukę gry na skrzypcach i wyglądał na zadowolonego.

Urodziłam trzeciego syna w szpitalu wojskowym numer 108, w dobrych warunkach, całkowicie niepodobnych do poprzednich porodów. I tym razem wolałabym dziewczynkę, ale duże niemowlę – cztery kilo osiemdziesiąt dekagramów – było tak urocze, że tuliłam je do siebie z czułością. Nazwaliśmy synka Phong, co znaczy „Wiatr". Niezwłocznie opuściłam Ministerstwo Finansów i zabrałam się na serio do studiów medycznych.

Żłobek, do którego oddawałam najmłodszego synka, znajdował się w pobliżu i to mi ułatwiało życie. Otrzymywałam stypendium i bezpłatne posiłki stołówkowe, mogłam więc zachować wszystkie kartki żywnościowe dla dzieci. Miałam dwadzieścia osiem lat i od dawna nie prowadziłam tak beztroskiego życia. Mieliśmy wspaniałych profesorów, dawnych wykładowców Instytutu Medycznego z czasów francuskich. Uczył nas także profesor rosyjski, doktor Mazorine, bardzo znany w Związku Radzieckim. Zawsze któryś z asystentów tłumaczył jego wykłady. Próbowałam uczyć

się rosyjskiego w nadziei, że będę mogła czytać dzieła Tołstoja i Dosto-
jewskiego w oryginale. Ale wielkich sukcesów w tej dziedzinie nie osiąg-
nęłam z braku czasu. Ukończyłam studia medyczne w roku 1961 z „czerwonym świadectwem", czyli z ocenami bardzo dobrymi.

Od tego czasu odpowiadałam za gabinet konsultacyjny należący do Ministerstwa Zdrowia. I nadal zajmowałam się tłumaczeniami z francuskiego dla Ministerstwa Spraw Zagranicznych.

Dzielnica Ba Dinh, gdzie znajdowała się moja przychodnia, jest ogromnie zróżnicowana. Obok budynków ambasad znajdują się ubogie domki,
w których żyją robotnicy i rzemieślnicy, przeważnie bardzo biedni. Mój gabinet był urządzony w dawnym klasztorze Karmelitanek, przypominającym
mi Klasztor Ptaków. Zakonnice francuskie wyjechały stąd po roku 1954.
Kiedy zaczęłam pracę, w obrębie dawnego klasztoru istniał jeszcze piękny
ogród, w którym kwitło mnóstwo wspaniałych białych róż. Lecz wkrótce
ogród zamieniono na pole maniokowe. Nic na to nie mogłam poradzić.

Przychodnia składała się z pięciu gabinetów dla trzech lekarzy i siedmiu pielęgniarek. Wizyty rozpoczynały się o godzinie siódmej. Ale już
o godzinie piątej stała kolejka. Z chorym dzieckiem zawsze przychodził
ojciec, matka, wujek, ciotka, babcia, czyli co najmniej pięć osób otaczających małego pacjenta, z koszykami pełnymi jedzenia. Tym sposobem w przychodni tłoczyły się setki osób, co niesłychanie utrudniało pracę. Razem z pielęgniarkami robiłyśmy wszystko, co było możliwe, żeby
zapanować nad sytuacją i należycie potraktować każdego małego pacjenta. Najczęściej stawiane diagnozy to zapalenie migdałów, zapalenie płuc,
angina. Pielęgniarka notowała nazwisko chorego, używając mocno starego pióra, które ledwie nadążała zanurzać w kałamarzu.

Dramatem był brak leków. Każdy chory miał prawo do minimalnej
dawki medykamentów. Za pieniądze mógł dokupić potrzebne leki w apte-
kach. W zimie, podczas chłodów, widziałam małe dzieci bledziutkie, ledwie okryte workami z juty, rozdzierająco kaszlące. Próbowałam wprowadzić zasady pierwszeństwa w przyjmowaniu najciężej chorych, dobrze
wiedząc, że jeden zastrzyk im nie wystarczy. Następnego dnia dzieci wracały, powiększając liczbę pacjentów.

Najwięcej problemów zdrowotnych w całym kraju stwarzały takie choroby, jak zapalenie płuc i dyzenteria. Ale także odra, ospa wietrzna i inne
zaraźliwe choroby szerzyły się bardzo szybko.

Dla dzieci ludzi zamożnych przepisywałam dawkę urzędową; dla biednych podwajałam ją. Na skutek tego zapas leków przewidzianych na trzy

miesiące wyczerpał się w ciągu jednego miesiąca. Zostałam wezwana do komisji kontrolującej zużycie leków.

– Sprzedałaś lekarstwa?

– Nie, w żadnym wypadku. Lekarstwa są dostarczane za pośrednictwem aptek. Apteka wypełnia polecenia zawarte w moich receptach, to wszystko.

– A więc dlaczego w innych dzielnicach Hanoi wystarcza leków na trzy miesiące, a ty już po miesiącu alarmujesz, że leki się wyczerpały i potrzebujesz następnych?

– Ponieważ mam zbyt wielu pacjentów biednych. – Tej odpowiedzi nikt nie kwestionował.

Oprócz pracy w przychodni miałam mnóstwo innych zajęć. Musiałam: leczyć gruźlików w ich domu, odwiedzać starsze, chore osoby, dbać o to, by publiczne toalety były oczyszczone, zapoznawać ludzi z podstawowymi wiadomościami dotyczącymi udzielania pierwszej pomocy. Cały dzień krążyłam z jednego krańca miasta na drugi. Nocami źle sypiałam. Wciąż miałam wrażenie, że czegoś zapomniałam, że pomyliłam się, wypisując recepty.

W tym czasie ważyłam tyle, ile w latach wojny: w ubraniu czterdzieści kilogramów.

W 1963 roku nasz rząd rzucił hasło: równe prawa dla kobiet i mężczyzn. W niektórych wypadkach kobiety wysuwano na odpowiedzialne stanowiska, dotychczas rezerwowane dla mężczyzn.

Ministrem zdrowia był wuj jednej z moich przyjaciółek szkolnych z Hue. Wiedząc, że nie dam rady dłużej pracować w tak ciężkich warunkach, chciałam przedstawić ministrowi moją sytuację. Wysłuchał mnie i powiedział: – To prawda, Phuong, że dobrze pracujesz i że jesteś bardzo przeciążona. Otrzymujemy wiele pochwał twojej działalności. Rozmawiałem już z przyjaciółmi w Ministerstwie Zdrowia. Chcą cię mianować zastępcą szefa szpitala „E". Jeśli dobrze pójdzie, w ciągu trzech lat możesz zostać wiceministrem zdrowia. – Trudno nie być zaszczyconą taką perspektywą! Na razie jednak myślałam przede wszystkim o mojej przychodni i o służbie zdrowia w całym kraju. Podziękowałam mojemu rozmówcy za tak zaszczytną propozycję i rozstaliśmy się, nie podejmując decyzji.

Pracowałam dalej w przychodni aż do momentu, kiedy przypadkowo spotkałam na ulicy jednego z przyjaciół należących do kierownictwa Komitetu Współpracy Kulturalnej z Zagranicą. Kiedyś leczyłam jego dzieci. Zainteresował się moją pracą, więc powiedziałam mu szczerze, jakie napotykam w niej trudności.

– A czy nie chciałabyś pracować w naszym komitecie? – spytał. – Właśnie szukamy kogoś takiego jak ty, kto czuwałby nad zdrowiem szefów państw i ważnych osobistości przybywających z oficjalnymi wizytami do Hanoi.

W 1963 roku zaczęłam działać w Komitecie Współpracy Kulturalnej z Zagranicą, który podlegał bezpośrednio Ministerstwu Spraw Zagranicznych. Dla mnie była to ogromna zmiana. Przede wszystkim znalazłam się w biurze, w którym nie było nic do roboty. Szefowie rządów przybywający z oficjalnymi wizytami do Hanoi byli na ogół zdrowi, a w ich otoczeniu nikt nie chorował. Przewidując wizyty różnych osobistości, przydzielono mi kilka *ao dai*. Przebrałam się w jedno i weszłam do toalety w kuluarach budynku komitetu. Było tam duże lustro podzielone na dwie części. Mogłam się w nim przejrzeć cała, od stóp do głów. Doznałam wrażenia, że widzę kogoś obcego. Twarz miałam opaloną – skutek ciągłych jazd na rowerze – spojrzenie ostre, prawie surowe.

W nowej pracy obracałam się wśród cudzoziemców, ministrów, urzędników państwowych. Stopniowo zaczęłam znów biegle mówić po francusku. Polecenia, jakie otrzymałam, były bardzo precyzyjne: z cudzoziemcami mogę rozmawiać tylko o ich zdrowiu. Bardzo mi to odpowiadało. Dobrze wiedziałam, że jakiekolwiek uwagi dotyczące mojego kraju, jakiekolwiek wrażenia osobiste byłyby na pewno powtarzane, przekręcane, deformowane – i sprowadziłyby na mnie duże przykrości. Ostatnie lata nauczyły mnie ostrożności i to mi pomogło uniknąć niejednego kłopotu.

Mój mąż był bardzo zadowolony z nowej sytuacji, gdyż wracałam do domu regularnie i nie traciłam nocy na dyżury w przychodni.

W hotelu Métropole miałam do dyspozycji pokój numer 28, gdzie o oznaczonych godzinach cudzoziemcy mogli się zgłaszać na konsultacje. Wielkim luksusem była przylegająca do pokoju łazienka, którą rozkoszowały się moje dzieci, kiedy mnie odwiedzały. Kąpiel w wannie, prysznic – to była ogromna zmiana w naszym życiu. Moi chłopcy często byli zapraszani przez cudzoziemców na wspólne posiłki. Potem wysłuchiwałam niekończących się opowieści o tym, co jedli, jak im smakowały wspaniałe potrawy. Nie mogli zrozumieć, dlaczego podobnych przyjemności nie możemy doznawać my, dorośli, razem z nimi.

W hotelu pojawiali się najróżniejsi ludzie. Przybywali dziennikarze, aby zorientować się w aktualnej sytuacji Wietnamu. Pamiętam jednego z nich – redaktora naczelnego wielkiego dziennika amerykańskiego; przyjechał z ogromną walizą pełną żywności. Pracownicy hotelu mocno się namęczyli, zanim wydźwigali jego bagaż do pokoju. – Opowiadano mi, że w hotelu Métropole jest tak jak w dżungli, wszystkiego brakuje – zapewniał mnie Amerykanin. – A tymczasem tutejsze owoce są wspaniałe. Wszystkie te konserwy chciałbym tu zostawić, może je pani weźmie? – Ze względu na kategoryczny zakaz przyjmowania czegokogokolwiek od cudzoziemców przekazałam zawartość walizek Amerykanina dyrekcji hotelu, która rozdzieliła konserwy między pracowników.

W 1964 roku pojawiły się pierwsze zapowiedzi nowej wojny. Samoloty amerykańskie zrzuciły bomby nad zatoką morską Halong. Wkrótce potem zbombardowano okolice miasta Phu Ly, około sześćdziesięciu kilometrów od Hanoi. Była to wyraźna przestroga: Jeśli nie zaprzestaniecie udzielania pomocy partyzantom południowego Wietnamu, cały północny Wietnam zostanie zniszczony.

W budynku, w którym mieszkałam, o godzinie piątej pewna rodzina słuchała radia BBC. Nastawiła je tak głośno, aby inni również mogli słyszeć. Dziennikarz radiowy relacjonował atak lotniczy z najdrobniejszymi szczegółami. Podano liczbę zabitych i rannych. Nagle nasza domowa strażniczka zjawiła się u właściciela odbiornika i krzyknęła: – Reakcjoniści, zamknijcie natychmiast to radio! – Ale ludzie odpowiedzieli: – Cicho bądź, pozwól nam słuchać! Jeśli nie chcesz, zamknij swoje drzwi!

Naszym hasłem było: Zwyciężymy! Jednakże trudno było nie obawiać się wydarzeń, jakie miały niebawem nadejść.

Dwadzieścia dżipów, gotowych do wyjazdu, stało każdego dnia przed hotelem. Atmosfera stawała się coraz bardziej naelektryzowana. W każdej chwili musiałam być gotowa, aby towarzyszyć dziennikarzom albo ważnym osobistościom wyjeżdżającym do stref strategicznych. Jeden z zagranicznych dziennikarzy podarował mi mały magnetofon z trzema kasetami muzyki klasycznej: Chopin, Beethoven i Bach. Kiedy wyjeżdżaliśmy, zwłaszcza nocą, miałam zwyczaj słuchania tej muzyki, aby stłumić niepokój i strach. Przypominałam sobie ojca Nguyen D. Th., duchownego wietnamskiego, który przybył z Paryża. Znaleźliśmy się pod bombami i nasz samochód został przewrócony. W oczekiwaniu końca nalotu włączyłam magnetofon. Duchowny się zdziwił: – Vietcong* słucha muzyki klasycznej? – Wybuchnęłam śmiechem.

---

* Vietcong – skrótowe określenie pojęcia: komuniści wietnamscy. Rozpowszechniło się ono szeroko podczas drugiej wojny wietnamskiej, czyli agresji Stanów Zjednoczonych przeciwko Wietnamowi (przyp. tłum.).

– Vietcong to przecież są normalne istoty ludzkie! – Nie pasowałam do obrazu Vietcongu, jaki stworzyli sobie ludzie Zachodu, zwłaszcza ci, którzy wierzyli, że Vietcong żywi się wątrobą pokonanego przeciwnika. Tak mijał czas między jednym wyjazdem a drugim.

Poznałam wtedy Nguyen Khac Viena. Był to naczelny redaktor „Courrier du Viet-nam", jedynego pisma w języku francuskim wydawanego przez Ministerstwo Spraw Zagranicznych. Vien, którego ojciec wysłał na studia medyczne do Francji, związał się z partią komunistyczną. Zaledwie jednak uzyskał dyplom, został wydalony z Francji pod pretekstem prowadzenia agitacji politycznej. Powróciwszy do kraju, wstąpił do Komunistycznej Partii Wietnamu i objął naczelną redakcję „Courrier du Viet-nam", a także innych publikacji w językach obcych. Był to człowiek wykształcony i skromny; jego mądrość zafrapowała mnie od pierwszego spotkania. Wokół Viena skupiła się grupa około dwudziestu osób, bardzo ze sobą związanych, większość ich znała francuski. Vien określał linię dziennika i podpisywał wstępniaki. Inni redagowali artykuły. Ja przepisywałam teksty na starym remingtonie, którego taśmy były pokrywane warstwą atramentu. Zamiast pisania dziesięcioma palcami, tak jak moi koledzy, przyswoiłam sobie metodę „czapli, która łowi ryby", inaczej mówiąc – pisałam dwoma palcami.

Vien miał umysł analityczny. Był człowiekiem bardzo przystępnym; dzięki niemu zaczęliśmy rozumieć wszystko, czego większość nas dotychczas nie pojmowała. Na przykład linię polityczną partii, z którą Vien często się nie zgadzał. Przybliżał nam ideę, przedstawiał swój sposób myślenia, nawet ryzykując, że komuś „z góry" może się to nie spodobać. Wielokrotnie odwoływał się do Zgromadzenia Narodowego. Był nielubiany przez urzędników biurokratów z powodu otwartości, szczerości, odwagi w głoszeniu przekonań i bystrości umysłu. Ale nikt nie ośmielił się powiedzieć: „Gardzę Vienem" albo: „Boimy się Viena". Vien trzymał się z daleka od mechanizmów władzy. Wolał odgrywać rolę redaktora i szefa dziennika. Wszelkie przywileje władzy – piękne mieszkanie, ochrona osobista, samochód służbowy – oburzały go. – Ludność kraju żyje w niezwykle trudnych warunkach – mawiał. – Wstydziłbym się „tronować" w wielkim domu, kiedy tylu ludzi nie ma dachu nad głową! – Zajmował z żoną skromne mieszkanko, z oknem zwróconym na bardzo spokojną ulicę, naprzeciwko redakcji dziennika. Był człowiekiem słabego zdrowia. Uprawiał jogę. Wieczorami uczył nas sztuki właściwego oddechu. Napisał sporo książek na temat jogi oraz wiele tekstów dotyczących historii i filozofii. Pracował bez wytchnienia. – Bardzo możliwe, że nie będzie mi dane długie życie – powtarzał. W obecności takiego człowieka czuliśmy się onieśmieleni i obawialiśmy się nas samych. On miał w sobie siłę, która sprawiała, że byliśmy mu posłuszni. Jeśli ogarniała nas chęć buntu lub sprzeciwu – potrafił nam wytłumaczyć, co jest słuszne, a co nie.

Studiując historię współczesną innych krajów, Vien był przekonany, że biurokracja poniesie klęskę, że stopniowo uzyskamy znacznie większą swobodę wypowiedzi. – Mamy wszelkie warunki, aby stać się narodem szczęśliwym i żyjącym w dobrobycie – mówił. – Trzeba analizować przyczyny naszych zapóźnień i rozwijać to, co służy przyszłości. Ale to zajmie sporo czasu i pochłonie życie co najmniej jednego pokolenia. Nie przejmujcie się zanadto biurokracją! Ci, którzy popełniają błędy, nie mieli jeszcze czasu, żeby się nauczyć tego, co trzeba znać, żeby budować kraj. Pewnego dnia zrozumieją, że ja miałem rację, nie oni.

Wobec faktów takich, jak błędne decyzje, bezprawne aresztowania, tworzenie obozów pracy, przejawiał postawę mędrca: – Nie należy się buntować, kiedy wiadomo, że jest to bezskuteczne. Lepiej milczeć i czekać, aż nadejdzie nasza godzina. To będzie wkrótce. Historia zażąda rachunków od tych, którzy działali fałszywie.

Nam, którzy mieliśmy tendencje do oceniania każdej sytuacji „tak" lub „nie", trudne było czasami wysłuchiwanie jego rad, by czekać cierpliwie: – Po burzy możecie podnieść głowę. Kiedy jest się pośrodku huraganu, trzeba uważać, żeby nie wyrwał nas z korzeniami.

Dzięki niemu odzyskiwaliśmy nadzieję. Taka atmosfera wolności, którą oddychało całe otoczenie dziennika, wydawała nam się niesłychanie cenna. Moi przyjaciele podejrzewali, że zakochałam się w Vienie. Tak jak wszyscy dziennikarze, zarówno mężczyźni jak i kobiety, którzy z nim pracowali, byłam po prostu pod urokiem jego osobowości i inteligencji. Szkoda tylko, że nie mogłam o nim rozmawiać z moim mężem. Dla Hoanga jakakolwiek krytyka rządzącego reżimu była bezcelowa i mogła tylko przynieść zbędne kłopoty.

Na siedemnastym równoleżniku

Nigdy nie słyszałam o Jorisie Ivensie aż do dnia, kiedy w Komitecie Współpracy Kulturalnej z Zagranicą powiadomiono mnie, że nazajutrz mam spotkać na lotnisku tego wybitnego filmowca holenderskiego. Mówiono o nim, że jest przyjacielem Ho Chi Minha. Ivens był autorem wielu filmów dokumentalnych o ruchach rewolucyjnych w różnych krajach świata. Zabiegał o możliwość zrealizowania filmu o życiu mieszkańców okolicy siedemnastego równoleżnika, czyli jednej z najbardziej bombardowanych przez Amerykanów stref Wietnamu. Miałam mu towarzyszyć w tej podróży. Kiedy Joris Ivens ukazał się na schodkach samolotu, stwierdziłam, że jest to wysoki, przystojny mężczyzna o siwych, falujących włosach. Towarzyszyła mu żona: mała, drobna, rudowłosa, w bardzo kusej spódniczce i bardzo wysokich butach.

W kilka godzin później w holu hotelu Métropole omawialiśmy skład ekipy filmowej, która miała jechać na siedemnasty równoleżnik. Joris Ivens był już kilkakrotnie w Wietnamie, ale film o siedemnastym równoleżniku szczególnie leżał mu na sercu.

Jechaliśmy samochodami drogą numer 1, bardzo niebezpieczną z powodu ustawicznych bombardowań amerykańskich. Samoloty nadlatywały falami i kiedy tylko je usłyszeliśmy, natychmiast wyskakiwaliśmy z samochodów, aby ukryć się w schronach znajdujących się po obu stronach drogi. Pewnej nocy bomba spadła blisko schronu, w którym się ukryliśmy. W sinych blaskach wybuchających bomb zobaczyłam włosy Jorisa Ivensa osmalone dymem. Jeden z filmowców, należących do naszej ekipy, miał pokrwawioną twarz. Wszystkie nasze samochody zostały uszkodzone. Trzeba było wezwać pomoc. W dalszą drogę ruszyliśmy dopiero wtedy, gdy dostarczono nam inne dżipy. Ivens cierpiał na astmę i źle znosił dłuższy pobyt w schronach, gdzie było bardzo duszno.

Spędziliśmy trzy miesiące na siedemnastym równoleżniku. Większość tego czasu przebywaliśmy pod ziemią. Z jednej strony rzeki Ben Hai był Wietnam Północny, na przeciwległym jej brzegu – Wietnam Południowy, gdzie wówczas rządził reżim sajgoński. Otaczał nas krajobraz księżycowy. Na ów teren spadło podobno dwa razy więcej ton bomb, niż użyto ich podczas drugiej wojny światowej.

Joris Ivens pracował niezwykle odważnie, mnie jednak najbardziej poruszało męstwo Wietnamczyków. Wydawało mi się, że znam wojnę, ale to, co teraz oglądałam, było nieporównywalne z tym, co przeżywałam niegdyś. Każda wioska miała swoją sieć podziemnych schronów, które łączyły poszczególne domy. Filmowaliśmy szpitale, szkoły, żłobki dla dzieci, sklepy, gdzie wydawano przydziały żywności – wszystko to urządzone pod ziemią. Tym sposobem miejscowi ludzie mogli żyć prawie normalnie. Było wręcz niewiarygodne, jak potrafili wypracować sobie system korzystania ze świeżego powietrza między kolejnymi falami nalotów. Skonstruowano urządzenia dla żłobków, które pozwalały wysuwać poza schrony kosze z niemowlętami, żeby maleństwa mogły choć trochę odetchnąć, a kiedy następował kolejny alarm, urządzenia te wraz z dziećmi wracały znów do schronów.

Jeden z naszych filmowców zakochał się w młodej, osiemnastoletniej dziewczynie, należącej do brygady szturmowej, która naprawiała drogi po bombardowaniach. Kolega ten zwierzył mi się, że dziewczyna nie chciała spędzić z nim nocy, bo uważała, że „kobietą stać się powinna dopiero po ślubie". Następnego ranka zabił ją odłamek bomby. Pamiętam matkę dziewczyny płaczącą nad jej ciałem.

Wieczorem Ivens, widząc, jak mocno poruszyła mnie ta tragedia, powiedział:

– Phuong, zwróciłem uwagę, że sporo jest tu ludzi takich jak ty, którzy umieją ratować i leczyć innych. Ale brakuje dziennikarzy-filmowców, którzy utrwalają obrazy wojny. Wydaje mi się, że ty masz do tego zdolności. Dlaczego nie spróbujesz swych sił w roli korespondenta wojennego? To bardzo ważne, żeby i twój naród, i cały świat zrozumiał, co się tu dzieje!

Podczas następnych dni nadal trwały naloty. Prawie bez przerwy pojawiały się „latające fortece" B-52. Rozpętywało się piekło w piekle. Najpierw ukazywał się biały dym: samolot zwiadowczy rozpoznawał cele, na które miały spaść bomby. Bezcelowa była próba ucieczki. Należało pozostać na miejscu. Pewnego razu, kiedy leżeliśmy wyciągnięci na ziemi, w pobliżu wybuchła bomba. Ziemia pod nami zadrżała, a my dygotaliśmy jak epileptycy. W oczach, uszach i włosach mieliśmy pełno ziemi. Studio w Hanoi przydzieliło nam kaski ochronne, które zakładaliśmy przy każdym alarmie. Wtedy, podnosząc się z ziemi, stwierdziłam, że w moim kasku na przodzie jest dziura. Wydawało mi się, że zostałam ranna. W rzeczywistości wszystkie nasze kaski były podziurawione; okazało się, że otrzymaliśmy kaski ćwiczebne... z kartonu.

Na linii granicznej, czyli na siedemnastym równoleżniku, wznosił się dwudziestometrowy maszt, na którym powiewała flaga Demokratycznej Republiki Wietnamu. Kiedy flagę podarły odłamki bomb, spuszczono ją i oddano do naprawy miejscowym kobietom. Nazajutrz flaga znowu powiewała. Joris postanowił zrobić z tego symboliczną scenę, rozpoczynającą film. Ten zamiar jednak zaniepokoił czterech członków ochrony przydzielonych zagranicznemu gościowi.

– Ja z tego nie zrezygnuję – oznajmił Ivens. – Tuan zajmie się flagą, Phuong podejdzie razem z nami jak najbliżej masztu. A jeżeli mi na to nie pozwolicie, wracam do Hanoi i poskarżę się prezydentowi!

Ten argument zadecydował. Jeden z osobistych strażników Ivensa miał nam towarzyszyć. Joris włożył na głowę stary kapelusz wietnamski, aby ukryć siwe włosy; kraciastym szalem owinął kamerę. Ja byłam ubrana w czarną bluzę i spodnie, tak jak ludzie z tych okolic. Operator filmowy Tuan owinął się płachtą maskującą. Kiedy podeszliśmy do linii granicznej, ujrzałam żołnierzy sajgońskich, którzy śledzili nas przez lornetki. Czy naprawdę wyglądaliśmy jak chłopi, którzy idą na pole? W każdej chwili spodziewałam się strzałów. Gdy dotarliśmy do podnóża masztu z flagą, Joris kazał Tuanowi wdrapać się na maszt i filmować. Biedny chłopak nie miał na to ochoty. – Jeżeli przeżyję tę wspinaczkę i wrócę do Hanoi – powiedział – wykopię schron i schowamy się tam oboje z żoną aż do końca wojny!

Joris i ja ukryliśmy się w leju po bombie. Z tego miejsca obserwowaliśmy Tuana wspinającego się na maszt. Miał ze sobą kamerę przewieszoną na ramieniu i okrytą płachtą maskującą. Wydawało się, że ta wspinaczka nigdy nie dobiegnie końca. Modliłam się do Buddy o pomoc. W pół drogi Tuan spojrzał w moją stronę. Był niewiarygodnie spokojny i opanowany. Gdy dotarł na wierzchołek masztu, w pobliżu zagwizdało kilka kul, na szczęście żadna go nie trafiła. Wydawało się, że tam wysoko zapomniał o strachu. Ponieważ miał pozostać na szczycie masztu najwyżej pięć minut, piętnaście minut, podczas których filmował, ogromnie nam się dłużyło. Nagle usłyszeliśmy nadlatujący samolot... Potem niczego już nie pamiętam. Strażnik Jorisa później mi powiedział, a potwierdzili to dwaj inni, że bomba upadła niedaleko nas. Byłam zasypana ziemią, Joris miał twarz pociemniałą i nadpalony kosmyk włosów. Tuanowi, który zjechał ze szczytu masztu, nic się nie stało.

Kiedy mieliśmy już dwadzieścia taśm filmowych, Ivens ze względów bezpieczeństwa postanowił niezwłocznie odesłać je do Hanoi, aby tam je wywołano. Khue był już kiedyś obarczany podobnym zadaniem. Tym razem, gdy, wioząc taśmy, oczekiwał na prom, którym miał się przeprawić na drugi brzeg rzeki, nadleciały samoloty. Khue zginął od odłamka bomby. Taśmy dotarły do Hanoi, ale na ocalałych filmach pozostały ślady jego krwi – nie do zatarcia.

Powróciwszy do Hanoi po nakręceniu tego filmu, byłam już nie taka jak przedtem. Wiedziałam, że nie mam prawa skarżyć się na trudy życia codziennego. Podczas przyjęć albo bankietów myślałam o bohaterskich mieszkańcach okolic siedemnastego równoleżnika, o tym, w jakich warunkach tam żyją, zwłaszcza gdy widziałam stoły obficie zastawione różnymi potrawami podczas bankietów dla gości zagranicznych. To marnotrawstwo wydawało mi się nie do zniesienia. Coraz bardziej byłam skłonna iść za radą Jorisa Ivensa, czyli zmienić zawód i zostać filmowcem, utrwalającym obrazy wojny. – Zwariowałaś! – orzekł mąż, kiedy wspomniałam o moich zamiarach. – Nie możesz opuścić pracy, którą ci wyznaczono!

Hoang nie znosił żadnej improwizacji, a nade wszystko obawiał się, co o moich planach powiedzą inni. Dlaczego miałabym opuścić dotychczasową pracę?! Można by pomyśleć, że popełniam poważny błąd i że ciąży na mnie jakaś wina. Czy w moim wieku mogę zaczynać pracę w nowym zawodzie? Natomiast chłopcy entuzjastycznie przyjęli mój zamiar. Pochwalił mnie zwłaszcza najstarszy syn, obecnie student wydziału metalurgii na politechnice, gdzie wykładał mój mąż. – Masz rację, mamo, rób tak, jak chcesz. Po tym wszystkim, co dotychczas przeżyłaś, masz prawo do pracy, która przyniesie ci satysfakcję!

Jeszcze dziś przypominam sobie osłupiały wyraz twarzy dyrektora w Ministerstwie Zdrowia, mojego bezpośredniego przełożonego, kiedy przyszłam oznajmić mu swoją decyzję.

– Nie chcesz dłużej pracować jako lekarz? Co w takim razie zamierzasz?

– Chcę robić filmy.

– Nie licz na to, że cię zwolnię. To nie wchodzi w grę!

Uważał, że nie mogę opuścić tak ważnego posterunku pracy, jaki miałam dotychczas. Przez kilka miesięcy uparcie ponawiałam starania. Wreszcie uzyskałam zgodę na przeniesienie się do telewizji, gdzie miałam zostać realizatorką filmów aktualnych i dokumentalnych. Pensja, jaką mi oferowano, nie przekraczała zarobków zamiataczki ulic. Mając trzydzieści siedem lat, przeszłam w gestię Ministerstwa Informacji i Kultury, któremu podlegała sekcja telewizji. W owym czasie telewizja miała zaledwie dziesięć posterunków w całym mieście. Posługiwaliśmy się aparatami czarno-białymi marki Beryl, pochodzącymi z Polski. Zaczęłam pisać scenariusze, które realizowałam razem z ekipą, równie niedoświadczoną jak ja. Mój pierwszy film opowiadał o święcie jesiennego księżyca w Hanoi. Materiałów do filmu mieliśmy niewiele. Użyliśmy resztek dawniej kręconych kamerami na 16 mm marki Paillard-Bolex. Ten film wprowadził mnie w tajniki pracy nowego zawodu. Nie bez znaczenia było również doświadczenie z pracy w dżungli podczas poprzedniej wojny.

Do następnego filmu pod tytułem *Kościoły oskarżają* utrwalaliśmy obrazy kościołów, które padły ofiarą bombardowań amerykańskich. Ten film przyniósł mi nagrodę: statuetkę „Srebrnego Gołębia" na festiwalu filmów dokumentalnych w Lipsku. Choć nie dostałam pozwolenia na wyjazd po odbiór tej nagrody, miałam jednak powód do satysfakcji. A zarazem odpowiedź wszystkim tym, którzy krytykowali mnie za to, że zmieniłam zawód.

Realizacja każdego filmu była wielką przygodą. Moje scenariusze uzyskiwały aprobatę aż siedmiu różnych wydziałów telewizji i organizacji kontrolujących scenariusze. Zyskiwały także aprobatę sekcji finansowej telewizji, nie kosztowały bowiem wiele. Trwało to kilka miesięcy. Żaden mój projekt nie został odrzucony ani żaden scenariusz nie spotkał się ze sprzeciwem. Niemniej pierwszą zaletą realizatora filmowego powinna być cierpliwość. Dla pracowników administracji telewizyjnej najważniejsze było pokazywanie zwycięstw i odwagi ludzi. Nieco później, gdy chciałam kręcić film pod tytułem *Wietnam na rowerach* – pochwałę roweru, który oddał nam tak wielkie usługi podczas poprzedniej wojny i kampanii pod Dien Bien Phu, i podczas wojny obecnej, kiedy transportowano wszystko, co jest potrzebne, szlakiem Ho Chi Minha – początkowo zwierzchnicy uważali, że ten film będzie za drogi. Potem generalny dyrektor telewizji stwierdził, że takiego filmu nie będzie można pokazać na festiwalu w Lipsku. Perswadował: – Phuong, ja cię nie rozumiem! W dobie samolotów i satelitów dlaczego ty właśnie chcesz pokazać, że Wietnam znajduje się jeszcze na etapie roweru?

Lato roku 1969 pozostanie w pamięci wszystkich Wietnamczyków mojego pokolenia. W sierpniu rozeszła się wiadomość o bardzo złym stanie zdrowia Ho Chi Minha. A wieczorem pierwszego września razem z ekipą filmowaliśmy wiec z okazji święta narodowego. W porównaniu z uroczystościami podczas innych lat przemówienie wygłoszone przez Le Duana, sekretarza generalnego partii, w wielkiej sali zebrań było bardzo krótkie; Le Duan miał głos zmieniony. Twarze członków biura politycznego wydawały się posępne, a ich oklaski – zdawkowe. Przeczuwaliśmy, że zbliża się tragiczna chwila. Każdy myślał o naszym prezydencie. Opuszczano wiec w ciszy, światła szybko zostały wygaszone.

Rankiem drugiego września operator Trung Viet przyszedł, aby porozmawiać ze mną na temat dalszego ciągu filmu o święcie narodowym. Zaledwie zdążył wejść, gdy pojawił się Phong, mój trzeci syn. – Mamo – powiedział – jest mi niedobrze! – Twarz miał rozpaloną. Od początku sierpnia w Hanoi panowała epidemia różyczki. Choroba ta atakowała szczególnie chłopców między dziesiątym a dwunastym rokiem życia. W tym właśnie wieku był mój mały. Pierś chłopca pokrywały czerwone plamki. Nagle zaczął wymiotować krwią. Nie tracąc ani sekundy, Trung Viet wziął Phonga na plecy i pobiegliśmy do szpitala dziecięcego, który znajdował się w odległości około dwóch kilometrów. Tam trafiliśmy na koszmar. Wszędzie stały łóżka: na korytarzach, pod schodami; po kilkoro dzieci kładziono na jedno posłanie, wszystkie były chore na różyczkę. Moja przyjaciółka, doktor B., Francuzka, żona Wietnamczyka, natychmiast dała mojemu synowi kroplówkę. Wieczorem wymioty ustały. Przed opuszczeniem szpitala doktor B. radziła mi pozostać przy dziecku. Jednak zaledwie odeszła, nastąpił nowy atak konwulsji, ciało chłopca zsiniało. Opadł bezwładnie na łóżko. Puls miał ledwie wyczuwalny. Spędziłam straszną noc, na szczęście był przy mnie drugi syn i oboje rozcieraliśmy nogi i ręce małego, żeby je rozgrzać; jednocześnie stosowaliśmy sztuczne oddychanie.

O trzeciej nad ranem wydawało się, że Phong odzyskuje siły. Oddychał chrapliwie, wypluwał grudki krwi. Wreszcie otworzył oczy. W tym momencie straciłam przytomność. Kiedy ją odzyskałam, dwie pielęgniarki zajmowały się moim synem. Był ocalony.

Około godziny szóstej, kiedy przenosiliśmy Phonga do innej sali, z głośnika rozległ się głos: – Drodzy obywatele, biuro Partii Komunistycznej z głębokim żalem oznajmia, że zmarł nasz czcigodny wuj Ho Chi Minh.

Przez okna słychać było ogólny lament. Wokół nas ludzie płakali. Trzymałam w ramionach mojego najmłodszego syna, a średni tulił się do mnie. Były to chwile niezapomniane.

Pod bombami

Lata 1970–1971 w Hanoi były bardzo ciężkie. Żyliśmy pod ustawiczną groźbą bombardowań. Wszyscy mieszkańcy stolicy, którzy nie musieli w niej zostać, byli ewakuowani na wieś; dotyczyło to zwłaszcza dzieci. Mój najstarszy syn trafił razem z wydziałem metalurgii w okolice Lang Son na granicy chińskiej. Ewakuowane tam uczelnie wyższe umieszczano w podziemnych grotach. Dwaj moi młodsi chłopcy znajdowali się w odległości około siedemdziesięciu kilometrów od Hanoi, w wiosce, do której Ministerstwo Spraw Zagranicznych kierowało dzieci swoich pracowników. Nie było to miejsce bezpieczne z powodu bliskości mostu, ale sprzeciw wobec władzy byłby bezcelowy.

W mieście większość domów opustoszała; bramy ich starannie zamknięto. Poniżej można było przeczytać na kartkach różnego rodzaju informacje: „Wyjechałem do takiej a takiej prowincji. Jeśli chcecie się ze mną widzieć – przyjedźcie". Albo: „Mamo, wróciłem. Nie ma Cię tutaj. Nie wiem, gdzie jesteś". Listy wtykał listonosz za kraty, często z własną adnotacją: „Ten list przyszedł tego a tego dnia; jeśli ktokolwiek zna miejsce pobytu adresata, proszony jest o przekazanie mu przesyłki". Zdarzało się, że żołnierze przybywający prosto z frontu znajdowali drzwi od domu zamknięte.

Wkrótce mój mąż został skierowany do Lang Son, znalazł się więc blisko najstarszego syna. Zostałam w Hanoi sama. W każdą sobotę rano razem z przyjaciółmi, których dzieci były w tej samej wiosce co moje, jechaliśmy do nich na rowerach, objuczeni żywnością, którą udało nam się wygospodarować ze skromnych przydziałów. Wieźliśmy makaron, ryż, owoce, a także drewno na podpałkę. Kiedy padał deszcz, pedałowanie po gliniastej drodze stawało się koszmarem. Wilgotna glina oblepiała opony, koła się ślizgały, utrudniając jazdę; trzeba było iść z rowerem na ramieniu aż do miejsca, w którym droga stawała się nieco lepsza.

Dzieci oczekiwały nas na wielkiej tamie u skraju wioski i na nasz widok krzyczały z radości. Tak jak inni najmłodsi, moi chłopcy mieszkali u wieśniaków. Chodzili z nimi na pola ryżowe i razem wędkowali. Mój średni syn uwielbiał łowienie ryb i ze smakiem spożywał swoje zdobycze. Kiedy przyjeżdżałam, gospodarz, u którego mieszkali chłopcy, zawsze dawał mi ryby. Wszystko, co przywoziłam, dzieliłam między dzieci wieśniaków i moich synów. Wtedy miałam takie samo poczucie więzi z mieszkańcami wioski, jakie zapamiętałam z czasów poprzedniej wojny.

W każdej szkole pod ławkami były wydrążone tunele, do których dzieci chroniły się podczas alarmów. Na głos syreny kładły na głowy grubo plecione kapelusze, które chroniły malców przed odłamkami bomb. Kapelusze wykonywali miejscowi chłopi na polecenie władz lokalnych. Zdumiewała mnie dyscyplina tych dzieci.

W niedzielę po południowym posiłku ruszaliśmy w drogę powrotną do Hanoi. Był to moment najtrudniejszy, ponieważ zwykle znajdował się ktoś, kto mówił: – Nie wiadomo, czy te dzieciaki za tydzień nie będą sierotami.

Droga była niebezpieczna, często bombardowana, ale przestaliśmy na to zwracać uwagę. Szczęśliwie obrona przeciwlotnicza zawsze sygnalizowała zawczasu zbliżające się naloty. Kiedy zabrzmiała syrena, rzucaliśmy rowery do rowu i kładliśmy się u podnóża pagórków, obok drogi, rękami zatykając uszy, aby nie popękały nam bębenki, co się zdarzało podczas bombardowań. Kiedy bomby spadły i wszyscy stwierdziliśmy, że tym razem uszliśmy z życiem, siadaliśmy na rowery i ruszaliśmy w dalszą drogę.

W tym okresie Hanoi stało się jednym wielkim warsztatem naprawczym. Wszędzie gromadzono samochody uszkodzone w wyniku bombardowań i starano się je remontować. Nierzadki był widok szofera śpiącego w samochodzie nocą, podczas gdy mechanik usiłował doprowadzić jego wóz do stanu używalności. W mieście, które żyło w ustawicznym zagrożeniu, panowała niezwykła atmosfera. Większość młodych była w wojsku, natomiast wielu artystów i pisarzy starszego pokolenia pozostało w Hanoi. Nieraz umawialiśmy się na spotkanie u któregoś z nich; spotkanie takie często kończyło się w schronie. Dyskutowaliśmy o wszystkim i o niczym tak jak w czasach pokoju. Rozstawaliśmy się, wyrażając nadzieję, że się wkrótce spotkamy. Niektórzy już nigdy nie przyszli na następne spotkanie. Jednak sam fakt, że mogliśmy się widywać, był wielkim szczęściem. Klimat wojny nie sprzyjał intrygom i sporom. Między ludźmi, którzy pozostali w mieście, tworzyły się więzy przyjaźni.

Stolica była regularnie bombardowana. Każdej nocy dźwięk syren wyrywał nas z łóżek. Spieszyliśmy do zatłoczonych schronów. Nieraz byliśmy zanadto zmęczeni, żeby się ruszyć, i z biciem serca czekaliśmy na bieg wydarzeń, zadając sobie pytanie, czy tym razem bomba w nas uderzy, czy nie. W tym czasie przyjechała do Hanoi Joan Baez, podobnie jak uczyniła to Jane Fonda. Obydwie przybyły do Wietnamu, żeby spotkać się z jeńcami amerykańskimi i zrozumieć prawdziwą naturę tej wojny. Pewnej nocy po ogłoszeniu alarmu znalazłam się w schronie hotelu Métropole. Kobiety szlochały, dzieci płakały. Zauważyłam wtedy Joan Baez, która zeszła do schronu bardzo blada, rozdygotana, z twarzą zlaną potem. Wcześniej w ministerstwie zamieniłyśmy kilka słów po angielsku i Joan mnie rozpoznała. Usiadłam przy niej i próbowałam ją uspokoić: – Nie bój się, mamy takie powiedzenie: „Wcale nie jest pewne, że bomby spadną na nas. A jeśli bomby spadną na nas, nie jest pewne, że będziemy ranni lub zabici. A jeśli będziemy ranni, nie jest pewne, że te rany będą śmiertelne. W każdym razie będzie, co ma być". – Lecz artystka wciąż drżała, więc spróbowałam ją namówić, aby coś zaśpiewała. – Nie, nie! Nie mogę! Nie mogę! – powtarzała. – Spróbuj śpiewać razem ze mną – zaproponowałam i zaintonowałam jakąś piosenkę. W kilka sekund później głos Joan zagórował nad hałasem w schronie, donośny, dźwięczny, wspaniały. Jak gdyby za dotknięciem magicznej różdżki ktoś włączył się z akompaniamentem gitary... i pieśń brzmiała wśród huku bomb.

Po skończonym bombardowaniu ludzie szybko opuścili schron i z Joan Baez nie miałam już okazji rozmawiać. Prawie dwadzieścia lat później – był rok 1997 – znalazłam się we Francji na międzynarodowym festiwalu filmowym w Amiens. Afisze informowały, że w następnym tygodniu odbędzie się koncert Joan Baez w Théâtre des Champs-Elysées w Paryżu. François M., jeden z moich przyjaciół, filmowców francuskich, któremu opowiedziałam o wojennym spotkaniu z Joan Baez, poradził, abym napisała do niej kilka słów. Parę dni później, powróciwszy do hotelu w Paryżu, znalazłam kopertę, a w niej dwa bilety na koncert.

Joan Baez najpierw zaśpiewała trzy piosenki. Potem zwróciła się do publiczności doskonałą francuszczyzną: – Jestem bardzo szczęśliwa i wzruszona, ponieważ wiem, że na sali jest doktor Phuong. Razem z nią przeżyłam niezapomniane chwile w wojennym Wietnamie. Proszę do mnie, doktor Phuong! – Wstałam i znalazłam się na scenie, obok artystki, w światłach reflektorów. Ujęła mnie za rękę: – Dzięki tobie, Phuong, przezwyciężyłam strach, stałam się spokojniejsza i silniejsza. Do końca życia nie zapomnę tych chwil. A teraz, drodzy słuchacze, chciałabym zaśpiewać dla was piosenkę, którą skomponowałam jako wspomnienie ówczesnych wydarzeń i którą dedykuję doktor Phuong: *Don't fear the bombs!* – Przy końcowej frazie publiczność wstała i oklaskiwała nas na stojąco.

Jane Fondę podziwiałam za odwagę i zimną krew podczas bombardowań. Pod koniec ostatniego swojego pobytu podarowała mi fotografię z następująca dedykacją: „Droga Phuong, mam nadzieję, że ta wojna wnet się skończy i będziemy mogły znów się spotkać w szczęściu i spokoju".

Dwudziesty czwarty grudnia 1972 roku to data bardzo pamiętna. Nie ogłoszono oficjalnego zawieszenia broni, ale wszyscy byli pewni, że Amerykanie nie będą bombardować podczas nocy Bożego Narodzenia. Wiele osób wróciło z okolicznych prowincji, żeby zobaczyć się z rodzinami. Każdy chciał jak dawniej wyjść na przechadzkę wokół Małego Jeziora, przekonać się, że jeszcze żyje, spotkać przyjaciół i wymienić z nimi wiadomości. Mimo że Wietnamczycy są na ogół powściągliwi w okazywaniu uczuć, wielu ludzi ściskało się i całowało publicznie na ulicy.

W katedrze odprawiano uroczystą mszę, uczestniczyli w niej również niekatolicy. Rozbrzmiała muzyka organowa, odezwały się dzwony, jak w dawnych, normalnych czasach pokoju. Myślałam o moich dzieciach, które wciąż pozostawały na wsi.

Chwilę po północy wszyscy byliśmy jeszcze na zewnątrz. Minęła zaledwie godzina, kiedy zawyły syreny. Przerwa się skończyła. Znowu samoloty zaatakowały miasto. Cała dzielnica została starta z powierzchni ziemi.

Nazajutrz razem z ekipą filmowaliśmy straszne widoki dymiących ruin. Ciała bez głów, oderwane nogi i ręce. Przez cały dzień bombardowania powtarzały się ustawicznie. Tak było na drugi dzień i w dzień później, i jeszcze przez dwanaście dni. A my filmowaliśmy bez przerwy, krążąc między bateriami obrony przeciwlotniczej. Filmowaliśmy strącone samoloty i całkowicie zrujnowany dworzec kolejowy, którego budynki istniały od początku XX wieku.

Z radia dowiadywaliśmy się o przebiegu rokowań konferencji paryskiej. Te rozmowy, rozpoczęte w styczniu roku 1969, wydawały się nie mieć końca. I jak gdyby po to, żeby nas nastraszyć, bombardowania stawały się coraz intensywniejsze, a zniszczenia coraz bardziej dotkliwe. Spadały w środku miasta samoloty amerykańskie strącone przez artylerię przeciwlotniczą; pilotów brano do niewoli. Jeden z samolotów runął przed moją dawną przychodnią. Pilot ocalał i był odesłany, tak jak inni, do więzienia na północy stolicy, zwanego przez Amerykanów Hanoi Hilton.

Ludność manifestowała gorącą nienawiść do tych ludzi, gotowa zabić ich na miejscu. Milicja ochraniała Amerykanów; traktowano ich jak cenną „monetę przetargową". Mr Peterson, pilot zestrzelony na ryżowiskach niedaleko Hanoi, w dwadzieścia lat później wrócił do Wietnamu jako pierwszy ambasador Stanów Zjednoczonych w naszym kraju.

Czułam ulgę, wiedząc, że moje dzieci i mój mąż są daleko od miasta. Napięcie, jakie tu panowało, było trudne do zniesienia. Każdego dnia dowiadywaliśmy się o śmierci kogoś z przyjaciół lub znajomych. Żyliśmy w schronach. Żeby dodać ludności otuchy i dalej prowadzić walkę, żeby wzmocnić zaufanie do władz, komitet administracyjny stolicy wpadł na pomysł zorganizowania defilady jeńców amerykańskich. Pod ochroną milicjantów szli ulicami miasta obrzucani słowami oburzenia i obelgami. Kobiety mdlały z bólu na widok tych, którzy winni byli śmierci ich rodzin.

W prowincji Thanh Hoa filmowaliśmy dwóch pilotów, których samoloty tuż przedtem zestrzelono. Milicjanci transportowali jeńców na wózku, żeby skutecznie osłonić ich przed gniewem ludności. W pewnej chwili jeden z pilotów błagał, żeby mu pozwolono zejść z wózka, chciał się bowiem załatwić. I oto, przykucnięty na poboczu drogi, z opuszczoną głową, z na wpół zdjętym kombinezonem pilota, trzęsąc się ze strachu przed wieśniakami, mógł doznać ulgi. Mimo wszystko nie mogłam oprzeć się uczuciu litości dla niego.

W głównym zakładzie karnym, gdzie realizowałam dla telewizji filmy ze spotkań z więźniami, ogarniały mnie zawsze mieszane uczucia nienawiści i współczucia. Wkrótce potem wszyscy aresztowani piloci zostali ewakuowani w różne miejsca, ponieważ władze się obawiały, że któraś bomba trafi w budynek. Ale zachowali własne radio w języku angielskim, razem ze słynną spikerką, panią Ngo o przydomku Hanna, którą niebawem wszyscy znali jako Hanna Ngo.

Piętnastego stycznia 1973 roku, w momencie kiedy głośniki oznajmiły wstrzymanie bombardowań Hanoi, spotkało nas coś niewiarygodnego: ustał hałas samolotów – był to początek totalnej ciszy. Ludzie gromadzili się nad brzegiem Wielkiego Jeziora, płacząc i śmiejąc się na przemian. Po krótkich wybuchach radości rozproszyli się i pojechali po członków rodziny, którzy pozostawali na wsiach. Życie rozpoczynało się na nowo. Nadszedł okres pokoju, którego nie zaznaliśmy od dawna.

Droga na Południe

Powróciwszy do Hanoi, mój najstarszy syn postanowił na ochotnika zgłosić się do służby wojskowej w południowym Wietnamie jako korespondent wojenny. Dotychczas Phuoc studiował na politechnice. Ojciec kazał mu obrać wydział możliwie daleki od tego, gdzie sam był wykładowcą, aby nikt nie mógł mu zarzucić, że faworyzuje syna. W rezultacie chłopak studiował metalurgię, która go w ogóle nie interesowała. Mąż powtarzał mu sto razy, że kraj będzie potrzebował inżynierów metalurgów, profesor kierujący tym wydziałem mówił to samo. Phuoc jednak nie mógł znieść narzuconych mu studiów. Wkrótce potem, gdy postanowiłam zmienić zawód, pewnego wieczoru przyszedł do mnie i oboje usiedliśmy na ławce przed domem:

– Mamo, chciałbym zrobić to, co ty, pracować w zawodzie, który lubię – powiedział.

– Oczywiście wariactwo matki jest zaraźliwe! – skomentował sarkastycznie decyzję syna mój mąż. Ale i on wreszcie ustąpił wobec uporu chłopca.

Phuoc musiał przede wszystkim uzyskać pisemną zgodę profesora, czyli zezwolenie na odejście z wydziału metalurgii, aby studiować w Instytucie Filmowym. – Bardzo się boję twojego męża – powiedział mi ów profesor. – Jeżeli zacznie rozmawiać ze mną o tej sprawie, udam, że nic nie wiem. – Syn nie odważył się spojrzeć na mnie, gdy profesor pisał list wyrażający zgodę. W trzy lata później Phuoc ukończył z odznaczeniem studia w Instytucie Filmowym. Uzyskał prawo kontynuowania studiów za granicą. Na razie jednak powinien był odbyć staż w ekipie, która realizowała film dokumentalny nad Rzeką Czarną.

Rosjanie pomogli nam w sfinansowaniu budowy zapory wodnej, przegradzającej tę rzekę na północ od Hanoi. Tak się złożyło, że i ja tam pojechałam z ekipą, aby sfilmować exodus mieszkańców tej okolicy. Były wówczas momenty bardzo dramatyczne, zwłaszcza dla ludzi z mniejszości etnicznych, którzy od pokoleń żyli w tym miejscu na różnych poziomach: Dao mieszkali na wysokości dwóch tysięcy metrów, Muongowie – tysiąca metrów, a Cao Lan – w dolinach u podnóża gór.

Mieszkańcy wiosek przed przymusowym opuszczeniem swoich domostw wyrywali z korzeniami drzewa owocowe i otwierali mogiły, żeby zabrać ze sobą prochy przodków.

Mój syn filmował te sceny z grupą stażystów. Po skończeniu pracy konfrontowaliśmy nasze doświadczenia i to sprawiało nam wiele przyjemności, mimo że byliśmy świadkami tak tragicznych scen.

Po stażu Phuoc miał możliwość studiowania w Wyższej Szkole Filmowej w Związku Radzieckim. Byłam dumna i bardzo rada z jego wyjazdu. Ale w trzy tygodnie później, kiedy wróciłam z kolejnego etapu pracy nad filmem, przyszedł do mnie i powiedział:

– Mamo, nie pojadę do Rosji. Zgłaszam się jako ochotnik, żeby pracować w charakterze korespondenta wojennego na Południu. Chcę służyć mojej ojczyźnie tak jak niegdyś wy oboje, ojciec i ty.

Wiedziałam, że jest to dojrzała, przemyślana decyzja i że nic nie powstrzyma syna od realizacji tego zamiaru. Przynajmniej raz mój mąż nie ukrywał satysfakcji: jego najstarszy, pierworodny potomek był godny podjąć sztandar walki za ojczyznę. W przeddzień jego odjazdu zorganizowaliśmy pożegnalne przyjęcie dla jego kolegów, którzy również udawali się na Południe. Pod koniec wojny z dwudziestu siedmiu wówczas obecnych pozostało przy życiu tylko pięciu. Inni polegli. Pożegnalny wieczór łączy się w moich wspomnieniach z górą naczyń kuchennych, które musiałam umyć i uporządkować.

Przed wyjazdem na Południe ochotnicy musieli odbyć sześciomiesięczny staż w Hoa Binh, w strefie górskiej położonej około sześćdziesięciu kilometrów na północ od Hanoi. Tam odbywali intensywny trening fizyczny, by przygotować się na trudy wędrówki „drogą Ho Chi Minha", a także trening psychologiczny, również bardzo intensywny; najważniejszym jego elementem było nieujawnienie w żadnym wypadku, że przychodzą z Północy.

Wietnam Południowy był podzielony na strefy wojskowe: B3, B4, B5. Wiedziałam, że mój syn jest przydzielony do strefy B5, obejmującej Hue, może dlatego że mieszkała tam nasza rodzina. Po jego odjeździe w 1973 roku nie miałam od niego żadnej wiadomości. Kiedy w radiu słyszałam o walkach w okolicach Hue, podczas bezsennych nocy, martwiłam się o syna, gdzie jest i czy jeszcze żyje. Nie mogłam z nikim o tym porozmawiać, nawet z mężem, który znów służył w armii.

Czas prób jeszcze się nie skończył. Od 1969 roku Komitet Zjednoczenia Wietnamu rekrutował młodych ludzi, żeby przygotować ich do pracy na Południu. Pewnego dnia zjawił się u nas przedstawiciel tego komitetu:

– Phuong, twój drugi syn robi maturę – powiedział. – Chcemy go posłać na studia do któregoś z krajów socjalistycznych. Co wybierasz? Wchodzi w grę Polska, Węgry, Rumunia albo Związek Radziecki.

Mój średni syn pośpieszył się z pytaniem:

– A który z tych krajów jest wolny? – Natychmiast wtrąciłam się do rozmowy w obawie przed reakcją naszego rozmówcy:

– Towarzyszu, w którym z tych krajów najłatwiej porozumieć się po francusku?

Odpowiedź brzmiała: – W Polsce.

– To ja wybieram Polskę – odparł syn.

Prawdopodobnie fakt, że jego starszy brat poszedł na front, dał młodszemu szansę spokojnych studiów za granicą. W kilka dni później średni syn odleciał do Polski, gdzie rozpoczął studia na Politechnice Szczecińskiej, na wydziale budowy urządzeń chłodniczych. Trzeci, najmłodszy syn na szczęście chodził jeszcze do szkoły.

Pomimo ciekawej pracy czułam się bardzo źle jako matka żołnierza. Nawet w dżungli nie napadały mnie takie ataki strachu jak teraz. Bałam się o syna. Pewnej nocy zbudził mnie gwałtowny ból, który zdawał się rozdzierać mi wnętrzności. Z trudem oddychałam, chwilami się dusiłam. O godzinie trzeciej nad ranem stwierdziłam, że błąkam się bez celu po opustoszałych ulicach miasta. Nazajutrz coś mnie nakłoniło do zapisania w kalendarzyku daty tej dziwnej przypadłości, chociaż bardzo rzadko robię notatki. Zrozumiałam przyczynę tego nagłego, niewytłumaczonego bólu w dwa lata później. Pewnego wieczoru roku 1975 ktoś zapukał do moich drzwi. Na korytarzu stał człowiek w podartym mundurze, wsparty na kiju. Miał łysą głowę, twarz chorobliwie bladą i napęczniały brzuch. Bez wątpienia żebrak.

– Poczekaj, zaraz dam ci ryżu!

– Mamo, nie poznajesz mnie? – Stałam, nie mogąc wymówić ani słowa. Mój syn, chłopak wysportowany i pełen energii, nie mógł stać się nagle starcem niezdolnym do utrzymania się na nogach. – To naprawdę ja, mamo! Nie płacz! Żyję! To najważniejsze.

Oto co się okazało. Podczas wykonywania zadań w dżungli Phuoca obsypały niebezpieczne wrzody. Warunki higieniczne w szpitalu znajdującym się w grocie były fatalne. Chorych kładziono po trzech lub czterech na jednej macie. Chorowali też pielęgniarze, zaatakowani tą samą infekcją. Tymczasem zaistniała konieczność przeniesienia szpitala zagrożonego nalotami amerykańskimi w inne miejsce. Nie starczało ludzi do przetransportowania rannych i chorych; mój syn był już w stanie agonalnym. Wyniesiono go z groty i położono na brzegu strumyka, obok dwóch innych chorych w podobnym stanie. Syn zapamiętał słowa pożegnania, jakie rzucili pielęgniarze: – Spoczywajcie w pokoju. Nie możemy was zabrać. Bądźcie pewni, że kiedy wrócimy, zabierzemy to, co z was pozostanie. – Po zachodzie słońca strumień wezbrał. Kiedy Phuoc obudził się o świcie, był prawie całkiem zanurzony w lodowatej wodzie. Dwóch jego towarzyszy niedoli zmarło. Nagle usłyszał, że ktoś nadchodzi i pochyla się nad nim. Był to żołnierz, którego zostawiono jako strażnika magazynu leków i ryżu. Magazyn ten znajdował się w jednej z pobliskich jaskiń. Żołnierz ów, widząc, że Phuoc daje oznaki życia, zaniósł go na plecach do groty i zaaplikował mu leki z magazynowych zapasów. Po kilku dniach armia północnowietnamska wróciła w to miejsce i wtedy odesłano syna do Hanoi ciężarówką na leczenie w szpitalu wojskowym. – Czy pamiętasz, jakiego dnia zostawiono cię na brzegu strumienia? – spytałam. Przypadkiem pamiętał. Był to dokładnie ten dzień, kiedy zaatakował mnie ów dziwny, niewytłumaczalny ból.

Syn znalazł się w szpitalu wojskowym. Ale żeby kupić potrzebne mu lekarstwa, musiałam sprzedać prawie wszystko, co mieliśmy, łącznie z szafą, którą zdołałam nabyć, żeby wreszcie nasze ubrania były porządnie ułożone i żebyśmy nie żyli w ciągłym bałaganie. Phuoc przebywał w szpitalu dwa lata, podczas których musieliśmy go dożywiać, wyzbywając się wszystkiego. Po powrocie do zdrowia natychmiast rozpoczął pracę w Studiu Filmów Dokumentalnych.

Kiedy rozeszła się wiadomość, że reżim sajgoński uległ załamaniu i armia wyzwoleńcza jest na progu Sajgonu, Hanoi ogarnęła gorączka. Nie mogłam nie uczestniczyć w tak historycznych wydarzeniach. – Jest to bardzo niebezpieczne – przestrzegł mnie dyrektor telewizji, któremu przedłożyłam zamiar wyjazdu. Ale nic nie mogło mnie powstrzymać. Następnego dnia, wraz z pięcioma członkami ekipy filmowej, władowaliśmy się do dżipa produkcji rumuńskiej, który z tyłu miał dodatkowy zbiornik na sto litrów benzyny. Jeden z pracowników telewizji, również pochodzący z Hue, chciał jechać z nami. Przed podróżą każdy z nas otrzymał dwa mundury wojskowe i kask z tkaniny: żeby ci, których spotkamy, od razu poznali po znaczkach na kaskach, do jakiej armii należymy.

Od wyjazdu z Hanoi droga była jednym ciągiem wojskowych ciężarówek i samochodów. Przekraczając siedemnasty równoleżnik, z wielkim wzruszeniem przypomniałam sobie, ilu rodaków tu poległo. Zatrzymaliśmy się, aby uczcić minutą ciszy pamięć zmarłych, wśród nich moich dwóch kolegów z ekipy, która pracowała dla Jorisa Ivensa. Potem ruszyliśmy dalej w kierunku Hue. Serce biło mi coraz mocniej, kiedy myślałam, że niebawem zobaczę moją rodzinę.

Stopniowo pejzaż się zmieniał. Mijaliśmy małe domki otoczone ogrodami. Krzątały się w nich kobiety w *ao dai* i stożkowatych kapeluszach, tak jak dawniej. Ale mieszkańcy wiosek wyglądali na przerażonych i uciekali, kiedy się do nich zbliżaliśmy. Nie rozumieliśmy, dlaczego tak się dzieje. W tym czasie, tak jak większość mieszkańców Północy, nie znaliśmy szczegółów straszliwej masakry w roku 1968 podczas ofensywy Tet*. W najbliższym mieście większość domów była opuszczona. Na ulicach piętrzyły się mundury i buty wojskowe, plecaki i inne elementy ekwipunku żołnierzy sajgońskich. Często musieliśmy się zatrzymywać, żeby usunąć przeszkody na drodze.

Dotarliśmy wreszcie do przedstawicieli naszych władz, czyli komitetu administracyjnego Hue, i natychmiast zaczęliśmy filmować. Potem ruszyliśmy dalej do Thuan An, dwanaście kilometrów od Hue. Wzdłuż drogi również panował nieopisany chaos. Wszędzie widzieliśmy walizy, odzież, telewizory, motocykle i skutery.

W Thuan An stały kolumny niedawno porzuconych czołgów. Zbliżyliśmy się do morza, w którym pływały trupy. Z brzegu można było gołym okiem dostrzec okręty amerykańskie. Po sfilmowaniu tych apokaliptycznych scen wróciliśmy do Hue. Żeby zdobyć dach nad głową, wystarczyło zajechać do któregokolwiek hotelu. Każdy, kto nosił mundur armii północnej, mógł mieszkać i jeść bezpłatnie w miejscowych hotelach. Zakwaterowaliśmy się w hotelu Morin. Zostało w nim kilka osób z obsługi, jedzenie było znakomite i obfite. Ale nie mieliśmy wiele czasu, żeby z tego skorzystać. Musieliśmy filmować.

---

* W roku 1968 podczas ofensywy przeprowadzonej w święto Tet przez wojska północnowietnamskie zginęło około trzech tysięcy mieszkańców Hue; pochowano ich w zbiorowych grobach.

W domach oficerów pozostały półotwarte szuflady, szafy pełne odzieży, łazienki z wannami napełnionymi wodą. Na ulicach piętrzyły się sterty trupów.

Trzeciego dnia, kiedy chciałam odszukać krewnych, stwierdziłam, że nie znam drogi prowadzącej do Eo Bau, mojej wioski rodzinnej. Na targu zapytałam sprzedawczynię, jak mamy tam jechać. – Dlaczego chcesz wybrać się do Eo Bau? – zapytała z niepokojem. – Bo pochodzę z tej miejscowości. – Co takiego, Vietcong z Hue?! – Natychmiast zgromadziło się co najmniej dwadzieścia osób. Dotykali moich ramion i twarzy. – Ta dziewczyna z Vietcongu ma jednak ciało – mówiono. – Na Południu krążyły plotki o żołnierzach z Północy, tak chudych i słabych, że pod ich ciężarem nie załamują się gałęzie drzew.

Trzydzieści lat upłynęło od dnia, kiedy opuściłam moją rodzinę. Wracałam teraz na cieniste ścieżki mojej pierwszej młodości. Eo Bau prawie wcale się nie zmieniło. Bawoły pasły się w cieniu bananów, pachniały kwitnące grejpfruty przed domem mojej babci. Po obu stronach bramy, tak jak dawniej, były napisy w alfabecie chińskim. Nagle coś mnie zatrzymało, nie mogłam iść dalej. Słyszałam śmiech moich braci i sióstr. Widziałam moją matkę w *ao dai* z powiewnego jedwabiu. Gdzie oni są teraz? Nogi się pode mną ugięły, łzy przesłoniły mi widok. Moi dwaj koledzy filmowcy bez słowa wzięli mnie pod ramię z obu stron. Byłam nareszcie w ogrodzie, o którym często śniłam. Zawołałam: – Babciu, babciu!

Najpierw wybiegła z domu moja dziewiąta ciotka, jedna z młodszych sióstr mamy, bardzo do niej podobna. – To naprawdę ty, Phuong? – Obydwie wybuchnęłyśmy płaczem. Nasi filmowcy byli tak wzruszeni, że również nie mogli pohamować łez. Tymczasem zbliżyła się moja babcia wsparta na lasce. Powolnymi ruchami dotykała mojej twarzy: – Tak gorąco błagałam Buddę o twój powrót! Wysłuchał moich próśb. Dzięki niemu jesteś tu wreszcie znowu. – Mając osiemdziesiąt z górą lat, słabo widziała, ale zdołała mnie rozpoznać. Moja ciotka nie przestawała wołać: – Phuong jest tutaj! Phuong wróciła! – I pośpieszyła do domu, aby przygotować świąteczne ciasto. Wiadomo, że żołnierze Vietcongu umierają z głodu. Czekaliśmy, aż przygotuje coś do zjedzenia, żebyśmy potem mogły spokojnie porozmawiać.

Tymczasem koledzy spacerowali po ogrodzie. Mieli wrażenie, że znaleźli się w raju. Nigdy dotąd nie widzieli miejsca, w którym byłoby aż tyle wspaniałych owoców. Zapomnieli już, jak żyją rodziny podobne do mojej.

– I tyś to wszystko porzuciła, żeby pozostać na Północy? To naprawdę bohaterstwo! – wykrzyknął jeden z filmowców.

Usiadłyśmy na werandzie, razem z ciotką i z babcią. Dowiedziałam się, że mój ojciec i matka mieszkają w Sajgonie u mojej siostry Xuan Nhan. Moja straszna teściowa zginęła w roku 1968 podczas wydarzeń związanych z bitwą przed świętem Tet. Odłamek bomby wpadł do domu i trafił ją w głowę. Inni członkowie mojej rodziny również są w Sajgonie, oprócz mojego brata, który dowodzi jednostką lotniczą z Da Nangu stacjonującą na wyspie Son Tra.

Dwa dni później dostaliśmy pilną wiadomość od służby informacyjnej miasta Da Nang, że właśnie zostało ono wyzwolone, i wzywają nas, by filmować tamtejsze wydarzenia.

Na stu kilometrach, które dzielą te dwa miasta, droga była koszmarem. Wszędzie trupy piętrzące się u podnóża wzgórz. Porzucone dżipy. Nasz kierowca zatrzymywał się przy każdym pojeździe i zabierał klucze ze stacyjek unieruchomionych samochodów. W tym czasie staraliśmy się nie patrzeć na martwe ciała.

W Da Nang przyjął nas Komitet Wyzwolenia. Byli to kadrowcy i oficerowie, którzy wyszli z konspiracyjnego podziemia, aby przejąć władzę po ucieczce żołnierzy z Południa. Trzeba było przede wszystkim zrobić porządek w mieście. Byliśmy pierwszymi dziennikarzami, którzy tu dotarli po wyzwoleniu. Umieszczono nas w centrum, w hotelu Orient, luksusowo wyposażonym, który cudem ocalał pośród płonących sklepów i uniknął ogólnej grabieży.

Owładnięta obsesyjnym pragnieniem odnalezienia mojego brata, nie zwlekałam z penetrowaniem miasta. Udaliśmy się najpierw na Plażę Chińską. Choć nie widziałam Phata od trzydziestu lat, byłam pewna, że go rozpoznam. Mundury spiętrzone obok drogi pozostawili żołnierze z Południa, którzy usiłowali przeszkodzić w ucieczce cywilom. Na Chińskiej Plaży utworzono kilka prowizorycznych obozów, gdzie zgromadzono wojskowych, którzy nie zdołali uciec. Ludzie byli wyczerpani, twarze mieli znużone i ponure.

Strażnicy mnie przepuścili. Próbowałam dotrzeć do oficerów.

– Czy ktoś z was zna pułkownika Xuan Phata? – spytałam. – To mój drugi brat.

Jeden z oficerów potwierdził:

– Tak, znam go. Dowodzi tutejszym lotnictwem.

– Czy wiesz, gdzie może być teraz?

– Nie, nie widziałem go od trzech dni.

Było to dwudziestego dziewiątego marca. Przez cały dzień powtarzałam moje pytania, podczas gdy niezmordowanie filmowaliśmy.

Pod kierownictwem kadrowca z Da Nang oficerowie z Południa uczyli się pieśni wyzwoleńczych. Oficjalnie nie byli uznawani za więźniów, lecz za „oficerów skoncentrowanych". Każdego wieczoru komisarz polityczny tłumaczył im, dlaczego imperialiści opuścili nasz kraj, i przekonywał, że teraz wszyscy jesteśmy braćmi. Patrzyłam na ich twarze z nadzieją, że zobaczę brata. Na próżno. Nie było go nigdzie. Kiedy kręciliśmy film, z grupy oficerów zgromadzonych w pewnym domu młody, chudy człowiek zbliżył się do mnie:

– Ty jesteś Phuong, prawda? Mieszkałaś w Eo Bau?

– Tak, skąd wiesz?

– Jestem twoim kuzynem.

Powiedział, że jako kapitan lotnictwa pilotował helikoptery pod komendą mojego brata. Dowiedziałam się, że Phat najpierw pomagał w ewakuacji wszystkich członków naszej rodziny, zanim opuścił Da Nang jako jeden z ostatnich na pokładzie helikoptera, który pilotował inny z moich kuzynów, zatrudniony na lotnisku. Mój ojciec, matka z siostrami i braćmi oraz resztą najbliższej rodziny zdołali znaleźć miejsce w jednym z ostatnich samolotów amerykańskich, które odleciały z Sajgonu.

Z ulgą mogłam więc opuścić Da Nang. Tu wszystko jeszcze wciąż płonęło. Złodzieje wynurzali się z opuszczonych domów, wynosząc meble, telewizory, lodówki. Dzięki oficerowi z Północy, którego poznałam podczas wojny, mój kuzyn wkrótce został zwolniony z obozu i odesłany do Hue z poleceniem uczestniczenia w trzydniowym, obowiązkowym kursie reedukacyjnym, po czym miał jako cywil prowadzić życie zwykłego obywatela. Trzydniowy kurs, podczas którego trzeba było wysłuchać wykładów oficera politycznego, tłumaczącego linię partii, to nie było wiele. Znacznie gorszy los spotkał innych oficerów. Niektórzy, zwłaszcza oficerowie wywiadu, zostali internowani na długo, nawet na dziesięć lat.

Spędziłam tydzień w Da Nang w apokaliptycznej atmosferze. Dniem i nocą trwał niesamowity hałas, przemieszczanie ludzi i samochodów. Nikt nie wiedział, kto jest kim, nie można było niczego zrozumieć z tego, co się dzieje. Żołnierze z Północy przeczesywali systematycznie domy w poszukiwaniu żołnierzy reżimu sajgońskiego, którzy się ukrywali. Widziałam różne niesamowite sceny. Między innymi byłam świadkiem grabieży ogromnego magazynu ryżowego: pięćset metrów kwadratowych powierzchni, na której sterty worków spiętrzone były aż po sufit. Przez bramy otwarte na oścież setki ludzi wdarły się do środka. Nagle dały się słyszeć jęki i wycia. Górne worki na skutek braku równowagi spadły, miażdżąc wiele osób.

W nocy nie można było spać. Strzelano w całym mieście. Rankiem na ulicach leżały kolejne trupy. Ten widok nas przerażał. Na szczęście zdarzało się nam również asystować przy scenach wzruszających spotkań. Wielu żołnierzy z Północy, tak jak ja, próbowało odnaleźć krewnych. Jeden z nich zgodził się, żebyśmy mu towarzyszyli z kamerą. Pytał napotkanych przypadkiem przechodniów, gdzie jest dom pani X. Wreszcie pewna kobieta zgodziła się go zaprowadzić. Na naszych oczach syn padł w ramiona matki. Po tylu scenach budzących grozę dobrze nam zrobiło sfilmowanie chwili obopólnego szczęścia.

Miasto Nha Trang właśnie zostało wyzwolone. Wzywano nas, abyśmy natychmiast się tam udali. Opuściwszy Da Nang, jechaliśmy drogą prowadzącą przez górskie przełęcze. Mijaliśmy nieskończoną karawanę pojazdów. Ludzie, którzy uciekli z miast ze strachu przed walkami ulicznymi, powracali do swoich domów.

W Nha Trang zobaczyliśmy również płonące sklepy. Żołnierze reżimu sajgońskiego grabili z nich wszystko, co się tylko dało, zanim podłożyli ogień, wiedząc, że oddziały armii północnej są już blisko. Ludzie próbowali gasić pożary wiadrami wody. Filmowaliśmy te sceny bez przerwy. Następnego wieczoru, w hallu hotelu, gdzie mieszkaliśmy, podeszła do mnie młoda nieznajoma dziewczyna w *ao dai*:

– Jestem twoją przyrodnią siostrą, mam na imię Huong – powiedziała. Patrzyłam na nią bez słowa, oniemiała ze zdumienia. – Nie znasz mnie – dodała – a jednak jestem twoją siostrą. Jeśli nie masz nic przeciwko temu, zapraszam cię do nas.

W małym pokoiku, jaki zajmowała na parterze okazałego domu, opowiedziała mi historię drugiego małżeństwa* mojego ojca z jej matką, która przyjęła nazwisko ojca, Can. Pokazała mi fotografie. Moją matkę,

---

* Poligamia, czyli wielożeństwo, często spotykane niegdyś w Wietnamie, tak jak w całych Indochinach, zostało urzędowo zakazane po proklamowaniu Demokratycznej Republiki Wietnamu w roku 1945. Ale w separatystycznej Republice Wietnamu Południowego ten zwyczaj utrzymywał się także później. Zgodnie z wymogami tradycji mężczyzna mógł poślubić drugą żonę za zgodą pierwszej, która zachowywała nadal główną pozycję w rodzinie, decydując o losach dzieci zarówno własnych, jak i zrodzonych z drugiego związku. Tym można wyjaśnić gniew matki Phuong, której mąż zawarł drugi, długotrwały związek małżeński, nie pytając jej o zgodę i zezwolenie (przyp. tłum.).

zgodnie z tradycją, określała słowem „matka". Mamą nazywała swoją matkę. – Kiedy nasza matka pojechała do Hue i tam zamieszkała, papa poślubił mamę – wyjaśniła. Potem zaprowadziła mnie do swojego brata imieniem Long, mieszkającego w pobliżu. Mimo niezaprzeczalnego podobieństwa do mojego ojca obojga tych młodych ludzi nie doznawałam wobec nich żadnych uczuć rodzinnych. Nazajutrz zaprosili mnie na obiad do ich matki w domu ze sklepami, w samym centrum miasta Nha Trang. Ten dom wybudował dla drugiej żony mój ojciec. Powitała mnie słowami: „Moje dziecko". Natychmiast jednak sprostowałam: – Proszę mówić mi po imieniu, Phuong, to wystarczy. Nie jestem pani dzieckiem i nie chcę mieć dwóch matek.

Była to wysoka, przystojna kobieta o miłej twarzy i siwych włosach, upiętych w kok. Miała naszyjnik z nefrytu i odpowiednio dobraną bransoletkę. Podczas obiadu zrozumiałam nareszcie, dlaczego moi rodzice często i na długo się rozstawali. I pojęłam także, dlaczego ta kobieta się mnie boi: ponieważ w jej oczach byłam jedną z Vietcongu i nie wiedziała, jakie mam zamiary.

W roku 1976, kiedy już mogłam korespondować z moją matką mieszkającą w Kalifornii, otrzymałam od niej pięćdziesięciostronicowy list, prawie jak broszura. Opisała mi w nim z najdrobniejszymi szczegółami historię drugiego małżeństwa ojca z kobietą, której nigdy nie zaakceptowała, ponieważ ojciec poślubił ją bez jej zezwolenia. Mama błagała, żebym nie utrzymywała żadnych kontaktów z tą kobietą i jej dziećmi. Nie miałam na to najmniejszej ochoty, więc spełniłam jej życzenie.

Pozostaliśmy trzy dni w Nha Trang. Kiedy wracaliśmy drogą prowadzącą do Sajgonu, przed nami posuwała się dywizja czołgów i filmowaliśmy jej marsz. W noc poprzedzającą nasz odjazd nikt z nas nie mógł zmrużyć oka. Tak długo marzyliśmy o zjednoczonym wreszcie kraju! Nasz hotel był pełen dziennikarzy wietnamskich, podnieconych podobnie jak my. Jeden z nich zwierzył mi się, że reportaż z tych wydarzeń będzie ukoronowaniem jego kariery.

Dwudziestego dziewiątego kwietnia znajdowaliśmy się w odległości pięciu kilometrów od Sajgonu. W pobliżu miasta zostaliśmy objęci opieką przez dwoje młodych ochotników: chłopca i dziewczynę. Ta para prowadziła naszego kierowcę. Dziewczyna miała na sobie ubranie w żywych kolorach i bardzo pięknie pachniała. – Ona jest inna niż nasze dziewczyny z Północy, zawsze ubrane na czarno i na biało – zauważył kierowca. Wkrótce wyższy oficer zagrodził nam drogę:

– W tej chwili niemożliwy jest wjazd do miasta. Wozy wojskowe forsują most na rzece Sajgon i toczy się tam walka. Musicie tu zostać aż do jutra.

Skierowano nas na kwaterę do domu krawca, położonego na poboczu drogi. Przerażony gospodarz pozdrawiał nas, bez końca powtarzając: „panowie" i „pani". – Mów do nas „towarzyszu"! – Nie, ja się nie odważę. Co chcielibyście zjeść? – Dom składał się z pięciu pokoi bogato umeblowanych, z porozstawianymi wentylatorami i z dużą lodówką w kuchni. W pokojach leżały sterty ubrań w najróżniejszych kolorach.

Krawiec opowiedział nam, że jego ojciec pochodzi z Północy. Przed laty wykorzystał słynne „trzysta dni", żeby w 1954 roku przenieść się na Południe. Ów stary człowiek, pełen godności, zjawił się, aby nas pozdrowić: – Wy z Północy jesteście bardzo uparci! – zażartował. – Przyszliście, i teraz się już was nie pozbędziemy!

Posiłek wydawał nam się świętem. Z trudem mogłam jeść, tak bardzo byłam wzruszona. Wreszcie udałam się do łazienki. W wielkim lustrze nad umywalką zobaczyłam jak gdyby obcą twarz, oczy płonące gorączkowym blaskiem, włosy zlepione od potu. Wykąpałam się szybko, aby zrobić miejsce moim towarzyszom. Wieczorem dotarliśmy do mostu. Tam byłam świadkiem sceny, której nigdy nie zapomnę: Widząc nadjeżdżający czołg, młody żołnierz sajgoński rzucił w jego kierunku granat. Ale granat nie wybuchł. Żołnierz usiłował za wszelką cenę zagrodzić drogę pojazdowi. Czołg się nie zatrzymał... Wracając na kwaterę do krawca, zadawałam sobie w duchu pytanie, komu służy ta wojna. I wyobrażałam sobie rozpacz matki, której syn zginął w przededniu końca wojny.

Miasto Ho Chi Minha

W środę trzydziestego kwietnia po południu wjechaliśmy do Sajgonu. Wydano nam bardzo rygorystyczne rozkazy. Byliśmy umundurowani, w okrągłych kapeluszach, bardzo wzruszeni, a zarazem ogromnie podnieceni. Jak w Hue, jak w Da Nang, tu też panował nieopisany chaos. Wszędzie, na jezdniach i na chodnikach, leżały porzucone mundury południowowietnamskie, obuwie i plecaki. Ludzie patrzyli na nas raczej obojętnie, wielu z nich nosiło na ramionach opaski z żółtą gwiazdą, jak gdyby chcieli powiedzieć: „Jesteśmy po stronie Vietcongu". Samochody z zainstalowanymi na nich głośnikami nawoływały do zachowania spokoju. Od dzisiejszego dnia Sajgon nazywał się Miastem Ho Chi Minha.

Ostatni Amerykanie uciekli tego samego ranka. Na ulicy, przed ich ambasadą, oprócz mundurów żołnierzy sajgońskich piętrzyły się sterty waliz. Była piękna i bardzo upalna pogoda, ale wszystkie bramy pozostawały zamknięte. Powiedziano nam, że mamy zakwaterować się w hotelu Caravelle. W chwili naszego przyjazdu personel hotelowy był nieliczny. Wydało się nam, że weszliśmy do nowego raju. Wyobraźcie sobie pierwszy wieczór: restauracja, znakomite potrawy, wśród nich nawet sery – obsługiwali nas kelnerzy. W pokoju miałam prawdziwe łóżko z białymi prześcieradłami i łazienkę tylko dla siebie! Zostaliśmy w tym hotelu przez kilka dni aż do czasu, kiedy przybyły wszystkie ekipy telewizyjne i praca została zorganizowana.

Siódmego maja zaprowadzono nas do miejscowej telewizji, która zajmowała pięć budynków. Na dziedzińcu napotkaliśmy inne grupy telewizyjne z północnego Wietnamu. Znów przeżywaliśmy momenty wzruszenia: płacz radości i gorące uściski.

Telewizja pozostawała pod tymczasowym zarządem pułkownika Hoa z armii sajgońskiej. Przyjął nas bardzo serdecznie. Wszystkie urządzenia i aparaty pozostały nietknięte. Nasi technicy zdumiewali się, widząc ultranowoczesne wyposażenie telewizji oraz aparaty, których nie potrafili nawet nazwać. W kuluarach spotykaliśmy młode eleganckie dziewczyny, pełne wdzięku. Jak bardzo ich wygląd kontrastował z naszym! Poza budynkami telewizji znajdowały się liczne baraki, tworzące półokrąg – i tu mieliśmy zamieszkać. Dyrektor telewizji, który przybył z Północy prawie w tym samym czasie co my, przekazał nam liczne zakazy i polecenia: Tym, którzy pochodzą z Południa, nie było wolno na razie poszukiwać ani odwiedzać rodzin. Obowiązywał kategoryczny zakaz udzielania mieszkańcom Sajgonu informacji o systemie pieniężnym na Północy, wartości tamtejszych pieniędzy, o poziomie życia i o zaopatrzeniu sklepów. Podczas pierwszego miesiąca nie wolno nam było wychodzić wieczorem na miasto. W dzień mogliśmy filmować wszystko, co chcieliśmy, ale po zapadnięciu zmroku musieliśmy wracać do „Zamku", tak nazwaliśmy siedzibę telewizji. Tym surowym rygorom poddano sześćdziesiąt osób, prędko jednak zorganizowaliśmy sobie życie raczej wesołe. Baraki zostały zamienione w sypialnie. Przydzielono nam prześcieradła, ale każdy spał na podłodze. Myliśmy się w toaletach.

Zaczęłam od razu szkicować scenariusz filmu dokumentalnego pod tytułem: *Kiedy milkną działa*. W filmie utrwalałam pierwsze godziny pokoju. Razem z ekipą filmowaliśmy usuwanie stert śmieci, które piętrzyły się wszędzie, pogrzeby zmarłych i zabitych o nieustalonych nazwiskach, tworzenie komitetów administracyjnych i wszystkie zmiany, jakie zachodziły w mieście. Dawny personel telewizji wywoływał filmy, ja kierowałam montażem. Około południa zauważyłam, że zawsze ten sam chłopiec i ta sama dziewczyna przynoszą nam posiłki. To mnie zdziwiło:

– Dlaczego stąd nie wychodzicie i nie wracacie do domu? – Nam chyba nie wolno wychodzić – odparła dziewczyna z miną spłoszonego ptaka. – Ale to przecież nie ma sensu! My mamy rozkaz pozostawania tutaj, ale was to nie dotyczy. Idźcie do domu! I wróćcie dopiero rano, a ja w tym czasie zakończę montaż filmu. – Od naszego przybycia ta para młodych ludzi musiała sypiać w telewizyjnej sali montażowej. Ich rodzice przynosili im jedzenie. – Ale czy naprawdę jesteś z Vietcongu? – zapytała dziewczyna. – Tak. Jak zresztą my wszyscy. – W takim razie dlaczego wasz akcent jest trochę odmienny i nie mówicie tak szorstko jak inni? – Dlatego że większość z nas to inteligenci. Z innymi należącymi do Vietcongu nie macie żadnego kontaktu i dlatego się ich boicie, bo wydaje się wam, że są brutalni. Po prostu ich nie znacie.

W ciągu trzech dni zgromadziliśmy materiał i skończyliśmy montaż filmu. Dyrektor redakcji napisał komentarz. Realizowaliśmy również inne filmy. Ponadto przysyłano nam filmy obrazujące ostatnie dni wojny w Hanoi albo w delcie Mekongu. Aktualności przekazywane były co dzień w trzech programach. Ludzie pracowali z pasją i zapałem, nie schodząc ze swoich posterunków.

Trzeciego dnia po naszym przybyciu do Sajgonu dyrektor kazał mi udać się do Pałacu Zjednoczenia, aby sfilmować ustąpienie ostatniego rządu sajgońskiego generała Duong Van Minha. Wiedziałam, że młodszy brat mego męża był ministrem informacji w tym rządzie i on mógł mieć więcej wiadomości o ludziach, którzy w swoim czasie usiłowali obalić reżim dyktatora Ngo Dinh Diema. Może spotkam mego szwagra.

Plac przed Pałacem Niepodległości był pełen czołgów i uzbrojonych żołnierzy. Wewnątrz, w wielkich salach i wzdłuż schodów, wszystko zachowało się w stanie nietkniętym. Mogłam podziwiać ogromne kły słoniowe, fotele pokryte czerwonym brokatem, wspaniałe dywany. Przybyło do pałacu wiele delegacji, około pięćdziesięciu osób, w tym kilku Francuzów. Za ogromnym stołem zasiedli przedstawiciele tymczasowego zarządu wojskowego miasta Sajgon. Zrobiła się cisza, gdy wstał ze swego miejsca generał północnowietnamski: – Zapraszam wszystkich obecnych – rzekł tonem bardzo uroczystym – wraz z prasą miejscową i międzynarodową, abyście byli świadkami dymisji ostatniego rządu południowowietnamskiego.

U szczytu wielkich schodów ukazali się dwaj oficerowie i zaczęli zstępować na dół, za nimi – kolejno członkowie dawnego rządu sajgońskiego, któremu przewodniczył generał Duong Van Minh. Byli bladzi i wyczerpani, ponieważ od wielu dni pozostawali zamknięci w Pałacu Niepodległości; nie zauważyłam pośród nich mojego szwagra. Zbliżyli się do wielkiego stołu. Po raz pierwszy zobaczyłam z bliska generała Minha. Był to człowiek wysoki, dobrze zbudowany, o inteligentnej twarzy. Miał na sobie mundur khaki, pozostali byli w cywilnych, bardzo eleganckich ubraniach. Czułam podziw dla odwagi, jaką okazał generał Minh aż do końca, nie uciekając za granicę, tak jak wielu innych. Ktoś z obecnych zaprezentował zebranym członków dawnego rządu. Potem Duong Van Minh wyjął z kieszeni kartkę i przeczytał:

– Poddaliśmy się bezwarunkowo i w tej chwili przekazujemy całą władzę w wasze ręce.

Generał, który kierował zebraniem, dodał:

– Wszyscy możecie wrócić do domów. Od dzisiejszego dnia proszę was o współpracę z nowym rządem.

Znowu, jak przed laty, miałam wrażenie, że uczestniczę w momencie historycznym. Po abdykacji cesarza Bao Dai był to moment rezygnacji władzy rządu południowego Wietnamu. Różnica polegała na tym, że tamto dawniejsze przeżycie zachowałam w pamięci, obecnie zaś utrwalałam na taśmie filmowej, wraz z dwoma kolegami, cały przebieg wydarzeń...

Ledwie opuściłam pałac, usłyszałam, że ktoś mnie woła: był to Hue, jeden z moich dwóch wujów ze strony mamy; nie widziałam go od momentu rozstania się z rodziną w 1946 roku. Padliśmy sobie w ramiona. Wuj, po osiągnięciu wieku emerytalnego, przestał pracować w dyrekcji poczty i telegrafów, ale prowadził nadal interesy związane z handlem zbożem w dwóch miastach: w Hue i w Sajgonie. – Musisz koniecznie do mnie przyjść – nastawał, notując na kawałku papieru swój adres.

– Wiesz, gdzie są moi najbliżsi? – spytałam.

– Cała rodzina odleciała stąd dwudziestego dziewiątego kwietnia – powiedział. Wuj został, nie chcąc porzucić swoich przedsiębiorstw.

W ciągu miesiąca nareszcie otrzymaliśmy zezwolenie na odwiedzenie rodziny i ubieranie się po cywilnemu: w spodnie i bluzkę. Na ulicy Tran Quy Cap 336 mieszkał wuj w pięciopiętrowym domu, w którym zgromadzili się również inni członkowie mojej rodziny, bliżsi i dalsi, zamieszkali do niedawna w Hue i w Da Nang, obecnie żyjący nadzieją wyjazdu do Stanów Zjednoczonych. Około pięćdziesięciu osób biwakowało we wszystkich pokojach. Z powodu braku pieniędzy stosunki wzajemne nie były najlepsze; dotychczas nikomu z krewnych nie udało się wyjechać, czekali więc na dalszy rozwój wydarzeń.

Kiedy się zjawiłam, moje ciotki zaczęły mnie ściskać, śmiejąc się i płacząc na przemian: – Nie mamy nic, absolutnie nic. Wszystko spłonęło – lamentowała jedna z nich. – Ależ skąd, ciociu! Byłam w Hue i niczego tam nie spalono. – Ależ tak, moje dziecko. Ty nie wiesz nic, co się tam działo. – Obstawałam przy swoim: – Mieszkańcy wsi niedawno przecież zaprowadzili mnie do domów moich ciotek. Żaden z nich nie doznał uszczerbku. – Ciotki, rozradowane tą wiadomością, od płaczu przeszły do śmiechu i zabrały się do przygotowywania posiłku. Wuj zaprosił do stołu moją ekipę, która została na ulicy.

Samochód otoczyła grupa ciekawych. Wuj mnie przedstawił: – To moja siostrzenica, która wraca prosto z ruchu oporu. – Potem powiedział do mnie: – Jeśli ten dżip będzie stał przed moim domem, nikt postronny nie odważy się tu wejść. – Pojawiła się jedna z moich kuzynek, która mieszkała w pobliżu. Tej córki mojego wuja nie mogłam znać, gdyż urodziła się po moim przystąpieniu do ruchu oporu. Ujrzałam piękną, młodą kobietę, która zbliżała się do mnie w niebieskim *ao dai*, uszytym według mody sajgońskiej. Była mocno umalowana, długie paznokcie miała polakierowane na czerwono.

– Co mam robić, Phuong? – westchnęła. – Nie mogę wychodzić na miasto, jeśli nie wolno się malować! Czy to prawda, że wyrywacie kobietom lakierowane paznokcie i golicie przyczernione brwi? – Widząc moje zdziwienie, dodała: – Czytałam w prasie, że żołnierze z Północy wydzierają kobietom lakierowane paznokcie.

– Ależ nic podobnego, uspokój się! Rób sobie makijaż, jeśli chcesz. Wyglądasz bardzo ładnie.

– Naprawdę? – spytała z wyraźną ulgą.

Osobliwe momenty: Każdy zarzucał mnie pytaniami. Niestety, nie mogłam odpowiedzieć na wszystkie, zwłaszcza na te, które dotyczyły przyszłości. To, co przeżyłam w Hanoi, nauczyło mnie ostrożności. Zresztą wiedziałam, że cokolwiek powiem, każdy człowiek pomyśli: Znowu propaganda Vietcongu!

Mój wuj nalegał, abyśmy wszyscy, cała nasza ekipa wraz z kierowcą, zamieszkali u niego. Nasze kompetentne władze wyraziły zgodę, ponieważ egzystencja w „Zamku" dość prędko stała się trudna do zniesienia. Wuj oddał nam do dyspozycji obszerny pokój z łóżkami wzdłuż ścian i z kuframi, w których mogliśmy przechować nasze rzeczy. Było to wygodne na spędzenie jednej nocy. Ale potem każdego dnia nakłaniał nas do zwiedzania miasta. W dzielnicy chińskiej odkryłam magazyn pełen lodówek, rondli elektrycznych i aparatów, o których przeznaczeniu nie miałam pojęcia. Wuj natychmiast kupił wiele z tych przedmiotów. Zwierzył mi się, że się obawia dewaluacji.

– Jeśli pieniądz straci wartość, zawsze będę mógł sprzedać te towary!

Kilka dni później postanowiłam wreszcie udać się tam, gdzie mieszkali moi rodzice. Od chwili przybycia do Sajgonu płonęłam chęcią zobaczenia tego miejsca, jednocześnie jednak wolałam odsunąć ten moment. Znalazłam ulicę Yendo, dom mojej siostry Xuan Nhan, duży, wielopiętrowy budynek.

– Pani jest najstarszą siostrą? – zapytał mnie strażnik francuski, który trwał nadal na posterunku – Starsza pani dużo o pani opowiadała. Jest pani podobna do wszystkich z tej rodziny! Proszę chwilę zaczekać! – Oddalił się, a gdy wrócił, przekazał mi wielką kopertę. – To dla pani. Wiem, że macie ogromne braki. Mnie nic z tego teraz nie jest potrzebne. W kopercie był pokaźny plik banknotów, więcej, niż kiedykolwiek miałam. Potem strażnik wręczył mi mały rewolwer. – To też dla pani. Może któregoś dnia się pani przyda. – Obowiązywał nas absolutny zakaz posiadania broni, ale tak jak w przypadku pieniędzy nie miałam serca odmówić życzliwemu człowiekowi. Rewolweru pozbyłam się później.

Dom wewnątrz wyglądał imponująco. Wszystko było wykonane z marmuru. Jedna z ciotek powiedziała mi przedtem, że dom budował pewien znany architekt włoski. Farmaceuta i laborantki oraz inni pracownicy mojej siostry nadal wykonywali swoje czynności w laboratorium mieszczącym się na drugim piętrze.

– Gdzie jest pokój moich rodziców? – spytałam. – Na piątym piętrze – odpowiedział mi ktoś. W tym pokoju było tak jak dawniej. Najwidoczniej rodzice opuścili dom w pośpiechu, niczego nie biorąc. Na ołtarzu przodków znalazłam moją fotografię przedstawiającą pięcioletnią dziewczynkę. Podczas ubiegłych lat uważano mnie oficjalnie za zmarłą. W ściennych szafach rozpoznałam ubrania ojca i *ao dai* matki. Oddychałam ich zapachem. Najchętniej nie opuściłabym nigdy tego pokoju. Garść fotografii rodzinnych leżała na podłodze, pozbierałam je. W lustrze ujrzałam domowników, którzy mnie obserwowali z ciekawością. Po wyzwoleniu Sajgonu zarządzono konfiskatę wszystkich nieruchomości, których właściciele opuścili miasto po dwudziestym piątym kwietnia. Nie było mowy o tym, żebym mogła zamieszkać w domu mojej siostry.

Wkrótce odnalazłam jedną z dawnych koleżanek szkolnych, z którą razem uczyłyśmy się na kursach położnictwa w Hanoi. Po opuszczeniu ruchu oporu niebawem stała się osobistą sekretarką pani Ngo Dinh Nhu* i wreszcie objęła kierownictwo ważnego wydziału w jednym z towarzystw ubezpieczeniowych. Kiedy się dowiedziała, że jestem w Mieście Ho Chi Minha i że mogę wychodzić poza obręb budynków telewizji, zaprosiła mnie na spotkanie z innymi koleżankami, niegdyś uczęszczającymi do tej samej klasy. Moi koledzy filmowcy, jak również poeta Phan Vu, jeden z przyjaciół przybyłych z Hanoi, bardzo się ucieszyli, że również zostali zaproszeni i mogli mi towarzyszyć. Gdy przybyliśmy na ulicę

---

* Szwagierka dyktatora Ngo Dinh Diema, znienawidzona w Wietnamie Południowym (przyp. tłum.).

Hong Than Tu 80, myśleliśmy, że pomyliliśmy adres. Przed budynkiem stał bowiem rząd samochodów amerykańskich i japońskich; ten widok zapowiadał raczej jakieś spotkanie dyplomatyczne. Moja przyjaciółka powitała nas na progu. To był szaleńczy wieczór. Mężczyźni w wieczorowych strojach, kobiety ubrane jak księżniczki, obwieszone brylantami. Ale to my byliśmy przedmiotem zainteresowania w mundurach wojskowych i „sandałach Ho Chi Minha" z opon samochodowych. Ledwie usiedliśmy, obecni zasypali nas pytaniami.

Wśród pięknych i eleganckich kobiet rozpoznawałam stopniowo niektóre moje dawne koleżanki. Owszem, robiły na mnie wrażenie ich fryzury, ich makijaż, ich wypielęgnowane ręce; mężczyźni niewątpliwie byli pod ich urokiem. Chciały wszystko wiedzieć. Dlaczego się zaangażowałam w ruch oporu, jak przeżyłam minione lata. Potem one odpowiadały na moje pytania. Phan Vu recytował swoje wiersze. Pomyślałam, że tym kobietom ich życie wydaje się prawdopodobnie mdłe w porównaniu z naszym. Jak gdyby odgadując moje myśli, jedna z dawnych przyjaciółek nagle stwierdziła: – Byłyśmy tu dobrze urządzone, ale nic nam się nie zdarzyło i nic nie przeżyłyśmy. – Dwie kobiety weszły, niosąc tace z różnymi daniami. Przypominałam sobie, że na Północy od dawna nie ma pokojówek ani służących.

Przyjaciółka pociągnęła mnie do swojej sypialni. Były w niej trzy wielkie szafy ścienne. Ujrzałam bogactwo sukien, torebek, pantofli, biżuterii. Kiedy zapytałam, kto jej powierzył tę garderobę, sądziła, że z niej kpię.

– Przecież to wszystko jest moje! Tylko część tych sukien noszę. Inne ubrania zostawiam sobie, bo przyjemnie jest na nie popatrzeć.

Atmosfera wieczoru była miła i serdeczna. Straciłam poczucie czasu. Odniosłam wrażenie, że moje dawne koleżanki flirtują z kolegami filmowcami. Od dawna nie byłam w takim nastroju. Kiedy się rozstawaliśmy, jedna z koleżanek powiedziała mi: – Jeśliby podsumować historię życia każdej z nas, to należałoby stwierdzić, że studiowałyśmy w Szwajcarii albo we Francji i wróciłyśmy tutaj tylko po to, żeby uzyskać jak największe dochody i zgromadzić jak najwięcej bogactw.

Piętnastego maja dyrektor telewizji polecił mi udać się do Dalat, aby sfilmować wielkie zebranie, jakie miało się tam odbyć. Bardzo się ucieszyłam, że zobaczę miasto mojego dzieciństwa z jego wspaniałymi sosnami i wielkim jeziorem.

Przez sześćset kilometrów droga pięła się pod górę. Przemierzaliśmy lasy, przekraczaliśmy przełęcze. Mijaliśmy na nowo otwarte restauracje.

W Blao, tak jak dawniej, sprzedawano miejscową herbatę. Ale cywilne samochody nie były jeszcze często spotykane. W pewnym miejscu jakiś kierowca dał nam znać klaksonem. Zatrzymaliśmy się. Rozpoznałam jednego z moich dawnych kolegów szkolnych. – Możemy razem pojechać do Dalat? – spytał. Zaczęłam rozumieć, że ludzie czują się bezpieczniej w towarzystwie Wietnamczyków z Północy. Kiedy przybyliśmy do wodospadu Prenn, od którego zaczyna się wzniesienie Dalat, z pobocza drogi wynurzyły się nagle dwie czarno ubrane sylwetki. Młodzi ludzie wymierzyli w nas karabiny. – Stop! – Obaj nie mieli więcej niż szesnaście lat, ale widać było, że są ogromnie przejęci swoją rolą, podobnie jak ci, których spotykałam niegdyś podczas reformy rolnej. Jeden z nich wrzasnął:

– Kim jesteście?!

– Jesteśmy ekipą telewizyjną z Wietnamu w drodze do Dalat, gdzie mamy realizować reportaż.

– Dokumenty! – Chłopak obracał długo w ręku nasze przepustki.

– Nie umiesz czytać? – zdziwiłam się.

– Jak śmiesz zadawać takie pytania rewolucjoniście?! – Rozzłoszczony, wymachiwał karabinem przede mną. Próbowałam zachować spokój:

– My też jesteśmy za rewolucją.

– Kłamiesz! – Wskazał kolegę, który nam towarzyszył: – Ten typ to dawny pułkownik armii sajgońskiej!

– Być może, ale teraz już nie jest pułkownikiem i należy do naszej ekipy.

– Mam rozkazy! Odstawię was do więzienia! – Kierowca szepnął mi do ucha stanowczym głosem:

– Ani słowa więcej! Jeśli cokolwiek piśniesz, on będzie strzelał. Takie typy są jak czerwona gwardia chińska, nie cofają się przed zabijaniem. – Obydwaj „rewolucjoniści" wskoczyli na stopnie samochodu i kazali jechać prosto.

Ironia losu: Znaczną część życia spędziłam z dala od rodzinnego miasta. Podczas lat walki marzyłam, żeby do niego wrócić. A teraz wracałam jako więzień, trzymana pod bronią przez dwóch chłopaków w wieku moich synów. Ledwie zdołałam rozpoznać Dalat. Natychmiast zamknięto nas w jednym z domów pośrodku miasta. – Muszę zdać raport mojemu przełożonemu – oznajmił szef dwuosobowej grupy. Nagle, jakby coś mu się stało, chwycił laskę stojącą w kącie pokoju i zaczął okładać nią mojego kolegę. – Zdrajco, szpiclu! Tylko na to zasłużyłeś! – Próbowałam przemówić mu do rozsądku: – Przestań! Nie masz prawa! – Na nic to się zdało, gdyż zepchnął kolegę w róg pokoju i nie przestawał go bić. Mogliśmy spróbować wyskoczyć na ulicę przez okno, ale obawiałam się, że nie będę wiedzieć, dokąd mamy się udać. Pan Lu Ong, komendant wojskowy miasta, należał do przyjaciół mojej rodziny, był dawnym uczniem mojego ojca, mogłam mieć do niego zaufanie. Napisałam kilka słów na skrawku papieru z prośbą o pomoc i powierzyłam ten list przez okno jednemu z przechodniów. W trzy godziny później, około ósmej wieczór, przed domem, w którym nas więziono, zatrzymał się samochód. Lu Ong z rozmachem otworzył drzwi, wpadł i chwycił mnie w ramiona: – Starsza siostro! Dlaczego nie dałaś mi wcześniej znać, że tu jesteś?! Natychmiast bym przyjechał. Co tu się stało? – Opowiedziałam mu o całej naszej przygodzie. Tymczasem obaj chłopcy znikli bez śladu, pozostawiając mojego nieszczęśliwego przyjaciela w żałosnym stanie.

Podczas pierwszych dni spędzonych w Dalat niczego nie rozpoznawałam. W mieście grasowali złodzieje. Studenci wędrowali od domu do domu, zabierając książki w obcych językach i całe biblioteki, których posiadacze wyjechali. Dom moich rodziców, który kilka razy zmieniał właścicieli, popadł w ruinę. Budynki Klasztoru Ptaków zniszczono. Park nadal był piękny, ale kościół zamknięto. Większość zakonnic wróciła do Francji. Zostały tylko dwie, które nie przestawały się dziwić: jak to możliwe, żeby wychowanka Klasztoru Ptaków znalazła się w Vietcongu? Obeszłam jezioro i targ. Atmosfera w mieście była ciężka. Wyczuwało się, że mieszkańcy są zastraszeni i że wolą milczeć. Nawet jeżeli chcieli okazać życzliwość, wiedziałam dobrze, że gdy wyjdę z ich domu, pozostanie tam strach i gorycz. Ilu z nich opuściło Dalat, nie zostawiając o sobie żadnej wiadomości? Powinniśmy być szczęśliwi: Amerykanie się wynieśli, wojna dobiegła końca, ale nie skończył się spór między Wietnamczykami.

Powróciwszy do Sajgonu, zamieszkałam ponownie w domu wuja. Podczas kilku dni mojej nieobecności miasto bardzo się zmieniło. Żołnierzy zakwaterowano w pięknych, opustoszałych budynkach – i widok tego, co się w nich działo, był przygnębiający. Czołgiści, którzy przybyli z nami, zajęli gmach magistratu. Rozgrabili meble, obrazy, cenne przedmioty. Pocięli materace, nie wiedzieli nawet, jak posługiwać się kranami do wody w toaletach. Rozniecali ogień w ogrodzie, w płomienie rzucali meble. Tam, gdzie rosły róże, sadzili ogórki i paprykę. Nieświadomi, może z chęci zemsty i odwetu, hodowali ryby w basenie z lotosami. Czy można się temu dziwić? Tak niedawno jeszcze byli wieśniakami!

Pewnego wieczoru wuj zaprosił mnie na kolację w dzielnicy chińskiej.

– Zobaczysz coś niezwykłego! – zapewniał. W Cholonie wszystkie sklepy były otwarte i pełne towarów. Na parterze jednego z domów, w wielkim salonie udekorowanym wedle mody chińskiej, znaleźliśmy się twarzą w twarz z mężczyzną około pięćdziesiątki. Ubrany był w długą szatę z czarnego brokatu, z podwójnymi rękawami fioletowego koloru, miał lakierowane buty i czarny kapelusz. Otaczało go czterech lub pięciu ochroniarzy. Był to pan Quang, który niedbale palił nargile i zdawał się nie zwracać uwagi na nasze przyjście. Wuj nisko mu się skłonił i przedstawił mnie, mówiąc: – Oto moja siostrzenica. Przed trzydziestu laty poszła na wojnę. Obecnie pracuje dla telewizji. – Wtedy pan Quang jak gdyby się obudził: – Cieszę się bardzo – rzekł. – Proszę ze mną. Zjemy razem obiad.

Na zewnątrz oczekiwały dwa samochody produkcji amerykańskiej.

Całe szczęście, że towarzyszyli mi koledzy filmowcy. Nie czułam się samotna. Wkrótce znaleźliśmy się przed restauracją o nazwie „Bagdad". Pan Quang przez chwilę rozmawiał po chińsku z właścicielem restauracji. Zaprowadzono nas w głąb sali. Weszliśmy do pomieszczenia, którego ściany były szybami akwarium. Znaleźć się pośród pływających ryb różnych kolorów, migoczących blaskami to niesamowite wrażenie! – Połóż na stół dwa *taele* złota – rozkazał pan Quang, zwracając się do jednego z ochroniarzy. Właściciel restauracji sięgnął po złoto i pokłonił się nisko, aż do ziemi. Było za co dziękować: jeden *tael* stanowił równowartość przynajmniej czterystu dolarów. Posiłek był obfity, stół okazał się za mały, aby zmieścić wszystkie potrawy, które podawano. – Zobaczysz, że to jeszcze nie koniec! – szepnął mi do ucha wuj. Istotnie, w pewnej chwili opadła zasłona z żółtego jedwabiu, która zakrywała jedną ze szklanych ścian i ujrzeliśmy dwie dziewczyny w sukniach z chińskiego brokatu. Jedna z nich, wysoka, ubrana była na biało, druga, znacznie niższa, na czarno. Obydwie miały wymyślne, staromodne, nieprawdopodobnie piękne fryzury. – To są postacie ze *Snu o Czerwonym Pawilonie* – oznajmił pan Quang. Był to moment rzeczywiście magiczny. – Dziewczęta sprowadzono z Chin, żeby odtworzyć scenę z tradycyjnego poematu – szeptał mi do ucha wuj. Jakiż kontrast między tymi wyrafinowanymi pomysłami a rzeczywistością kraju, w którym krew lała się przez długie lata! Moi koledzy i ja byliśmy zdegustowani tym widokiem. Postanowiliśmy więcej nie przyjmować podobnych zaproszeń.

Większość obecnych mieszkańców Miasta Ho Chi Minha stanowili robotnicy, ludzie, którzy nie mogli i nie mieli dokąd wyjechać. Choć na ogół odnosili się do nas sympatycznie, ale, jak sądzę, w głębi duszy również się nas obawiali i zachowywali z rezerwą. W przeciwieństwie do nich pracownicy tutejszej telewizji, montażyści albo inżynierowie dźwięku chętnie nas zapraszali do swoich domów. Za każdym razem były to miłe spotkania, podczas których mieliśmy okazję stwierdzić, że tutejsi koledzy oraz ich rodziny żyją na wysokim poziomie: dzieci miały własny kąt, w którym mogły spokojnie odrabiać lekcje, domy były starannie utrzymane, kobiety nosiły piękne *ao dai*. Byli wobec siebie uprzejmi, mówili sobie „do widzenia", „proszę" i „dziękuję". Zdałam sobie sprawę, jak bardzo brakuje mi takiego porządku i stabilności. Tęskniłam za społeczeństwem zorganizowanym.

Po kilku tygodniach wróciłam do Hanoi. Pobocza drogi numer 1 były wciąż zapełnione uszkodzonymi ciężarówkami. Na każdym, nawet najmniejszym budynku powiewała czerwona flaga. Dawny most na rzece Ben Hai, płynącej wzdłuż siedemnastego równoleżnika, został przekształcony w posterunek kontrolny. Przetrząsano bagaże wszystkich powracających z Południa. Tkaniny, które wiozłam dla przyjaciół, zostały rozwinięte i pomieszane; nie wiedziałam, komu którą z nich należy doręczyć. W Hanoi odnalazłam mój dom i rodzinę. Nic się nie zmieniło. Wiele dyskutowałam z przyjaciółmi o historycznych wydarzeniach, których byłam świadkiem; opowiadałam o nich uczniom w szkołach. Mój mąż bardzo się irytował, kiedy relacjonowałam to, co widziałam w Mieście Ho Chi Minha.

Byłam zdecydowana opuścić Hanoi i osiedlić się na Południu. Tymczasem mąż oświadczył, że nie znosi Południa. Jego zdaniem ta część naszego kraju była zbyt skomercjalizowana. A ja miałam już dosyć otoczenia, w którym mieszkałam wiele lat, kolejek w oczekiwaniu na wodę i na wstęp do toalety. Obrzydły mi kuchenne wyziewy na podwórzu i te okropne głośniki uliczne, które ryczały przez cały dzień. – Jeśli naprawdę chcesz mieszkać na Południu, przenieś się tam! – powiedział mąż. – Ja zostaję na Północy. – Pewnego wieczoru – było to w roku 1983 – wróciłam z pracy całkowicie wyczerpana. Budynek pogrążył się już we śnie. Zabrałam swój materac i wspięłam się na dach. Świecił księżyc w pełni. Było chłodno. Głośno powiedziałam do siebie: – Dlaczego mam tak żyć dalej? Po prostu nie mogę! – Następnego dnia napisałam podanie do dyrektora telewizji, prosząc o przydział pracy na Południu.

Ze względu na to, że pochodzę z okolic Hue, było do przewidzenia, że zwierzchnictwo najpierw zaproponuje mi pracę właśnie tam. To mi odpowiadało, ponieważ mój najstarszy syn mieszkał tam z żoną, którą poznał w Hue, i z ich synkiem. Jednakże przed powzięciem ostatecznej decyzji chciałam jeszcze spędzić w rodzinnych stronach kilka dni. Na pierwszy rzut oka biura telewizji wydawały mi się bardzo małe w porównaniu z tymi w Hanoi. Ale do tego można by się przyzwyczaić. Przeszkoda była poważniejsza: Już trzeciego dnia dom mojej ciotki, gdzie się zatrzymałam, oblegali członkowie mojej rodziny, którzy pozostali w Hue. Przeważnie byli to oficerowie dawnej armii sajgońskiej: – Pamiętasz mnie? Nie zapomniałaś swojego kuzyna, swojej siostrzenicy? – Wszyscy manifestacyjnie oczekiwali, że załatwię im pracę w miejscowej telewizji. – Trzeba im iść na rękę – orzekła ciotka. – Jeśli tego nie zrobisz, powiedzą, że jesteś komunistką bez serca.

Wszystkich serdecznie pozdrawiałam i do wszystkich się uśmiechałam, wszystkich wysłuchiwałam, wiedząc, że nie mogę nic zrobić. Nie mieli żadnego doświadczenia, nie znali się na technice telewizyjnej. Przychodzili tylko dlatego, że byłam ich ciotką albo kuzynką. Czwartego dnia powzięłam decyzję. Nie mogę pracować w Hue, bo tu mam zbyt liczną rodzinę, przez którą wynikną problemy nie do rozwiązania. Wróciłam więc do Hanoi w najgorszym okresie miejscowej zimy, pełnej przenikliwego chłodu i mżawki. Nic się tu nie zmieniło. Nic – oprócz mnie. Teraz wiedziałam, że można żyć inaczej i że wiele moich dotychczasowych poglądów było błędnych. Bez względu na to, czy mąż się zgodzi, czy nie, postanowiłam, że stąd odejdziemy.

Jakiś czas temu w telewizji pewien dziennikarz, zatrudniony w naszych biurach turystycznych, powiedział mi, że w Vung Tau (dawny Cap Saint--Jacques) potrzebują pracowników. Miasto i kąpielisko na nowo rozpoczynały działalność. To był odpowiedni moment. Moi synowie mogliby się zatrudnić w Vung Tau, a ja bym ich odwiedzała, pracując w telewizji sajgońskiej. Ta perspektywa zachwyciła obu chłopców. Zwłaszcza Phuonga, średniego syna, który po trzech latach spędzonych w Polsce na studiach miał obecnie trudności z przystosowaniem się do warunków życia w kraju. Omówiłam przedtem całą sprawę z moim najstarszym synem, który gotów był opuścić Hue i jechać do Vung Tau.

Dyrektor wydziału turystyki, którego od dawna znałam, był zachwycony nowymi kandydatami na pracowników. W ciągu jednego dnia obaj synowie zostali zaangażowani do pracy w biurze turystycznym w Vung Tau. – Jutro – powiedział dyrektor – wysyłamy tam ciężarówki. Chcesz z tego korzystać? – Nie miałam telefonu, nie mogłam więc zawiadomić mojego męża o naszej decyzji, uczyniłam to listownie. Do wieczora przygotowywaliśmy bagaże, a nazajutrz rano, dwudziestego siódmego maja, wyjechaliśmy. W Hue dołączył do nas mój najstarszy syn z żoną i dzieckiem, i już razem jechaliśmy do Sajgonu, a potem do Vung Tau. Tam przydzielono synom piękny dom z kompletnym wyposażeniem i działającą elektrycznością. To był dom jak z bajki.

Po przybyciu do Miasta Ho Chi Minha musiałam przede wszystkim otrzymać urzędowe zezwolenie na stałe zamieszkanie w dawnym Sajgonie. Tymczasem administracja miasta stanowczo mi odmówiła wydania takiego dokumentu. – Twój mąż jest w Hanoi. Dlaczego chcesz mieszkać tutaj bez niego? – Mój mąż bardzo lubi Hanoi. Ja muszę przede wszystkim myśleć o dzieciach, które są na Południu. – Ale funkcjonariusz biurokrata nie chciał o tym słyszeć. Nie pozostało mi nic innego, jak zwrócić się wprost do wiceprezydenta miasta, jednego z moich dawnych przyjaciół z czasów wojny. – Gdybym wiedziała, przystępując do ruchu oporu, że po wojnie będę tak traktowana... Dlaczego nie uprzedzono mnie przed laty, że po zwycięstwie będę zmuszona mieszkać tam, gdzie zadecydują władze?

Pięć dni później otrzymałam zezwolenie, czyli kartę stałego pobytu w Mieście Ho Chi Minha.

Przez pewien czas mieszkałam u mojej kuzynki Hoa Quang, tej z jaskrawo lakierowanymi paznokciami. Potem telewizja przydzieliła mi mieszkanie, ale w odległej dzielnicy miasta. Wolałam więc sama rozejrzeć się za lokalem bliżej centrum. Oprócz mojej normalnej pracy zaczęłam realizować dla miejscowych biur turystycznych filmy propagujące Wietnam. Dzięki nim otrzymałam pokój w hotelu Bong Sen, na dawnej ulicy Catinat, „przechrzczonej" na ulicę Dong Khoi, co znaczy „ulica powstania". Za czasów poprzedniego reżimu nazwana była potocznie ulicą Tu Do, czyli ulicą Wolności. W tym hotelu spędziłam półtora roku. Zaczęłam mieć trochę pieniędzy. Raz albo dwa razy w miesiącu zatłoczonym autobusem jechałam do Vung Tau, żeby zobaczyć moich synów. Od czasu do czasu odwiedzałam mojego męża w Hanoi. Mimo błagalnych próśb synów przysięgał, że nigdy nie przeniesie się na Południe.

Trzy lata przed moim odejściem na emeryturę znalazłam nareszcie dom moich marzeń przy ulicy Catinat 47. I nadal tam mieszkam. Mam apartament dwupoziomowy: cztery pokoje na parterze, a trzy na piętrze z wyjściem na taras. Okazyjnie kupiłam lodówkę i pralkę produkcji amerykańskiej. Co za luksus w porównaniu z Hanoi! Znalazłam kobietę, która sprząta dom i gotuje. Nareszcie powróciło to, co pamiętam z mojego dzieciństwa: przyjemność, jaką daje powrót „do siebie", do zadbanego domu. I nawet jeżeli nadal ulica była pełna żołnierzy, a przez długie lata panowała atmosfera polityczna wciąż przytłaczająca – siła życia, jaką ma w sobie Sajgon, okazała się skuteczna i zaraźliwa. Pozostało mi teraz załatwienie pracy dla najstarszego syna w centrum audiowizualnym Miasta Ho Chi Minha, gdzie mógłby później mnie zastąpić. Po roku 1980 zamieszkanie tutaj stało się jeszcze trudniejsze. Władze miejskie starannie sprawdzały wszystkich, którzy chcieli się osiedlić w Sajgonie. Przyjmowano prawie wyłącznie ludzi po wyższych studiach. Syn był absolwentem Wyższej Szkoły Filmowej, dlatego jego zatrudnienie w centrum audiowizualnym nie stwarzało wielu problemów. Początkowo moja synowa nie chciała opuścić Vung Tau. Ostatecznie jednak zreflektowała się: lepiej nie zostawiać zbyt długo męża samego. Namówiłam ją do nauki angielskiego i do szukania niezależnego zawodu. Widziałam bowiem wielu ludzi, którzy liczyli na pomoc państwa i musieli zadowalać się mizernymi zarobkami.

W telewizji co miesiąc odbywały się obowiązkowe zebrania. Określano na nich linię polityczną, której mieliśmy przestrzegać. Na przykład: w tym miesiącu pięć programów o ryżu, w następnym – reportaże o nacjonalizacji fabryk. Każdy jednak mógł wybrać dziedzinę, która go interesowała. Ja wybierałam tematy społeczne: problemy z narkomanami, prostytutkami, walka z analfabetyzmem, sprawa wody pitnej. Realizowałam również filmy z serii zatytułowanej *Wietnam – nasza ziemia*. Wywoływały one wielki odzew ze strony telewidzów: w listach pytali, jak to możliwe, żeby kraj, który ma tyle bogactw naturalnych, pozwalał ludziom umierać z głodu?! – Czy wyszukujesz takie tematy po to, żeby ludzie stawiali te pytania? – chciał wiedzieć dyrektor. – Oczywiście, chciałam wywołać reakcję telewidzów. Kiedy widziałam wyrzeczenia i ciężkie warunki, w jakich żyją mieszkańcy okolic siedemnastego równoleżnika, jak bardzo się trudzą, żeby uzyskać kawałek gruntu zdatnego pod uprawę choćby manioku, miałam łzy w oczach. W Tonkinie, w Thai Binh, gdzie kręciłam filmy, gęstość zaludnienia osiąga 1300 osób na kilometr kwadratowy. Z okna jednego domu widzi się mur drugiego. Chłopi mają tylko małe skrawki ziemi. Nie dostają nawozów sztucznych, mogą liczyć tylko na aluwialne piaski rzeczne, które użyźniają grunt pod ryż. Wciąż muszą podejmować prawie nadludzkie wysiłki, żeby się utrzymać. Im więcej podróżuję przez mój kraj, tym bardziej podziwiam mój naród.

Wietnamka w Paryżu

W roku 1975 byłam ogromnie rozczarowana i zmartwiona, kiedy się dowiedziałam, że moja najbliższa rodzina odleciała do Ameryki. Od tego czasu wciąż marzyłam o spotkaniu się z bliskimi. W latach 1985–1986, żebym mogła wyjechać za granicę w ramach mojej pracy, musiałabym przejść prawdziwą „drogę przez mękę". Należało przebrnąć przez siedem szczebli, czyli otrzymać zezwolenie siedmiu kolejnych zwierzchników, poczynając od bezpośredniego szefa, który kontaktował się z policją i z władzami odpowiedzialnymi za wydawanie paszportów. Wobec perspektywy tych starań lepiej było od razu zrezygnować. Jeden z moich wujów, niegdyś zamieszkały w Hue, Thien Tich – „Błogosławieństwo Niebios" – od dawna osiadły we Francji, zabiegał o mój przyjazd i on w roku 1986 przysłał mi zaproszenie upoważniające do starania się o paszport. Oficjalnie chciałam pojechać do mego wuja, ale w rzeczywistości zamierzałam przez Francję odnaleźć moją matkę. W tym samym 1986 roku zaczęłam przygotowywać się do przejścia na emeryturę. Skoro już nie będę miała statusu urzędnika, formalności związane z wyjazdem za granicę staną się znacznie łatwiejsze.

Upłynął jeszcze cały rok, zanim zostałam wezwana na policję.

– Trudno ci dać zezwolenie na wyjazd z kraju, bo cała twoja rodzina jest w Ameryce – oświadczył funkcjonariusz policji.

– Inaczej mówiąc, nie chcecie, żebym wyjechała. Przez całe życie walczyłam za mój kraj, a wy wciąż nie macie do mnie zaufania.

– Ależ tak, całkowicie ci ufamy, nie dajemy ci paszportu dla twojego bezpieczeństwa!

Naleganie nie miało sensu. Lepiej było poczekać na emeryturę. Pracowałam więc tak jak poprzednio, ale coraz gorzej znosiłam przytłaczającą atmosferę, jaka panowała w kraju. W telewizji mieliśmy zaledwie pół godziny na dzień programu aktualności międzynarodowych, i to wyłącznie dotyczących krajów socjalistycznych. Niczego nie wiedzieliśmy o życiu w innych krajach i nadal nie wolno było rozmawiać z cudzoziemcami. Nawet ja nie miałam prawa zamienić kilku słów z nimi na ulicy, mogłam to uczynić wyłącznie w hotelu. Tak jak wszyscy kadrowcy miałam na policji notatkę, której treść znałam na pamięć: „Zanadto niezależna, ma kontakty z obcokrajowcami". Jeden z członków Komitetu Centralnego Partii, któremu powierzono opiekę nad dziennikarzami, powiedział mi pewnego razu: – Jesteś zbyt nieposłuszna.

Pod koniec roku 1986 wezwał mnie szef wydziału personalnego telewizji:

– Dochodzisz już do wieku emerytalnego – rzekł. – Ponieważ bardzo dobrze pracowałaś, chcemy ci zapewnić jeszcze pięć lat zatrudnienia. Jestem gotów podpisać z tobą nową umowę pozwalającą ci równocześnie pobierać emeryturę i zarobek podwójny w stosunku do tego, który otrzymujesz obecnie.

– Bardzo dziękuję, ale to nie wchodzi w grę. Chcę odejść na emeryturę. – Nie wahałam się ani chwili. Nie było dla mnie nic ważniejszego niż ujrzenie znowu po latach mojej matki.

Szef się zdumiał: – Czy ty rozumiesz, że na emeryturze będziesz otrzymywała tylko trzydzieści pięć procent swoich zarobków? Z czego chcesz żyć?

– Wszystko przemyślałam. Chcę przejść na emeryturę. – Tego samego dnia, kiedy podpisano moje odejście, wystąpiłam o wizę, tym razem jako zwykła, prosta obywatelka. Mój dawny dyrektor zwlekał jeszcze cały miesiąc z wystawieniem mi świadectwa pracy.

– Kiedy wyjedziesz z kraju, nie opowiadaj za wiele o tym, co się dzieje w Wietnamie – ostrzegł mnie. Tak jakby zagranica nie wiedziała, co u nas się rozgrywa!

Na początku 1989 roku otrzymałam wreszcie zgodę na wyjazd. Oczywiście musiałam wiele razy opisywać historię mojej rodziny, ilu liczy członków, gdzie mieszkają i co robią. To mi nie przeszkadzało, gdyż zawsze mówiłam i pisałam prawdę o rodzinie. Pozostało mi jeszcze jedno zadanie – otrzymać wizę z ambasady Francji.

– Nie jest pani całkiem młoda – usłyszałam w ambasadzie. – Pani wuj, który przysłał zaproszenie, mieszka w domu dla emerytów. Nie ma środków, żeby panią utrzymać. Przykro nam bardzo, ale nie możemy wydać pani wizy.

– Będę się mogła utrzymać we Francji przez trzy miesiące. Dlaczego spotyka mnie odmowa?

– Proszę się zwrócić do pana ambasadora.

Rzeczywiście mój wuj, który przysłał zaproszenie, przepuścił wiele pieniędzy na wyścigach, ale nie chciał, żeby o tym wiedziała rodzina, aby nie „stracić twarzy". Na szczęście od kilku lat oprócz normalnej pracy w telewizji robiłam filmy dla inwestorów zagranicznych w Wietnamie. Alain L., reprezentujący P-DIG, francuskie towarzystwo budowy statków, natychmiast przysłał mi zaproszenie wraz z zapewnieniem pokrycia kosztów utrzymania we Francji. Był to z jego strony gest, którego nigdy nie zapomnę.

Niestety, zaledwie zdobyłam wszystkie te cenne dokumenty, podróż opóźniła smutna wiadomość. Mój przyjaciel Nam, z którym nigdy nie straciłam kontaktu od mojego powrotu z wojny do Hanoi, rozchorował się śmiertelnie: zaatakował go rak wątroby. Wobec zacofania szpitali na Północy i wciąż panujących w nich prymitywnych warunków mój mąż zaproponował, żebyśmy postarali się przenieść go na kurację do szpitala Zjednoczenia w Mieście Ho Chi Minha. Tam był leczony w warunkach nieporównanie lepszych. Jego żona mogła być przy nim. Ja zapewniłam mu opiekę pielęgniarki na całą dobę. Kiedy byłam w mieście, codziennie go odwiedzałam. Z początkiem roku 1989 Nam zgasł w moich ramionach. Przed śmiercią powtarzał moje imię. – Phuong, dziękuję ci za wszystko, co dla mnie zrobiłaś! Teraz mogę odejść...

Po pogrzebie odczuwałam wielką pustkę. Chciałam pojechać do Hue sama, wrócić na miejsca, gdzie niegdyś bywaliśmy oboje, Nam i ja. I tym razem mój mąż okazał się bardzo wspaniałomyślny – pozwolił mi jechać do Hue. Cały tydzień spędziłam tam jak we śnie. Wędrowałam po znajomych ścieżkach, odwiedziłam dawną szkołę, zobaczyłam dom, w którym mieszkał Nam, i pagody, które wspólnie odwiedzaliśmy. To była pielgrzymka pożegnalna, rodzaj powrotu wspomnieniami do właściwych miejsc. Potem spędziłam jeszcze dwa dni w pagodzie, wśród zakonnic, zamknięta przed światem. W rezultacie poczułam się lepiej, uwolniona od drążącego bólu, który nie opuszczał mnie od śmierci przyjaciela. Nadszedł moment wyjazdu i szukania sposobów nowego życia. Życia, które byłoby niezależne od dwudziestu dolarów miesięcznie, przysługujących mi z tytułu emerytury.

Miałam nadzieję, że pobyt we Francji dostarczy mi nowych wrażeń i nowych pomysłów. Pragnęłam stworzyć coś własnego, być panią samej siebie, robić to, co chcę, bez ustawicznego pytania o zezwolenie. Dotychczas wszystko poświęcałam dla kolektywu. Uznałam, że wreszcie nadszedł moment rozpoczęcia nowego życia dla siebie samej. W tym czasie trudno było jeszcze sobie wyobrazić, jak może działać prywatna firma. Państwo było wszechobecne. Ludzie mieli prawo zakładać przedsiębiorstwa, ale po pięćdziesięciu latach kolektywnej pracy i napotykaniu przeszkód, jakie stawiały władze, przepisy prawne – trudno było sobie wyobrazić, jak takie przedsięwzięcie zrealizować. Większość przyjaciół powątpiewała w moje zamiary. Powiadali: – Spójrz na nas, żyjemy całkiem nieźle z naszych emerytur. Nie mamy wielkich wymagań ani aspiracji i żadne zmartwienia nie zakłócają nam spokojnego snu!

Wieczorem przed odlotem do Francji, dwunastego lipca 1989 roku, mój mąż, moje dzieci i wszyscy przyjaciele odprowadzili mnie na lotnisko. Miałam na sobie szary kostium ze spodniami, bardzo prosty, jaki wydawał mi się najlepszy na podróż. Ktoś ze znajomych pożyczył mi walizkę. Byłam bardzo wzruszona bliskim rozstaniem się z rodziną, ale zarazem bardzo podniecona perspektywą wyjazdu z kraju i poznania wreszcie czegoś innego, czegoś nowego. Nigdy nie zapomnę chwili, kiedy wystartował samolot Air France. Moi dwaj sąsiedzi, pasażerowie francuscy, dowiedziawszy się, że jeszcze nie byłam we Francji, dziwili się, że tak dobrze mówię w ich ojczystym języku. Podczas międzylądowania w Bangkoku lotnisko wydało mi się pałacem w porównaniu z lotniskiem w Hanoi. Było to tym dziwniejsze, że zawsze w Wietnamie uważaliśmy tajskich sąsiadów za mniej od nas zdolnych. Kiedy wylądowaliśmy na paryskim lotnisku Charles de Gaulle, poczułam się całkowicie zagubiona w ogromnych salach i korytarzach. Nie wiedząc, jak odnaleźć bagaż, szłam w ślad za innymi pasażerami. Oczekując na walizę, widziałam wysoko na tarasie gromadę ludzi dających znaki przybyszom. Wydało mi się, że nie ma tam mojego wuja. A jeśli nie przyszedł, żeby mnie odszukać? Wierzyłam jednak, że rozpoznam go po czterdziestu latach rozłąki.

Przy wyjściu wśród wielu Wietnamczyków zauważyłam mężczyznę, który był podobny do mojej matki. On mnie nie poznał. Nic dziwnego, miałam szesnaście lat podczas ostatniego naszego spotkania. A teraz mam lat pięćdziesiąt pięć! – Wuju, czy to na pewno ty? – Oboje byliśmy bardzo wzruszeni. Wuj chwilę trzymał mnie w ramionach, a potem ucałowała mnie ciotka, jego żona, Chinka, której nigdy przedtem nie widziałam.

Opuściliśmy lotnisko. Doznałam kolejnego szoku na widok ogromnej liczby samochodów i tłoku, jaki panował na ulicach. Na widok tych wszystkich bogactw sama myśl o tym, że niegdyś odważyliśmy się wystąpić przeciwko Francji, wydała mi się całkiem niedorzeczna. Byłam jak wieśniaczka, która po raz pierwszy opuściła swoją zagrodę. Wuj miał fiata, prowadził go bardzo szybko. Zatrzymaliśmy się przy pierwszej mijanej piekarni.

– Jest jeszcze wcześnie – powiedział wuj. – Kupimy pieczywo i pojedziemy na śniadanie do domu.

Po raz pierwszy od czasów Dalat widziałam francuską piekarnię. Była podobna do zapamiętanej z dzieciństwa, tyle że znacznie większa. Nie sprzedawano w niej wyłącznie pieczywa, ale także rogaliki, bułeczki z rodzynkami i wszelkiego rodzaju ciastka. Zapach był upajający. Miałam apetyt na wszystko. Wuj kupił bagietkę, a w sąsiednim sklepie ser. Potem ruszyliśmy w kierunku Saint-Michel-Sur-Orge.

Dzięki moim braciom, którzy przysłali pieniądze, wuj mógł mi wynająć pokój w hotelu. Całe szczęście, gdyż w domu dla emerytów, gdzie wuj mieszkał z ciotką, czułabym się jak w więzieniu. Trzeba było poruszać się tam bez hałasu, stąpać na palcach, ostrożnie zamykać drzwi, mówić półgłosem. Jeśli nie, od razu ktoś skądś wołał: – Cisza! – Pensjonariusze przynosili sobie posiłki do pokojów i spożywali je u siebie. Przeważnie nikt ich nie odwiedzał. Mimo wszelkich wygód nie chciałabym być zmuszona do takiego życia. To była jedna z pierwszych rzeczy, które uderzyły mnie we Francji: samotność starszych osób. U nas zawsze ktoś się znajdzie, kto się nimi zaopiekuje. Kiedy spytałam wuja, dlaczego nie wraca do Wietnamu, gdzie ma swój dom i ciotki, które mogą się nim zająć, odpowiadał, że nigdy nie wróci, bo w Wietnamie jest za wiele komarów!

Po południu zatelefonowaliśmy do mojej matki do Kalifornii. Nie otrzymawszy jeszcze „zielonej karty", nie mogła na razie opuścić Stanów Zjednoczonych. Obiecałam, że spróbuję do niej przyjechać. Sprawa prędko spełzła na niczym. Przed ambasadą Stanów Zjednoczonych musiałam długo stać w kolejce. Kiedy weszłam do środka i przedłożyłam paszport urzędnikowi siedzącemu za biurkiem, spytał po francusku: – Pani jest

Wietnamką? – Tak. – Uważnie przejrzał mój paszport, strona po stronie. – Bardzo mi przykro – rzekł wreszcie. – Przyjeżdża pani z kraju nieprzyjaznego Stanom Zjednoczonym. Nie możemy pani dać wizy. – Nie pozostawało mi nic innego, jak tylko czekać na matkę. Od chwili przyjazdu do Francji próbowałam odnaleźć Jorisa Ivensa. Okazało się, że zmarł na tydzień przed moim przybyciem.

Z Saint-Michel-Sur-Orge pojechałam pociągiem do Paryża. Po raz pierwszy posługiwałam się automatem wydającym bilety. Nie bardzo umiałam dać sobie z nim radę. Kiedy poprosiłam o pomoc kontrolera, najpierw się uśmiał, a potem mi wyjaśnił, jak działa automat.

W Paryżu spacerowałam z osobliwym uczuciem zadomowienia. Wydawało mi się, że cała kultura francuska, którą byłam przesiąknięta od dzieciństwa, teraz we mnie ożywa. Zachwycała mnie beztroska ludzi, podziwiałam obfitość towarów w sklepach. W „Prisunicu" mogłam spędzać całe godziny w dziale papierniczym. Widziałam ogromny wybór teczek, plecaków i przyborów szkolnych. Oglądałam to wszystko, myśląc już o powrocie. Porównywałam piękne, białe stronice zeszytów z brzydkim papierem, przetkanym kawałkami słomy, na którym kiedyś pisali zadania moi synowie. W domu handlowym „Bon Marché" przypominałam sobie zamówienia, jakie wysyłali do niego moi rodzice z Dalat.

Bardzo szybko stwierdziłam, że w Paryżu będę się czuła lepiej niż w Saint-Michel-Sur-Orge i że tu lepiej się przygotuję do przyszłości. Moja siostra przysłała mi tysiąc dolarów, które pozwoliły mi egzystować przez pewien czas. Kilku Francuzów, których ostatnimi laty poznałam w Wietnamie, proponowało mi pomoc, jeśli przyjadę do Paryża. Spróbowałam więc nawiązać z nimi kontakt. Stephane R. przyjechał po mnie swoim peugeotem i ulokował mnie w swoim mieszkaniu. Potem przejął nade mną opiekę jeden z jego przyjaciół, Jean Pierre N., wreszcie Bernard P. użyczył mi studia w dzielnicy Saint-Sulpice. – Masz tu klucze i do dyspozycji telefon. Możesz zostać tak długo, jak zechcesz.

Mogłam do woli spacerować po całej dzielnicy, oglądać wspaniałe sklepy i doznawałam wrażenia, że jestem znów studentką. Moi przyjaciele poznawali mnie ze swoimi przyjaciółmi. Wszędzie byłam gościnnie przyjmowana. Podczas różnych spotkań i rozmów stwierdziłam, jak bardzo ograniczony jest zasób wiadomości o Wietnamie, zwłaszcza o sztuce wietnamskiej. Francuzi właściwie nie wiedzieli nic o Wietnamie, poza tym, że tam była wojna. W tak zwanym domu wietnamskim przy ulicy Cardinal-Lemoine wielu Francuzów kupowało książki, drobiazgi, bardzo średniej jakości malowidła na jedwabiu. Kiedy to obserwowałam, przyszedł mi do głowy pomysł stworzenia przedsiębiorstwa łączącego turystykę ze sztuką. Podzieliłam się tym projektem w listach z moimi synami. Odpowiedź ich była entuzjastyczna. Wyrazili gotowość współpracy ze mną.

Od tej chwili spędzałam wiele czasu w biurach podróży w trzynastej dzielnicy, żeby widzieć, jak działają w nich Wietnamczycy. Robiłam notatki i przesyłałam moim synom. Farmaceuta Roland R., który wraz z moją siostrą pracował w Sajgonie do 1975 roku, przedstawił mnie swoim przyjaciołom zainteresowanym Wietnamem i sztuką wietnamską. Przede wszystkim jednak czekałam na matkę, która wciąż nie mogła przyjechać. Ten przedłużony pobyt w Paryżu pozwolił mi choć trochę zapomnieć o niedawnych trudnych latach. Spotykając Wietnamczyków, stwierdziłam niebawem, że można ich podzielić na dwie kategorie: fanatycznych antykomunistów i równie fanatycznych prokomunistów. Jeśli byłam zaproszona przez antykomunistów, to gdy dowiedzieli się, że mieszkałam na Północy, natychmiast zaczynali mnie krytykować. I nawet nie mogłam z nimi dyskutować, ponieważ istotnie stracili wszystko: rodziny, majątek, pozycję społeczną. Nie pozostawało mi nic innego, jak tylko ich unikać. Natomiast czułam się dobrze w towarzystwie tych, którzy byli mi bliscy. Należeli do nich: adwokat Toan, przyjaciel mego szwagra, dawny minister informacji w rządzie Diema; wiceprzewodniczący Stowarzyszenia Wietnamczyków Patriotów, którego syn Maurice jest wybitnym specjalistą od akupunktury; doktor T., mój dawny dyrektor Komitetu Współpracy Kulturalnej z Zagranicą – wszyscy oni zapraszali mnie prawie co tydzień, abym nie czuła się osamotniona w Paryżu. Z nimi łatwiej było unikać tematów, które nas różniły. Tym bardziej że myśleli o obecnym Wietnamie bardziej pozytywnie i realistycznie. W Hanoi nigdy nie było wiadomo dziś, co może zdarzyć się jutro; czy nie spadnie bomba, która zakończy wszystko. Trudno było przewidzieć przyszłość i robić jakiekolwiek projekty. A tu spotykałam ludzi, którzy na nowo we Francji odbudowywali sobie życie. Na przykład dawny pułkownik lotnictwa, który przed laty usiłował wykończyć dyktatora Diema, bombardując jego pałac, obecnie sprawuje odpowiedzialną funkcję w firmie Lenôtre. Słuchając tych ludzi, patrząc na nich, wiele się uczyłam.

Jednakże, mimo osiągnięć moich rodaków, mimo wygodnego życia, jakie prowadzili, widziałam, że prawie wszyscy tęsknią za ojczyzną. Większość ich dobrze zarabia. Ich dzieci uczęszczają do najlepszych szkół, ale często już nie mówią po wietnamsku, a ich stosunki z krewnymi nie są takie jak w Wietnamie.

Pewnej niedzieli jeden z moich przyjaciół zabrał mnie w okolice Paryża, gdzie mieszkał jego syn, lekarz. Zadzwonił do drzwi pięknej willi. Przez okno widziałam młodą kobietę zajętą szyciem. – Kto tam? – To ja, tata. – Nikt nie otwierał drzwi. Mój przyjaciel zadzwonił ponownie. Wreszcie młoda kobieta wyjrzała na zewnątrz. – Czego chcesz? – Chciałem cię poznać z moją przyjaciółką, Phuong. Przyjechaliśmy spędzić niedzielę na wsi. – Ale ja cię przecież nie zapraszałam! Dlaczego nie telefonowałeś? – Wreszcie kobieta zaproponowała, żebyśmy zjedli posiłek w najbliższej restauracji, a potem poszli na spacer. Taka to była gościnność! – Sama widzisz, jak wygląda życie Wietnamczyków za granicą – powiedział mój przyjaciel. – Wrócę do kraju, kiedy tylko będę mógł!

Ba, mój brat mieszkający w Ameryce, pediatra, ma przyjaciela farmaceutę, pana Bui. On i jego żona bardzo mi pomogli w zrozumieniu Francji.

Co miesiąc moja matka pisała do mnie: „Czekaj jeszcze parę tygodni". Tygodnie się przedłużały, a ja wciąż przedłużałam moją wizę. Minęły prawie dwa lata od mojego wyjazdu z Wietnamu. W tym czasie zdążyłam poznać prawie całą Francję. Stałam się również quasi-oficjalnym tłumaczem ambasady Wietnamu, która wzywała mnie, gdy jakiś minister przyjeżdżał z Hanoi do Paryża. Dzięki temu mogłam uczestniczyć w oficjalnych spotkaniach i przyjęciach. Podczas wizyt delegacji z Wietnamu udostępniano mi luksusowy pokój w hotelu Serillon, gdzie zazwyczaj mieszkały te delegacje.

Wykonywałam również dla ambasady tłumaczenia i zarabiałam tym sposobem pieniądze, za które żyłam całkiem dostatnio. Lodówka była pełna. Całe dnie mogłam spędzać w muzeach i bibliotekach. Ze szczególną pasją pochłaniałam książki z relacjami ludzi, którzy opowiadali o swoich osiągnięciach. Wieczorami chodziłam do kina. Cieszyłam się wolnością. Trudno sobie wyobrazić, jakie to upajające uczucie – spacerować ulicami, gdzie nikt mnie nie zna i gdzie można poruszać się bez kłopotu. I jak przyjemnie jest mieć pieniądze zarobione dzięki własnej pracy!

Nadeszła wreszcie wiadomość od mojej szóstej siostry, Xuan Nga, która urodziła się w 1951 roku, gdy byłam w dżungli. Nga zawiadamiała mnie o rychłym przyjeździe matki, której będzie towarzyszył nasz brat. Ona sama, czyli Nga, już była w Paryżu z moją trzecią siostrą, Xuan Nhan. Oczekiwały przybycia matki, żebyśmy mogli spotkać się wszyscy razem. Podczas następnych nocy nie mogłam zmrużyć oka. W głowie kłębiły mi się wspomnienia. Tuż obok łóżka widziałam mamę z długimi włosami, w piżamie z jasnego jedwabiu. Czy się poznamy? Kiedy przyjechaliśmy na lotnisko razem z moim wujem, Thien Tichem, moja trzecia siostra prosiła, żebym się nieco cofnęła, by nasza matka nie doznała szoku, widząc mnie po tak długiej rozłące.

Rozpoznałam ją natychmiast między pasażerami. Mając osiemdziesiąt dwa lata, niewiele się zmieniła; wyglądała na znacznie młodszą. Jak zawsze była nienagannie wypielęgnowana. Usłyszałam pytania: – Gdzie jest Phuong, gdzie jest Phuong? – Uspokój się, mamo – odparły moje siostry. – Phuong zaraz przyjdzie, nie trzeba się spieszyć! – Ale nie mogłam dłużej czekać. Podeszłam. – Mamo, to ja. – Spojrzała na mnie, lecz mnie nie poznała. – Kim pani jest? – To ja, Phuong. Czy mnie nie pamiętasz? – Nie mogłam powstrzymać łez. Przyjrzała mi się uważnie, wciąż jeszcze nie wiedząc, czy ma przed sobą najstarszą córkę. Potem nagle zbliżyła się i płacząc, wzięła mnie w ramiona: – Niech Budda ma cię w swojej opiece! Wiem, ile przecierpiałaś. Wszyscy modliliśmy się za ciebie, gdy co dzień groziła ci śmierć!

Czas zatrzymał swój bieg. Przechodnie przystawali pośrodku korytarza, patrząc na nas, świadomi, że w tej grupie ludzi rozgrywa się coś bardzo ważnego. Stałyśmy długo splecione uściskiem, nie mogąc się rozdzielić. Dawniej mama pachniała liśćmi betelu, teraz unosił się wokół niej zapach Chanel nr 5. Ale jej ręce, które gładziły mnie po twarzy, były jak zawsze delikatne i gładkie. Kiedy wyszliśmy z lotniska, mama powiedziała do sióstr: – Uważajcie na Phuong, żeby się nie potknęła. – Dla niej pozostałam szesnastoletnią dziewczynką, która odeszła z domu.

W hotelu Saint-Michel-Sur-Orge wspominałyśmy przeszłość, mówiłyśmy o śmierci ojca. Zmarł w następstwie niewydolności nerek siódmego maja 1981 roku. Pomimo to mama jest szczęśliwa. Śmiała się bez przerwy, czując bezgraniczną radość, że ma obok siebie nas, tak jak dawniej. Moje siostry i moi bracia, których zostawiłam jako małe dzieci, stali się dorośli. Każdy opowiadał o sobie. Wiele ze swojej przeszłości przemilczałam, aby nie dodawać matce cierpień i bólu. Mówiła, jak się o mnie bała, kiedy w Sajgonie słyszała wiadomości o bombardowaniu północnego Wietnamu. Nie mogła spać. Błagała Quan Am, boginię, która chroni rodziny, żeby zachowała mnie przy życiu.

Ten rodzaj wzajemnych odnalezień różnie wyglądał w wielu rodzinach. W niektórych były to momenty przykre. Ale nie w naszej rodzinie. Kiedy pokazywałam mamie kilka moich filmów, wśród nich jeden zrealizowany na drodze Ho Chi Minha, mój młodszy brat wykrzyknął: – To propaganda komunistyczna! – i chciał zatrzymać kasetę. Lecz inni obecni zaprotestowali: – Nie, nie! Chcemy obejrzeć do końca! – Czułam, że mimo wszystko łączy nas ogromna miłość rodzinna.

Spędziliśmy trzy dni w Saint-Michel-Sur-Orge, potem cztery dni przed odlotem rodzeństwa do Stanów Zjednoczonych w Paryżu przy ulicy de la Gaîté, w apartamencie, którego użyczył mi jeden z moich przyjaciół, Jean-Pierre N. Moi najbliżsi nie mogli zrozumieć, jak cudzoziemka, czyli ja, może tak mieszkać. Na szczęście mam w Paryżu dobrych przyjaciół. Tych kilka dni przeszło zbyt prędko, żebyśmy mogli opowiedzieć sobie wszystko i podzielić razem wszystkie łzy i śmiech minionych lat. Mój drugi brat, pilot, z nostalgią wspominał francuskie pieczywo, do którego przywykł podczas studiów. Dlatego w Paryżu ustawicznie kupowaliśmy mu bagietki.

Bracia i siostry odlecieli, tak jak było przewidziane, po tygodniu, a mama została w Paryżu jeszcze miesiąc. Potem musiała wrócić do Ameryki, aby odebrać rentę, należną jej jako wdowie. Każdego ranka pytała mnie: – Co chciałabyś dziś zjeść? – Mamo, zrób mi rybę w karmelu, taką jak dawniej! Nigdy nie jadłam lepszej niż twoja! – Co dzień przygotowywała mi inną potrawę. Nie robiłyśmy nic innego, tylko dwie rzeczy: gotowanie i rozmowy.

Po jej odjeździe, dzięki żonie Jorisa Ivensa, mogłam pojechać na festiwal do Cannes. Osiem filmów dziennie! To był prawdziwy raj. Nie opuszczałam żadnego. Jednego wieczoru byłam w pobliżu Rogera Moore'a, nazajutrz długo rozmawiałam z Kurosawą; były to niezapomniane spotkania. Kiedy przyjechałam do Paryża, wiedziałam, że zbliża się moment powrotu do Wietnamu. Złe wspomnienia stopniowo przygasły. Byłam gotowa wykorzystać moją szansę.

Przed odjazdem chciałam jeszcze zorganizować wystawę malarstwa wietnamskiego, aby zobaczyć, jak zareagują na nią amatorzy sztuki. W sali merostwa pierwszej dzielnicy wystawiłam obrazy sprowadzone z Wietnamu, wśród nich prace Hoang Sunga, teścia mojego syna, który pięknie maluje na lace. Moja siostra zamieszkała w Ameryce, Nhan, przyjechała do Paryża specjalnie na tę wystawę. Ambasador Wietnamu zainaugurował ekspozycję. Wystawa odniosła wielki sukces, zwłaszcza wśród „starych z Indochin", którzy bardzo tęsknią za Wietnamem, odnajdywanym na tradycyjnych malowidłach. Musiałam nawet nie dopuścić, by teść mojego syna odstąpił za dwieście dolarów miesięcznie wszystkie prace, jakie wykonywał, na rzecz jednego z kupców. Kiedy wystawa dobiegła końca, miałam pewność, że sztuka wietnamska ma za granicą znakomite perspektywy.

Galeria Lotos

Kiedy wróciłam do Miasta Ho Chi Minha w grudniu 1991 roku, mój średni syn, Phong, już założył nasze towarzystwo ATC, *Art et Tourisme*. Trochę go wystraszyły moje projekty, gdyż sądził, że mamy za mało pieniędzy. Kiedy rozmawiałam o tym z mężem, nie krytykował mnie, ale też nie zachęcał do realizowania planów.

Po dwóch latach nieobecności miałam wrażenie, że sytuacja w mojej ojczyźnie niewiele się zmieniła. Innego zdania był mój syn: uważał, że choć sporo Wietnamczyków żyje w ciężkich warunkach, kraj stał się bardziej otwarty, jest mniej biurokratycznych restrykcji, a kontakty z cudzoziemcami są o wiele łatwiejsze.

Sprzedaż obrazów w Paryżu przyniosła mi zysk: dwa tysiące dolarów. Była to suma wystarczająca na wynajęcie małego lokalu, który nazwałam Galeria Lotos. Tu malarze mogli składać w depozyt swoje dzieła. Musiałam uzyskać zezwolenie wydziału kultury władz miejskich; zdobyłam ów dokument bez większych trudności. Postanowiłam wystawiać wyłącznie prace artystów z Północy, tamtejsza bowiem sztuka jest głębsza, tradycyjna i wyżej oceniana przez ludzi, którzy znają i lubią Wietnam. Często zdarzało mi się kupować po bardzo niskich cenach obrazy z galerii państwowych, gdzie je zostawiano, nie troszcząc się o ich dalszą sprzedaż.

Przed każdą wystawą należało sfotografować eksponaty, sporządzić ich spis i przedłożyć w biurze władz miejskich odpowiedzialnych za sprawy kultury i sztuki. Jeśli jakieś obrazy nie spodobały się urzędnikom, mówili wprost, że lepiej je wymienić. Ta cenzura nie była zbyt uciążliwa: należało unikać obrazów o tematyce uważanej za dekadencką, szczególnie zaś aktów kobiecych.

Cudzoziemcy zaczęli przyjeżdżać do Wietnamu. Kilka dni po otwarciu pierwszej wystawy dwaj Francuzi kupili cztery obrazy. To mi dodało odwagi. Właśnie wtedy duża galeria państwowa, która znajdowała się naprzeciwko mojej, postanowiła pozbyć się swoich zasobów, a była to setka prac malarskich. Udało mi się zakupić wszystkie na kredyt po cenie mniej więcej jeden dolar za obraz. Sprzedaż ruszyła na dobre. W ciągu miesiąca odzyskałam swoje dwa tysiące dolarów i mogłam kupić inne obrazy. W tym samym czasie synowie i ja wpadliśmy na pomysł wynajęcia samochodu i proponowania obcokrajowcom usług turystycznych.

Początkowo pełniłam funkcję przewodnika. Na lotnisku wychodziłam naprzeciw pasażerom wysiadającym z samolotu Air France i proponowałam im nasze usługi. Syn prowadził wynajęty samochód, a ja udzielałam informacji. Ponieważ doskonale znałam zarówno miasto, jak i kraj, objaśnienia były kompetentne. Turyści byli zachwyceni, przysyłali nam z kolei swoich znajomych i przyjaciół. W ciągu trzech miesięcy rozporządzaliśmy trzema samochodami, wciąż jeszcze wynajętymi, i braliśmy do pomocy naszych przyjaciół mówiących po francusku, aby występowali w roli przewodników. Ja tymczasem mogłam więcej czasu poświęcić galerii.

Podczas pobytu we Francji zrozumiałam, że debiutująca galeria musi stawiać przede wszystkim na młode talenty, na malarzy, których dzieła nie kosztują zbyt drogo, a których warto promować. Zaczęłam przemierzać kraj w poszukiwaniu nieznanych dotychczas artystów. Pewnego razu w Hanoi mój przyjaciel, malarz Sung, dał mi znać, że otwarto wystawę dzieł niejakiego Truong Dinh Hao. To nazwisko nic mi nie mówiło. Na trzecim piętrze wskazanej mi galerii odkryłam serię wspaniałych obrazów. Były to dzieła proste, mocne, pełne wyrazu, prawie wszystkie wykonane na papierze gazetowym. W kącie sali jakiś człowiek drzemał na krześle.

– Przepraszam, chciałabym zobaczyć się z malarzem Truong Dinh Hao.

– To właśnie ja – odpowiedział, budząc się z półsnu.

Hao mieszkał w górskiej wiosce, odległej o blisko trzysta kilometrów od Hanoi, z żoną i czworgiem dzieci. Kiedy ukończył Instytut Sztuk Pięknych i nie pozwalano mu malować tak, jak chciał, zajmował się projektowaniem kostiumów dla lokalnego zespołu pieśni i tańca. Mając pięćdziesiąt dwa lata, praktycznie zrezygnował ze swojej sztuki. Jego dom, a raczej nędzna chata, ociekał wilgocią. Wnętrze było ciemne, marnie oświetlone dwiema lampami naftowymi. Na podwórzu, gdzie zwykle przechowuje się drewno i węgiel, piętrzyły się sterty papieru gazetowego.

Kiedy Hao rozwinął rulon papieru, doznałam szoku. Od dawna nie widziałam dzieła tak pięknego, wyrażającego tak głębokie ludzkie treści. Hao, jego żona i ich dzieci – wszyscy skupili się w kącie i spoglądali na mnie niepewnie, zadowoleni, że wreszcie znalazł się ktoś, kto może docenić obrazy malowane na papierze gazetowym. W chacie było prawie trzysta takich obrazów. Na razie nie mogłam pozwolić sobie na takie szaleństwo, żeby zabrać wszystkie. Ale wiedziałam, że rzadko można znaleźć dzieła tak wysokiej jakości.

Za sumę, którą zaproponowałam, artysta będzie mógł zbudować mały, ale wygodny dom mieszkalny. Zabrałam wiele prac Hao; jeden z jego synów towarzyszył mi do Hanoi, aby wziąć ode mnie pieniądze, wielki dar z nieba dla rodziny.

Kiedy zorganizowałam pierwszą wielką wystawę poświęconą twórczości Hao, moi przyjaciele ze Stowarzyszenia Artystów Plastyków mocno się zdziwili. Jeden z nich, osoba bardzo wpływowa, powiedział:

– Jestem doświadczonym krytykiem i dla mnie Hao się nie liczy. – Dorzucił żarcik ze słowem „hao", które zależnie od akcentowania może oznaczać „pomyślność", a może także znaczyć „dziesięć groszy", po czym powtórzył: – Hao – to „dziesięć groszy", nie więcej!

– Przepraszam cię – odparłam – uważam, że imię to ma drugie znaczenie: pomyślność. A gdy o tym mowa, przypominam ci, że moja galeria jest przedsiębiorstwem prywatnym. Jeśli wydaję pieniądze, robię to wyłącznie na własny rachunek.

Pośrodku ekspozycji powiesiłam wielki obraz przedstawiający ogromne oczy, które o coś prosiły lub błagały. Krytyk nie dawał za wygraną.

– Dlaczego umieściłaś ten obraz pośrodku wystawy? Jest tak ponury! Widać, że to oczy kogoś, kto jest torturowany.

– Każdy z nas był lub jest torturowany! Nikt na tej sali nie jest szczęśliwy oprócz ciebie. Dlaczego Hao nie miał wyrazić w sztuce swojego nieszczęścia?

– Można mieć wrażenie, że krytykuje ustrój – powiedział krytyk. – Z tym się kojarzy ów obraz!

– Tyś to powiedział – odparłam. – Nikomu innemu nie przyszły na myśl takie skojarzenia.

Ekspozycja obrazów Hao odniosła wielki sukces. Pokazałam ów krytykowany obraz panu Blanchemaisonowi, ambasadorowi Francji. Stwierdził, że jest wspaniały. Został zresztą sprzedany podczas pierwszych dni po otwarciu wystawy, tak jak jedna trzecia innych dzieł.

Wkrótce potem, w pewnej galerii na ulicy Bębnów, w starej części Hanoi, przyciągnął moją uwagę mały obraz lakowy podpisany nazwiskiem Dinh Quan. Obrazek przedstawiał młode dziewczyny w kąpieli. Według właścicielki galerii artystą jest młody chłopiec, który niedawno opuścił uczelnię, ale jego prace nie są szczególnie interesujące. Uparłam się, żeby go zobaczyć. Rozmówczyni odmówiła: – Jeśli spodobał ci się obrazek, to go kup. Nie mam pojęcia, gdzie można znaleźć jego autora. – Tę samą odpowiedź usłyszałam w Stowarzyszeniu Artystów Sztuk Pięknych. Wreszcie ktoś sobie przypomniał, że malarz rok temu ukończył uczelnię i że mieszka w odległości czterech kilometrów od Hanoi.

Znalazłam Dinh Quana na czwartym piętrze budynku, gdzie mieszkał w maleńkiej klitce razem z ciężarną żoną. Pokazał mi mnóstwo szkiców robionych pastelami na papierze, wszystkie małych rozmiarów, zapewne z powodu braku miejsca w pokoju. Zgromadził tu cały swój dorobek, gdyż miał zamiar sprzedać kilka obrazów, żeby mieć za co kupić materiał do tworzenia następnych. Powiedziałam, że jestem gotowa wypłacić mu zaliczkę za prace, które wykona w ciągu roku, pod warunkiem, że zrobi je wyłącznie dla mnie. – Jakie chcesz mieć obrazy? – spytał. – Nie moja to rzecz podpowiadać ci, co masz robić. Ty tworzysz. Jeśli chcesz namalować obrazy lakowe według szkiców, które mi pokazałeś, będę zadowolona, gdyż bardzo mi się podobają. – Wypłaciłam mu dodatkową zaliczkę, aby mógł kupić złote i srebrne farby do malowania na lace. Potem ustaliliśmy sumę, jaką miałam mu płacić co roku. Na początku naszej współpracy dzwonił bez przerwy, pytając, czy w tle trzeba położyć złotą farbę, czy srebrną. Musiałam mu nie bez gniewu przypomnieć, że to on jest artystą malarzem, a nie ja. Ludzie, którymi stale kierowano, stracili zdolność samodzielnego podejmowania inicjatyw. Musieli się nauczyć tej sztuki i umiejętnie z niej korzystać.

Bardzo szybko Dinh Quan przyniósł mi swoje pierwsze obrazki, które natychmiast zostały sprzedane. Obecnie ich autor zbudował sobie trzypiętrowy dom i wystawia swoje dzieła w Ameryce.

Malarza nazwiskiem Doan spotkałam na ulicy Miasta Ho Chi Minha. Już wcześniej widziałam jego prace w Hanoi. – Teraz tu mieszkam – powiedział.

– Chcesz pracować dla mnie? – spytałam. Nie dał się długo prosić. Przyjął moją propozycję i opowiedział mi o pewnym malarzu bez talentu, który namawiał go, aby przyszedł do jego pracowni i tak jak inni artyści u niego malował; potem ów malarz bez talentu podpisywał ich prace swoim nazwiskiem. Potrzebując pieniędzy, nie miał odwagi odmawiać. – Od tej chwili – powiedziałam – możesz malować tak, jak chcesz, i każdą twoją pracę będziesz podpisywał własnym nazwiskiem.

W mojej galerii wkrótce prezentowałam wyłącznie dzieła doskonałej jakości. Był to niewątpliwy sukces. Miałam coraz więcej wiernych klientów, przeważnie Francuzów i Japończyków. W 1994 roku udało mi się zawieźć grupę moich malarzy do Francji, gdzie urządziłam wystawę ich prac. Hao, który nigdy nie opuścił swojej wioski, przedtem nigdy nie leciał samolotem. Tak samo inni. Zawiozłam ich do Luwru: wszyscy orzekli, że to skandal zamykać o godzinie piątej po południu takie wspaniałe muzeum. Zwiedziliśmy razem Park Luksemburski, a także zamki nad Loarą. Hao śmiał się i cieszył jak dziecko. Z radością powtarzał: – Teraz widzę, że może być inne życie niż u nas!

Wielka wystawa malarstwa lakowego, którą zorganizowałam w Dijon, odniosła nadspodziewany sukces. Nie potrzebowałam brać pożyczki, aby pokryć koszty podróży malarzy; ich dzieła mogłam zaprezentować również w innych krajach.

Począwszy od 1994 roku, regularnie organizowałam wystawy w Belgii, Holandii, w Niemczech, Japonii i raz w roku w Singapurze. Tam właśnie szczęśliwy traf zetknął mnie z Patrickiem R., wielkim amatorem malarstwa wietnamskiego. Połączyła go serdeczna przyjaźń z moimi malarzami.

Tymczasem mój syn rozwijał działalność agencji turystycznej i osiągał sukcesy podobne do moich. Przyjaciele emeryci nie rozumieli, dlaczego tak intensywnie pracuję. Dlaczego tak często spóźniam się na nasze zebrania. Prowadziłam z nimi długie dyskusje, zwłaszcza z przyjaciółką, która była lekarzem wojskowym w randze pułkownika. Obecnie nic nie robi i zadowala się minimalną emeryturą. Jedyną jej ambicją jest nie mieć żadnych problemów. Inne moje przyjaciółki ograniczają się do roli nianiek swoich wnuków. Kiedy im doradzam, żeby zajęły się choćby lekturą i przechadzkami, wzdychają: – Cóż ty chcesz, ja nie mam pieniędzy! Teraz dzieci mnie utrzymują. To zrozumiałe, że pracuję dla nich.

W Wietnamie kobiety po pięćdziesiątce są uważane za staruszki. Ubierają się byle jak, rezerwując piękne stroje tylko dla gości. Nie dbają o siebie, twierdząc, że śmierć jest bliska. Jedna z moich ciotek, która przybyła do Sajgonu, aby odwiedzić siostrę mającą osiemdziesiąt dziewięć lat, stanowczo odmówiła, kiedy chciałam jej kupić powrotny bilet na samolot. Stwierdziła, że do Hue wystarczy jej pociąg. Musiałam z nią polecieć, żeby jej udowodnić, iż przelot samolotem to nie luksus, ale wygoda, która pozwala oszczędzić czas i uniknąć zmęczenia. Nie jestem pewna, czy ją do końca przekonałam. Opuściłam moją rodzinę w bardzo młodym wieku i miałam wrażenie, że zawsze prowadzę życie takie, jak chcę, nawet za cenę wielkich wyrzeczeń. Teraz miałam ambicję, żeby żyć swobodniej i lepiej niż w latach młodości.

Moja ostatnia przygoda datuje się od roku 1995. Mimo emerytury i licznych zajęć od czasu do czasu realizowałam filmy, często za własne pieniądze, czasem z pomocą mojego przyjaciela, Alaina L. Zrobiłam na przykład film o doktorze Yersin, współpracowniku Pasteura, którego imię nosi do dziś liceum w Dalat.

W 1995 roku, mając okazję filmować wizytę pierwszego sekretarza partii na Con Dao, zakochałam się od pierwszego wejrzenia w tej półdzikiej wyspie. Con Dao, czyli Poulo Condor, dawne więzienie i obóz koncentracyjny za Francuzów, znajduje się w odległości czterdziestu pięciu minut lotu helikopterem z Sajgonu. Podczas tej wizyty pierwszy sekretarz pokazał w więzieniu celę, w której go trzymano, tak jak wielu innych członków partii komunistycznej. Wzruszyło mnie to historyczne miejsce. Jednocześnie poddałam się urokowi wspaniałej wyspy z piaszczystymi plażami, otoczonej morzem w kolorze szmaragdu, z opuszczonymi domami budowanymi w latach trzydziestych ubiegłego wieku i z dziewiczym lasem, pełnym ogromnych lian, zamieszkanym przez małpy o czerwonych pyszczkach. Wówczas też odkryłam czternaście małych sąsiednich wysepek. Na plaży pojawiają się nocami olbrzymie żółwie, które składają jaja. Tysiące dzikich ptaków gniazdują wśród potężnych skał. Od 1975 roku, kiedy ostatni więźniowie północnowietnamscy odzyskali wolność, wyspa, pozostawiona w półdzikim stanie, była zarządzana przez komitet administracyjny.

Przyjął nas przewodniczący tego komitetu. Pierwszy sekretarz partii wyraził zdziwienie: – Dlaczego pozostawiacie Con Dao w tak marnym stanie? – Nie mamy pieniędzy – odpowiedział przewodniczący komitetu. Usłyszałam słowa pierwszego sekretarza: – Nie ma przeszkód, by wydzierżawiać te tereny!

Wydzierżawiłam więc, razem z synami, tysiąc sześćset metrów wybrzeża z kilkoma starymi, zrujnowanymi domami francuskimi. Potem, stwierdziwszy, że na wyspie jest słodka woda, wydzierżawiliśmy jeszcze dwa hektary, żeby zasadzić drzewa owocowe. Na początku umowa opiewała na pięćdziesiąt lat i mogła być przedłużona; obecnie mamy dzierżawę na dziewięćdziesiąt lat. Wiele terenów zajęło sajgońskie państwowe biuro turystyczne. Niestety, wkrótce zniszczy ono stare kolonialne domy, które tu przetrwały – i zbuduje koszmarne, standardowe pawilony dla turystów.

Chciałam spróbować ocalenia domów dawnych francuskich dozorców więziennych. Zapewniłam sobie pomoc artystów – specjalistów od renowacji starych świątyń i innych zabytkowych budynków. Fachowców tych znałam z Hanoi. Wiedziałam, że potrafią odtworzyć dawne budowle z troską o najmniejszy szczegół.

Pewnego razu, kiedy znalazłam się w prowincji Hoa Binh, dwa tysiące kilometrów od Hanoi, zobaczyłam przedstawicieli mniejszości etnicznej Thai, którzy niszczyli wspaniały, stuletni dom na palach, aby w tym miejscu zbudować dom z cegieł. Poruszona tym widokiem – widokiem piękna, które miało na zawsze zniknąć – poprosiłam, żeby mi sprzedano to, co pozostało z rozbieranego domu. Jego dotychczasowi właściciele chętnie wyrazili zgodę, a ja załatwiłam przetransportowanie olbrzymich pali bambusowych na wyspę Con Dao. W dwa lata później miałam już wspaniałe dwa budynki w stylu thai, które wynajmuję turystom. Ale planuję w przyszłości poświęcić całą wioskę na odtworzenie domów mniejszości etnicznych – domów, które znikają bezpowrotnie.

Od czasu, kiedy państwo inwestuje w wyspę Con Dao, rozbudowywane są drogi, powstaje port, a wkrótce będzie otwarte lądowisko dla helikopterów. Z mojego domu roztacza się wspaniały widok na morze. Przyjeżdżam tam często na weekendy. Po kilku latach na pewno zamieszkam tam na stałe.

Zmiany w mojej rodzinie są takie jak w całym społeczeństwie wietnamskim. Obecnie jeden z moich wnuków, Anh Vu, studiuje w Sydney, drugi wnuk, Phuoc Minh, w San Diego w Stanach Zjednoczonych, gdzie opiekuje się nim mój młodszy brat i jego żona. Krótko przed wyjazdem Minha Anh Vu oświadczył, że chciałby zostać w Australii przez pięć lat, aby tam studiować, zarabiać pieniądze, a potem wrócić do Wietnamu.

Gdy zebraliśmy się wszyscy w domu mojego najstarszego syna, przypomniałam sobie, jak podczas wojny żywiłam go maniokiem i sokiem z trzciny cukrowej, jak usiłowałam chronić go przed pijawkami. – Kiedy będę w Ameryce, zaczniemy wymieniać e-maile – powiedział mi. A najstarszy syn szepnął mi przed odjazdem: – Dziękuję, mamo, że pozwoliłaś mu wyjechać!

Pięcioro moich braci i sióstr mieszka w Kalifornii z moją matką. Moja trzecia siostra, Yen, zmarła na leukemię w roku 1995. Mam jeszcze osiem ciotek i dwóch wujów. Za dawnego reżimu sajgońskiego ich dzieci pracowały w bankach, a ich synowie byli inżynierami albo lotnikami. Wiele osób z mojej rodziny opuściło kraj jako *boat-people* i obecnie mieszka w Ameryce, w Kanadzie i w Australii. Większość ich wciąż jeszcze obawia się powrotu do Wietnamu, tak jak moja matka, która pozostała konsekwentną antykomunistką i nie wierzy w moje słowa, uważa je za „propagandę Vietcongu". Kuzyni z Australii przyjechali w zeszłym roku na święto Tet. Byłam wtedy w kraju. Miałam szczęście: nigdy się nie pokłóciliśmy. Oni rozumieli, że nie reprezentuję reżimu, który przyczynił im wielu cierpień. Łączyło nas wielkie rodzinne ciepło.

Mój mąż już przyzwyczaił się do nowego życia w Sajgonie. Pisze wspomnienia ze służby w armii wietnamskiej i ta praca go pasjonuje. Mówi wyłącznie o przeszłości. Absolutnie odmawia używania rikszy. Przemieszcza się w mieście na piechotę albo samochodem. Nie może znieść myśli, że jakiś człowiek męczy się, wioząc go z miejsca na miejsce. Kiedy widzi otwierane nowe dyskoteki i artystów śpiewających w telewizji, odczuwa dotkliwy ból. Bierze sobie wszystko do serca i nie chce, aby świat się zmieniał. Ja jestem otwarta na wszystkie przemiany, do których łatwo się przystosowuję.

Podróż do Ameryki

Czwartego kwietnia 2000 roku otrzymałam wezwanie od Nga, mojej szóstej siostry. Mama chciała mnie zobaczyć. Jej zdrowie gwałtownie się pogarszało. Piątego kwietnia wypełniłam formularze wizowe w ambasadzie amerykańskiej, a siódmego już odleciałam do Ameryki. Podróż trwała osiemnaście godzin, ale w czasie lotu nie mogłam zmrużyć oka. Byłam dziwnie wzruszona, wiedząc, że zobaczę wielki kraj, który tyle krzywd wyrządził mojemu narodowi. Jednocześnie zaś z niecierpliwością czekałam na spotkanie z rodzeństwem w ich amerykańskim otoczeniu, a zwłaszcza na spotkanie z matką. Tak bardzo bałam się, czy jeszcze zastanę ją przy życiu! Wysiadając w Los Angeles, z trudnością uświadamiałam sobie, że jestem w Ameryce. Na lotnisku czekała na mnie moja czwarta siostra, Sun Yen. – Tak, mama jeszcze żyje – potwierdziła. Wsiedliśmy do mercedesa, żeby jechać do siedziby siostrzeńca, który mieszka w odległości pięćdziesięciu kilometrów od Los Angeles. Pokój, który zarezerwowano dla mnie w zasobnej rezydencji, był duży, z mnóstwem kwiatów rozstawionych wokół w wazonach. Mój siostrzeniec i jego żona są farmaceutami. Wszystko w ich domu jest nowoczesne, ale na ścianach wiszą piękne obrazy wietnamskie. Od mojego przybycia ustawicznie dzwonił telefon. Nazajutrz mój drugi brat, były pułkownik, i jego żona przyjechali mnie odwiedzić w towarzystwie mojego trzeciego brata, pediatry, i mojej siostry Nha, która ma wielki sklep z wyrobami skórzanymi na Sunset Boulevard. Wszyscy spotkaliśmy się na kolacji. Posiłek był połączeniem potraw amerykańskich i wietnamskich. Rozmawialiśmy po wietnamsku. Postanowiliśmy, że nazajutrz wszyscy pojedziemy odwiedzić matkę. Od jej wizyty we Francji w 1989 roku bardzo często z nią korespondowałam. Wielokrotnie moje ciotki i ja nakłaniałyśmy mamę, aby przyjechała do Wietnamu, lecz zawsze odmawiała, bojąc się komunistów. Od dwóch lat nie mogła chodzić. Do domu, w którym mieszka, jest dwie godziny jazdy samochodem od posiadłości mojego siostrzeńca. Cała rodzina złożyła się, aby wynająć dom mojej trzeciej siostry, zmarłej w roku 1995, dla jej dzieci. One tam mieszkały i opiekowały się swoją babcią. Patrząc na poziom życia moich najbliższych, zrozumiałam, jaką drogę przebyli od 1975 roku. Przyjechali do Stanów Zjednoczonych po krótkim pobycie na Filipinach. Wszyscy, z wyjątkiem mojego brata lekarza, który w roku 1975 odbywał staż w Stanach Zjednoczonych, musieli zaczynać od nowa i ciężko pracować, aby zarobić na życie. Obecnie, dzięki ich wysiłkom i uporowi, wszystkie ich dzieci studiują na wyższych uczelniach i zostaną inżynierami lub lekarzami.

W obszernym pokoju moja mama leżała na łóżku, przykryta prześcieradłem. Wokół stały flakony z lekami i pojemniki z tlenem. Miała twarz pomarszczoną, oczy zamknięte, długie siwe włosy rozrzucone były na poduszce. Usiadłam obok niej i wzięłam w dłonie jej rękę. Kiedy uniosła powieki, spotkały się nasze spojrzenia. Jej oczy wypełniły się łzami. Czułam, jak jej ręka drży, słyszałam cichutki szept: – Phuong, Phuong. – Dwa lata temu miała wylew i od tego czasu nie mogła mówić. Moi bracia i siostry wycofali się, pozostałam sama z matką. Milczałam. Po dwóch godzinach wypuściła z dłoni moją rękę, a jej spojrzenie skierowało się ku drzwiom. Wezwałam siostrzeńca, Giao, który mi powiedział, że co dwie godziny babcia jest przewijana i nie chce, żeby ktokolwiek ją wtedy oglądał.

Następne dni spędzałam u moich braci i sióstr, odwiedzając ich po kolei. W rozmowach z dawnym pułkownikiem – był nim młodszy ode mnie Phat – nigdy nie wspominaliśmy wojny w Wietnamie. Często przychodzili do niego dawni wojskowi, Wietnamczycy z Południa, którzy tak jak on pracowali dla Amerykanów i którzy tak jak on łatwo mogli osiedlić się po wojnie w Stanach. Chcieli pogawędzić z moim bratem lub zagrać z nim w karty. W ich towarzystwie nie czułam się odtrącona ani odsunięta na bok. Naprawdę ta strona historii została ostatecznie zamknięta.

Udałam się na grób mojego ojca. Jego imię i nazwisko wykuto na płycie marmurowej, stanowiącej część wspaniałego pomnika. Brat mi wyjaśnił, że trumna ojca została zamurowana wewnątrz pomnika. Wraz z moim drugim bratem przynieśliśmy owoce ofiarne i trociczki wotywne.

Ustawiłam je przed pomnikiem, zapaliłam trociczki i szeptem powie-działam mojemu ojcu, że do niego wróciłam.

Po trzech tygodniach przyjemnych spotkań i wizyt nadszedł moment odjazdu. Kiedy udałam się do mamy, długo trzymała moją dłoń w swojej ręce. Patrzyła na mnie przenikliwie, łzy spływały jej po twarzy. Później puściła moją rękę, ale jej spojrzenie szło w ślad za mną, kiedy odcho-dziłam.

Przed powrotem do Wietnamu byłam w Waszyngtonie, gdzie mieszka siostrzeniec mojego męża. Tam mogłam zwiedzić wiele miejsc, o których słyszałam lub czytałam, takich jak na przykład Biały Dom. Byłam też na wzgórzu pokrytym zielenią, gdzie wznosi się pomnik żołnierzy amerykań-skich poległych w Wietnamie. Jest to wielka ściana z czarnego marmuru, na której wyryto nazwiska w porządku alfabetycznym. Przed ścianą od-wiedzający przechodzą bardzo powoli, jeśli chcą przeczytać imiona i na-zwiska żołnierzy oraz daty i miejsca ich śmierci. Małe dzieci przychodzą tam z zabawkami, dorośli z bukietami kwiatów, które składają przed mar-murową ścianą. Widziałam bardzo starą kobietę, która dotykała jednego z nazwisk wyrytych w marmurze. Na jej twarzy malował się wyraz takie-go bólu, że musiałam odwrócić wzrok.

Wróciłam do Miasta Ho Chi Minha pełna smutku, zdając sobie sprawę, że zapewne pożegnałam matkę na zawsze. Ale po rozłące, która trwała prawie pół wieku, mogę teraz bez przeszkód telefonować do moich braci i sióstr, mogę im powierzać moje troski i radości, wysłuchiwać ich zwie-rzeń. To wszystko wydaje mi się prawie niewiarygodne i głęboko wzru-szające.

Kiedy ktoś mnie pyta, czy czasem miałam chęć wyemigrowania z kra-ju, zawsze odpowiadam, że nigdy taki pomysł nie przyszedł mi do głowy. W czasach ruchu oporu nie wiedziałam nawet, co to jest zagranica. W la-tach osiemdziesiątych, kiedy mnóstwo ludzi próbowało uciekać, obojętne pod jakim pretekstem, kiedy robiono mi wyrzuty z powodu „burżuazyjne-go" pochodzenia, nigdy nie miałam ochoty opuszczać kraju. Często wspo-minam słowa Ericha Marii Remarque'a: „Wykorzenieni nigdy nie są szczęśliwi".

Obecność mojego męża i moich trzech synów bardzo mi pomagała. Najważniejsza jednak była zawsze pewność, że Wietnam stanie się taki, jaki jest obecnie. Wciąż zdarza się u nas wiele niesprawiedliwości, warun-ki życia w naszym kraju dla wielu są jeszcze trudne do przyjęcia, ale to my, Wietnamczycy, musimy wziąć nasz los w swoje ręce.

Zachowałam wiele dobrych wspomnień o dawnych przyjaciołach z ruchu oporu. Żyją w różnych okolicach Wietnamu. Niektórzy są ministrami albo generałami, inni drobnymi kupcami, jeszcze inni byli więzieni za poglądy. Kiedy się spotykamy, nie ma między nami różnic. Łączy nas wielka przyjaźń, mocniejsza niż więzy rodzinne. Dzielić najtrudniejsze momenty życia – oto co sprzyja powstaniu więzi, które trwają.

Od tłumaczki

Kobiety wietnamskie rzadko kiedy zmieniają tradycyjne *ao dai* na bardziej zwyczajny ubiór: spodnie i bluzkę, najczęściej jednokolorową, o prostym kroju. Tak dzieje się podczas wojen, kiedy życie codzienne z konieczności ulega daleko idącym uproszczeniom. Wojen zaś w tym kraju nie brakowało. Przypomnijmy, że naród wietnamski w ciągu trzydziestu lat po uzyskaniu niepodległości toczył dwie długotrwałe wojny: najpierw w latach 1946–1954 przeciwko Francuzom, usiłującym odzyskać dawne kolonialne panowanie, potem w latach 1965–1975 przeciw Amerykanom, usiłującym przeszkodzić zjednoczeniu północnej części kraju z południową. Ponadto naród wietnamski przecierpiał krótkotrwałą, lecz okrutną inwazję japońską pod koniec drugiej wojny światowej.

W obecnym starszym pokoleniu Wietnamczyków przetrwali ludzie, którzy te trudne czasy pamiętają. Nie wszyscy jednak chcą – i nie wszyscy potrafią zdobyć się na dystans wobec własnych, często bardzo gorzkich i ciężkich przeżyć, a także wobec własnych, nieraz pogmatwanych życiorysów. Brak nam spojrzenia na Wietnam „od wewnątrz", oczami samych Wietnamczyków. Dlatego niewątpliwym „strzałem w dziesiątkę" okazał się pomysł „Figaro-Madame" (kobiecego dodatku do popularnego francuskiego dziennika) – pomysł przygotowania autobiografii Xuan Phuong – jednej z najciekawszych kobiet współczesnego Wietnamu. Wspomnienia jej zarejestrowane zostały na taśmie magnetofonowej przez dziennikarkę Danièle Mazingarbe, po czym obie – właściwa autorka i redaktorka – dokonały selekcji zgromadzonego materiału. Tak powstała książka jedyna w swoim rodzaju, ukazująca Wietnam „od wewnątrz", opisywany przez rdzenną Wietnamkę, która nigdy nie chciała opuścić swego kraju.

Znam osobiście Xuan Phuong od mojego pierwszego pobytu w jej ojczyźnie, czyli od roku 1962. I tyleż lat liczy sobie nasza przyjaźń, którą potwierdza każda moja wietnamska podróż. O jej losach pisałam w mojej książce *Córka jego ekscelencji*, wydanej w roku 1977.

„Nikt inny, tak jak Phuong, nie potrafi wprowadzić cudzoziemki w świat kobiet wietnamskich, w ich codzienną wojenną egzystencję, pełną trosk i lęków, wyrzeczeń i niepokojów" – pisała o niej przed laty Błaga Dimitrowa, wybitna poetka bułgarska, wielka przyjaciółka Wietnamu (i Polski). Taka była prawda. Phuong dzieliła losy tysięcy swoich rodaczek; zachowała jednak zawsze samodzielność myślenia, bystrość w ocenie zjawisk zachodzących w jej ojczyźnie, a zarazem głęboki patriotyzm. Owszem, chciała podróżować, zwiedzać inne kraje, poznawać świat – i to jej marzenie spełniło się po latach. „Ale nigdy, przenigdy nie potrafiłabym na stałe opuścić mojej ojczyzny". Te słowa słyszałam z jej ust nieraz – zarówno wtedy, gdy dla większości Wietnamczyków wyjazd za granicę był trudnym do spełnienia marzeniem, jak po latach, kiedy dzięki jej własnej energii i pracowitości świat stanął przed nią otworem. Phuong była i pozostała „niepokorna" – krytyczna wobec przejawów biurokratyzmu, bezmyślności i zwykłej głupoty. Samodzielność przekonań i sądów – to była busola, która prowadziła ją przez życie. Życie trudne i ciekawe.

Cieszę się, że do rąk czytelników polskich trafia ta książka – piękna, mądra, zaprawiona kroplą goryczy, a zarazem pełna optymizmu. Kto wie – może w ślad za książką trafi do Polski jej autorka, od lat niezmordowanie i z wielkim powodzeniem promująca malarstwo własnego kraju.

Monika Warneńska

Spis treści